영유아교사와 부모를 위한

영유아 문제행동
이해와 지도

허미애 · 정서형 공저

학지사

머리말

　최근 영유아교육현장에서는 영유아와 영유아교사들의 웃음소리 못지않은 탄식소리가 터져 나오고 있다. 영유아교사들은 영유아를 사랑하지만, 영유아의 문제행동으로 인한 당혹감과 관계 맺기와 불통의 어려움으로 인한 좌절감을 경험하고 있다. 이로 인해 영유아교사는 엄청난 스트레스 속에서 교사로서의 삶을 유지하고 있으며, 일부는 그 힘겨움을 내려놓고자 아예 교직을 떠나기도 한다.

　영유아의 문제행동으로 인한 어려움은 영유아교사뿐 아니라, 젊은 세대 부모들에게도 똑같이 나타나고 있다. 젊은 부모들은 자녀를 낳아 키우는 것, 즉 부모됨을 기뻐하기보다는 버거워한다. 부모 역시 자녀와 관계 맺기와 소통하기, 바람직하게 훈육하기가 너무 힘들다고 생각하기 때문이다.

　영유아 양육과 교육이 이처럼 힘들어진 원인은 여러 관점에서 분석될 필요가 있다. 다만, 이 책은 영유아를 대상으로 한 양육과 교육이 힘들어진 원인을 영유아의 문제행동에 대한 이해와 지도의 부족으로 인식하고, 영유아교사와 영유아기 자녀를 둔 부모를 지원하기 위한 목적으로 저술되었다.

영유아 문제행동 지도는 영유아교사나 부모가 영유아의 부적절한 행동에 대해 일방적으로 훈육하는 것이 아니다. 일방적인 훈육은 혼내기일 뿐이다. 바람직한 훈육은 영유아가 자신의 행동 속에 내재되어 있었던 자신의 감정을 제대로 인식하고, 자신의 부적절한 행동에 대해 스스로 생각하여, 자기주도적으로 소통하며 문제해결을 할 수 있도록 돕는 것이다.

제대로 된 훈육이란 영유아가 자신의 의지를 바람직한 방향으로 사용하여, 의사결정을 잘 하는 자주적인 사람으로 성장해 나가도록 격려하고 안내하는 것을 의미한다. 따라서 영유아 문제행동 지도를 잘 하고자 하는 영유아교사와 부모는 영유아가 문제뿐 아니라, 그 문제를 해결할 수 있는 잠재능력도 함께 가지고 있다는 사실을 믿어야 한다. 또한 영유아의 감정과 행동 변화에 필요한 모든 힘이 영유아의 내면에 있음도 믿어야 한다. 영유아교사와 부모가 먼저 영유아를 믿어 줄 때, 비로소 영유아도 영유아교사와 부모를 믿고 마음을 열어 진정한 소통을 시작하게 될 것이며, 그 결과 바람직한 행동으로의 변화도 있게 될 것이기 때문이다.

한편, 영유아의 문제행동은 크게 두 가지 유형으로 분류할 수 있다.

첫째는 단순 부적응 문제행동이다. 이것은 영유아교사와 부모가 영유아의 문제행동 상황에서 감정에 휘둘리지 않고, 영유아의 마음을 읽으며 공감해 주는 대화와 일관성 있는 훈육만으로 쉽게 변화될 수 있는 행동이다.

이를 위해서 영유아교사와 부모는 영유아를 지속적으로 관찰하여,

영유아의 단순 부적응 행동 이면에 숨어 있는 동기, 즉 영유아의 마음을 읽고 이해하는 방법을 익혀야 한다.

또한 영유아를 존중하는 방법도 배워야 한다. 영유아는 영유아교사와 부모가 변화시켜야 하는 대상이 아니라, 자신을 변화시킬 주체로서 존중받아야 한다. 영유아를 존중한다는 것은 추상적인 것이 아니라, 매우 구체적인 삶의 모습으로 나타나야 하는 것이다. 즉, 존중이란 '영유아에게 묻고, 영유아가 말할 때까지 충분히 기다리고, 영유아가 말하기 시작하였을 때 공감하면서 들어 주고, 영유아의 말을 신뢰하고, 영유아와 함께 선택한 것을 실행하는 것'을 의미한다. 제대로 존중받은 영유아는 제대로 존중하는 사람으로 변화될 것이다.

둘째는 심각한 부적응 문제행동이다. 이것은 영유아교사와 부모의 공감적 대화와 일관성 있는 훈육만으로는 변화되기 어려우며, 영유아발달 및 심리 전문가의 진단과 치료적 도움이 필요한 행동이다. 너무나 안타까운 것은 최근 들어 일반 교실 안에 심각한 부적응 문제행동을 보이거나 발달장애 징후를 보이는 영유아가 급증하고 있다는 사실이다. 이러한 심각한 부적응 문제행동은 발견 즉시 정확한 진단 및 전문적인 치료적 접근이 이루어져야 한다. 그러나 심각한 부적응 행동을 발견한 영유아교사와 학부모의 의견 불일치, 소극적인 판단과 선택으로 인해 영유아가 치료의 적기를 상실하게 되는 일이 빈번하게 이루어지고 있는 실정이다.

따라서 이 책은 크게 두 파트로 나누어서 구성 및 집필되었다.

전반부는 관계와 소통에 기초한 영유아 문제행동 지도, 단순 부적응 영유아의 문제행동 이해와 지도에 관한 내용으로서, 유아교육을 전공하고 지난 40년간 유아교육현장에서 다양한 문제행동 유아를 지도한 경험과 상담기록을 가지고 있는 허미애 교수가 책임 집필하였다.

후반부는 심각한 부적응 문제행동, 교실 내 발달장애 영유아 문제행동 이해와 지도에 관한 내용으로서, 아동복지와 유아교육, 특수교육을 전공하고 지난 12년간 영유아 발달치료 현장에서 수많은 임상경험과 상담기록을 가지고 있는 정서형 연구원이 책임 집필하였다.

저자들은 중앙대학교에서 스승과 제자 사이로 만나, 지금은 유아교육과 특수교육을 씨실과 날실로 엮어 내는 동료로서 함께 일하고 있다. 저자들이 이 책을 공동 저술한 궁극적인 목적은 영유아와 영유아교사, 부모가 조금 더 좋은 관계 속에서 서로 소통하며, 서로를 이해하고 사랑하고 존중하며 행복한 삶을 선택할 수 있도록 돕는 것이었다.

이 책이 나올 수 있도록 20년 전에 저희 두 사람을 만나게 하시고, 각자의 삶 속에서 각기 다르면서도 같은 경험을 쌓아 가게 인도하신 하나님께 모든 영광을 올려 드린다.

또한 이 책이 나오기까지 긴 시간을 믿고 기다려 주신 학지사 사장님과 편집부 선생님들께도 감사의 마음을 전한다.

아무쪼록 이 책이 영유아의 부적응 행동을 이해하고 싶어 하는 영유아교사와 예비 영유아교사, 부모, 그리고 영유아의 문제행동을 바르게 지도하기 위한 지식과 지혜를 구하는 영유아교사와 부모에게 작은 희망과 변화를 위한 디딤돌이 되어 줄 수 있기를 소망한다.

2024년 9월

대표저자 총신대 허미애 교수 드림

차례

제4장 교실 내 발달장애 영유아 문제행동 이해 및 지도의 실제 / 179

제1장

관계와 소통에 기초한
영유아 문제행동 지도

1. 영유아교사와 먼저 나누고픈 이야기
-미숙한 교사 : 익숙한 교사 : 성숙한 교사

교사라면 누구나 참 좋은 선생님이 되기를 꿈꾼다. 그러나 영유아교사들은 좋은 선생님이 되는 것이 좀처럼 쉽지 않은 일이라는 사실을 통감하며 매일을 힘겹게 살아간다. 영유아교사가 감당해야 하는 일은 점점 더 많아지고 있는 듯하다. 그중에 가장 힘든 일은 정서적으로 안정되어 있지 않은 영유아와 이기적인 것처럼 보이는 부모, 즉 때로는 자녀를 과보호하고, 때로는 자녀를 방임하는 것처럼 보이는 부모를 상대로 소통하며 영유아의 삶이 바람직한 방향으로 변화할 수 있도록 돕는 일이다.

영유아를 대상으로 한 인성교육과 생활지도, 특히 영유아 문제행동 지도에 있어서 겪게 되는 어려움들은 대부분 교사와 영유아, 영유아와 영유아, 영유아와 학부모, 교사와 학부모 간의 관계에 기인하는 것이다. 신세대 부모들은 영유아에게 크고 작은 문제가 발생할 때, 영유아교사와의 대화를 통해 문제를 해결하기보다는 주관적인 정보수집과 판단, 민원제기를 통한 신속한 문제해결을 더 선호하는 경향을 보인다. 그 결과 영유아교사와 부모가 상호신뢰관계를 형성하는 것이 점점 더 어려워지고 있다.

따라서 영유아교사는 영유아 문제행동 지도의 내용과 방법을 논하기 이전에 먼저 '영유아교사, 영유아, 학부모 간의 바람직한 관계 형성'에 주목할 필요가 있다.

영유아교사는 타급 학교 교사에 비해 학습자인 영유아나 교육수
요자인 학부모들과의 개별적 만남의 기회가 많다. 따라서 영유아교
사에게는 자신을 존중하고 다른 사람과 더불어 살아가는 능력과 태
도를 갖추는 것, 즉 주변 사람들과 바람직한 관계를 맺고, 관계에 기
초하여 소통하며 살아가는 능력이 많이 요구된다. 영유아교사는 전
공지식보다는 자신의 인격과 삶을 통해 가르치며 배우는 사람들이기
때문이다. 따라서 좋은 교사가 되고 싶은 영유아교사는 '바람직한
관계에 기초하여 소통하며 가르치기'를 배워야만 한다.

'교육을 위한 소통하기'와 관련하여, 우리는 세 종류의 선생님들을
만날 수 있다. 세 종류의 선생님이란 소통함에 있어서 미숙한 선생
님, 익숙한 선생님, 성숙한 선생님이다. 첫 번째 유형인 '미숙한 선생
님'은 영유아, 학부모와 소통하기에 부족함이 많은 분들이다. 아마
도 초임교사부터 시작하여 교사 경력 3년 미만의 저경력 선생님들
이 여기에 해당된다 할 수 있을 것이다. '미숙한 선생님'들은 누구 못
지않은 열정과 헌신된 마음이 있음에도 불구하고 관계 맺기와 소통
에 있어 실수를 연발하는 특성을 보인다. '미숙한 선생님'들의 실수
는 대부분 경험의 부족에 기인한다. 따라서 그들은 경력교사들의 경
험과 실천적 지식(know-how)을 갈급해하며 이를 배우고자 하는 태
도를 보인다.

두 번째 유형인 '익숙한 선생님'은 교육 경험이 축적됨에 따라, 교
사로서의 역할 수행, 특히 영유아나 학부모와 소통하기에 점차 익숙
해져서 최소한 외형적으로는 흠 잡을 데 없이 좋은 선생님으로 보인
다. 빠르면 3년 정도부터 시작되기도 하지만 대개 5년 이상의 교육

경력을 가진 선생님들이 많다. '익숙한 선생님'들은 대부분 자기 경험과 실천적 지식을 가지고 교육에 임하며, 그 결과 일정 수준의 인정을 받게 된다. 그들도 가끔씩 실수를 경험하지만 그 실수에 대한 대처방안을 가지고 나름대로 문제를 수습할 수 있기 때문에 자기 이외의 다른 사람이 실수를 알아차리게 되는 경우는 그리 많지 않다. 따라서 '익숙한 선생님'은 다른 교사들의 도움이 없이도 영유아와 학부모 등과 잘 관계를 맺고 잘 소통하며, 독립적으로 자기 학급을 운영해 나갈 수 있는 능력이 있다고 자부하는 경우가 많다.

마지막 세 번째 유형은 '성숙한 선생님'이다. '미숙한 선생님'과 '익숙한 선생님'이 교직경력과 교직 수행능력 정도에 따라 구분되어지는 것과는 달리, '성숙한 선생님'은 그들의 교직생활에서 드러나는 삶의 방식과 태도, 성품에 의해 구분된다. '성숙한 선생님'의 특징은 자신이 가진 가치, 신념과 교육의 실제가 똑같고, 생각과 삶이 거의 일치된다는 것이다. 따라서 그들은 매우 투명한 삶을 보여 주며, 감성과 지성뿐 아니라, 영성을 가지고 가르치는 경우가 많다. 그들은 말뿐 아니라, 그들의 삶과 성품을 통해 영유아와 교감하며 가르치고 또한 영유아에게서도 기꺼이 배울 바를 배운다. 또한 그들은 학부모와도 좋은 관계를 유지하며 효과적인 소통을 통해 삶의 변화를 이끌어 낸다. 삶으로 바른 인성의 모델을 보여 주며 가르치는 그들은 개념적으로 접근하는 인성교육에 대해서는 회의적인 견해를 보인다.

인성 및 생활지도, 특히 영유아 문제행동 지도의 참된 가치는 '교사-영유아 간 진정한 관계와 소통을 통한 영유아의 삶(생각, 감정, 언

어, 행동)의 변화'에 있다. 따라서 1장에서는 먼저 '관계와 소통의 의
미와 중요성'에 대해 알아보고, 이에 기초한 영유아 문제행동 지도
의 구체적인 사례들을 나눔으로써, 영유아교사들이 문제 상황과 문
제행동에 대해 효과적으로 대응하는 교수역량을 강화할 수 있도록
돕고자 한다.

> ☞ **(예비)영유아교사인 자신에게 다음과 같은 질문을 해 보자.**
>
> ① 나는 어떤 유형의 교사인가?
>
> ② 미숙한 교사, 익숙한 교사, 성숙한 교사 가운데 내가
>   되고 싶은 교사는 어떤 교사인가?
>
> ③ 좀 더 성장하는 교사가 되기 위해, 오늘 내가 할 수 있
>   는 일은 무엇인가?

2. 영유아-영유아교사 간 관계에 기초한 상호작용

1) 관계와 소통의 진정한 의미

관계와 소통은 불가분의 관계에 있다. 우리가 누군가와 관계를 맺
는다는 것은 그와 더불어 소통하면서 살아간다는 것을 의미하는 것이
기 때문이다.

관계(關係)가 있다는 말은 어떤 사람이 다른 사람과 연관되거나
영향을 주고받는 사이라는 것을 의미한다. 한편, 소통(疏通)이란 疏

(트일 소)와 通(통할 통)이 합해진 말로서, 이것은 두 대상 사이에 있는 장애물을 제거하여 공간이 트이게 함으로써 두 대상이 서로 통하게 한다는 의미를 가지고 있다. 여기에서 '통하다'의 의미는 서로에게 영향을 미친다는 것을 뜻한다.

☞ **疏하면 通하고, 通하면 상호 영향을 미치게 되며, 그 결과 변화가 일어난다.**

인간은 누구나 본능적으로 아름다운 관계에 대한 소원을 가지고 있다. 영유아도 예외가 아니다. 그러나 아이러니컬하게도 생명의 탄생 순간부터 존재의 매 순간에 이르기까지 일생 동안 우리가 겪게 되는 대부분의 고통들은 인간관계에서 비롯된다. 아마도 한 인간의 행복과 불행은 인간관계의 성패, 즉 관계와 관련된 매 순간의 선택과 소통에 달려 있다고 하여도 결코 과언이 아닐 것이다.

그러므로 영유아교사는 영유아가 관계의 소중함을 알고, 나아가 관계를 유지하고 발전시키기 위한 소통능력을 기를 수 있도록 도와야만 한다.

2) 영유아-영유아교사 간 소통의 7가지 기본 원리

바람직한 소통을 위한 7가지 기본 원리

① 영유아와 영유아교사는 먼저 자기 자신과 잘 소통할 수 있어야 한다.
② 영유아와 영유아교사는 대등한 관계에 기초하여, 서로를 신뢰하고

서로에게 공감하며 대화하여야 한다.

③ 관계와 소통의 소중함을 나누기 위한 적기를 놓치지 말아야 한다.

④ 영유아교사는 영유아와 대등한 관계를 유지하되, 권위를 가지고 일관성 있게 대화하여야 한다.

⑤ 영유아교사는 영유아가 삶의 가치와 삶을 대하는 바른 태도, 바른 품성에 대해 관심을 가질 수 있도록 대화하여야 한다.

⑥ 영유아교사는 일어난 문제 상황에 대한 영유아의 감정과 생각을 충분히 잘 읽어 줄 수 있어야 한다.

⑦ 영유아교사는 영유아가 자기주도성을 가지고, 자율적으로 문제를 해결할 수 있도록 인내하며 기다려 주어야 한다.

(1) 다른 사람과 잘 소통하려면, 먼저 자기 자신과 잘 소통할 수 있어야 한다.

자기 자신과 잘 소통한다는 의미는 자기 자신을 매우 객관적이면서도 긍정적인 시각으로 바라보는 것을 의미한다. 따라서 영유아교사와 영유아는 문제 상황 속에서 자신에게 일어난 감정을 제대로 인식하고, 그 감정을 적절하게 조절하고, 그것을 제대로 표현하는 경험을 통해, 자신뿐 아니라 다른 사람과 소통하는 법을 배울 수 있어야 한다. 자신과 잘 소통하는 사람은 지나친 우월감이나 열등감 없이 자기 자신을 있는 모습 그대로 수용할 수 있으며, 그 결과 다른 사람도 왜곡되지 않은 시각으로 볼 수 있게 된다.

영유아교사는 해마다 학기 초가 되면 항상 엄마와 떨어지기 싫다고 울며 떼쓰는 영유아들을 만나게 된다. 특히 만 2세 반에서 만 3세 반으로 진급하거나, 신년도에 영유아교육기관을 바꾸어 입학하거나, 여러 이유로 인해 학기 도중에 전입학을 하는 영유아의 경우, 기관 부적응행동은 매우 심각하게 나타난다. 0~2세 영유아교육기관에서는 적응을 잘 하였던 영아가 왜 유아가 되어서는 갑자기 헤어짐의 불안과 불만족의 감정을 폭발하는 것일까? 이러한 부적응의 과정속에서 영유아는 자신과 선생님과의 관계, 선생님이 신뢰할 만한 사람인지, 자신을 사랑하는 사람인지를 끊임없이 확인하며 안정감을 찾아가게 된다.

다음 사례는 기관 경험이 전혀 없이, 만 3세가 되어서 처음으로 유아교육기관에 입학한 유아의 적응 이야기다. 이 이야기는 자신의 마음과 자신을 향한 선생님의 마음을 확인하고 싶어 하는 유아의 모습을 잘 보여 준다.

사례 1 난 이상한 아이야!

성준이는 유치원에 갓 입학한 만 3세 남아다. 성준이는 부모가 모두 전문직에 종사하고 있기 때문에, 지난 3년 동안 베이비시터에 의해 양육되었다. 성준이는 입학식 다음 날부터 놀라운 사건과 이야기들을 쏟아 내었다. 성준이는 단체생활을 해 본 경험이 거의 없기 때문에 차례를 기다리는 것을 힘들어한다. 그렇다고 선생님이 언제나 성준이만을 우선적으로 배려해 줄 수는 없는 노릇이다. 다른 유아도 다 비슷한 형편이기 때문이다. 그런데 자기 순서를 기다리던 성준이가 갑자기 선생님에게 달려들어 선생님의 몸을 흔들어 댄다. 그 상황을 관찰하고 있던 원감 선생님이 성준이를 안고, 교실 한편으로 가서 이야기를 나눈다.

유아: 왜? 나한테 왜?

교사: 성준이를 도와주려고 그래, 지금 성준이가 하양반 선생님 몸을 마구 흔들었잖아, 멋진 성준아~~.

유아: 아니! 나는 이상한 애야, 나는 안 멋진 게 좋아!

교사: 선생님이 보기에는 성준이가 멋진데! 넌 얼굴에 '멋진 성준 이'라고 써져 있어!

유아: (양손을 얼굴에 올리고 손톱으로 자기 얼굴을 할퀴며) 이렇게 하면? 이것 봐! 내가 이렇게 하면?

교사: (성준이의 손을 꼭 잡으며) 그래도 선생님이 보기엔 성준이가 여전히 멋있어, 그런데 그렇게 하면 성준이가 아플 뿐이지!

유아: (잠시 멈추는 듯하더니 선생님의 손을 꼭 잡아 양손을 서로 부딪 히게 해서 아프게 한다)

교사: 이렇게 하면 내 손이 아파, 성준이가 자꾸 이러면 선생님은 성준이의 손을 꼭 잡을 수밖에 없어 (유아의 두 손을 꼭 쥔다).

유아: 그런데 나 여기 아프다!

교사: 그렇지? 그럼 선생님은 손을 놓을 테니까, 성준이가 선생님 손을 다시 잘 잡아 줄래?

유아: (선생님이 내민 손바닥 위에 살며시 손을 올린다.)

교사: 우와! 성준이 정말 멋지네! 이제 멋진 성준이로 변신하자! 자~ 변신!

유아: (선생님의 손을 살며시 잡고 일어선다)

교사: 성준아, 다시 카펫으로 가서 잘 기다리자! 성준이의 차례가 금방 올 거야.

다음 날 성준이는 또 다른 선생님과의 문제 상황에서 그 선생님이 "멋진 성준아!"로 대화를 시작하려 하자 교구장에 있던 지우개를 집어 얼굴을 닦으며 "이렇게 지우개로 지우면?" "돌이 있는 지우개로 '멋진 성준이' 글씨를 얼굴에서 지우면?"이라고 하였다. 모든 선생님들이 성준이에 관한 정보를 공유하고 있었기에 그 선생님이 "그래도 성준이는 선생님이 사랑하는 멋진 성준이야."라고 이야기하자, 이와 유사한 상황은 다시 반복되지 않았다.

며칠 뒤 점심식사 시간에 조금 전까지도 종일반 교실에 함께 있었던 성준이가 감쪽같이 사라지는 일이 벌어졌다. 선생님들이 나뉘어 성준이 찾기 소동을 벌였는데, 정작 성준이는 친구들의 겨울 코트가 가득 걸려 있는 복도의 옷걸이 뒤편에 웅크리고 숨어 있었다.

교사: 성준아, 숨바꼭질이 하고 싶었어?

유아: 응, 어떻게 찾았지?

교사: 하나님이 선생님들에게는 요술 망원경을 주셨기 때문에 무엇이든 다 잘 보고 찾을 수 있어.

유아: 벽 속에 숨어도?

교사: 사람이 벽 속에 숨을 수는 없지.

유아: 왜?

교사: 벽은 단단하니까. 성준아, 다음에는 몰래 숨지 말아 줘!

유아: 왜?

교사: 선생님이 걱정했잖아……,

유아: 왜?

교사: 선생님은 성준이를 사랑하니까, 멋진 성준이가 갑자기 안

　　　보이면 걱정을 하는 건 당연하지!

유아: 걱정해?

교사: 응, 그러니까 몰래 숨는 거는 하지 마.

　성준이는 이런 행동을 하면서 도대체 무슨 생각을 한 것일까? 성준이는 '선생님, 나를 아세요?' '나를 사랑하세요?' '내가 이렇게 해도 나를 사랑해 줄 건가요?'라는 의문에 대해 확실한 답을 얻고 싶어 하는 것 같다. 입학 후 몇 달 동안 끊임없이 선생님의 관심을 끌려고 했던 성준이는 그 후로 선생님의 걱정을 들으면 "그건 큰 일이 난 거네! 그럼 내가 다신 안 그러면 되겠네!"라고 이야기할 만큼 자랐다. 이렇듯 영유아교사들은 인내심을 가지고 대화하며, 교사-영유아 간 친밀한 관계형성을 위해 노력해야 한다.

(2) 제대로 소통하기 위해서는 어떤 상황에서든지 영유아교사와 영유아가 대등한 관계에 기초하여, 서로를 신뢰하고 서로에게 공감하며 대화해야 한다.

　공감이란 상대방의 입장에서, 상대방의 시각으로 문제를 바라보는 것이다.

　'누구의 관점에서 문제를 보는가?' 는 문제의 실체를 파악하는 데 있어서 매우 중요한 단서를 제공한다. 영유아의 문제는 영유아의 관점에서 문제를 바라보았을 때에야 비로소 제대로 파악될 수 있다. 그

러나 우리 교사들은 자신의 관점을 고집하며 영유아와 영유아의 문
제를 다루다가 관계를 깨뜨리는 잘못을 무수히 범하고 있다. 그 결
과 문제도 아닌 문제가 만들어지기도 하고 극히 정상적인 모습의 영
유아가 문제행동유아로 낙인찍히기도 한다. 그러므로 우리는 영유
아의 관점에서 문제 상황을 바라보고, 영유아의 마음을 읽고 공감하
며 영유아와 대화할 수 있도록 노력할 필요가 있다.

영유아와의 소통을 방해하는 가장 큰 장애물은 제대로 듣지 못하는
귀와 듣고 싶지 않게 말하는 입이다. 잘 듣지 못하는 사람, 즉 공감하
며 듣지 못하는 사람은 잘 소통할 수 없다.

☞ 聽(들을 청) = 耳 + 王 / 十 + 目 / 一 + 心

들을 청(聽)이라는 글자에는 귀(耳)는 한 개가 들어 있으나, 눈(目)
은 두 개가 아닌 열 개가 들어 있으며, 마음(心)은 한 개가 들어 있다.
단 하나의 글자임에도 불구하고 이 글자는 들음의 진정한 의미를 생
각해 보게 한다.

잘 듣는다는 것은 활짝 열린 어진 임금의 귀와 하나의 마음, 즉 공
감하는 마음뿐 아니라, 열 개의 눈을 필요로 한다. 우리의 눈은 두 개
임에도 불구하고 열 개의 눈을 가져야 함은 무슨 의미일까? 그것은
우리가 우리의 두 눈으로 보는 것이 진실의 전부가 아닐 수 있다. 즉,
우리가 두 눈으로 보지 못하여 미처 파악하지 못한 부분이 우리가 눈
으로 보고 판단의 근거로 삼은 것보다 훨씬 더 많을 수 있음에 대해
늘 경계하고 겸손해야 함을 보여 주는 것이다.

영유아의 언행에 대해 섣불리 판단하고 영유아에게 일방적으로 말하기보다는 영유아의 마음을 제대로 알게 되었을 때까지, 늘 판단을 유보하는 지혜로운 선생님이 있을 때 영유아는 다른 사람과 더불어 마음을 열고 잘 소통하는 아이로 잘 자라나 줄 것이다. 그러므로 영유아교사는 영유아가 잘 듣고 싶게 말하고, 말하고 싶게 듣는 것을 배워야만 한다.

사례 2 너랑 나랑 우린 정말 똑같구나!

유아교육기관으로 이야기나누기 수업장학을 나갔던 날이었다. 교실에 들어가자 한 남자아이가 한눈에 들어왔다. 다른 아이들은 이야기나누기 활동에 참여하기 위해 모여 앉아 있었으나, 유독 그 아이는 혼자 떨어져 소파 위에 누워 있었다. 나는 조심스럽게 다가가서 "넌 누구니? 혹시 어디가 아프니?"라고 말을 걸었다. "아니오."라고 분명히 말하는 것으로 보아 특별한 도움이 필요한 장애영유아이거나 아픈 아이는 아닌 것 같았다.

"아프지 않다면 친구들이 있는 곳으로 갈까? 지금은 이야기나누기 시간 이래"라고 하자, 아이는 순순히 일어나서 이야기나누기 장소로 갔다. 그러나 5분 정도가 지나자 그 아이는 자리에서 일어나 마음대로 돌아다니기 시작하였고, 몇몇 아이들도 덩달아 움직이기 시작하였다. 그 학급에는 보조교사가 없었기 때문에 나는 "선생님이 너를 조금 도와 주셔야 하겠구나!."라고 말하며, 그 아이의 손을 이끌고 와서, 내가 앉아 있던 의자 바로 앞에 앉게 하였다.

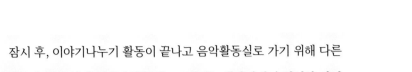

　　잠시 후, 이야기나누기 활동이 끝나고 음악활동실로 가기 위해 다른 아이들이 줄을 서기 시작하였을 때, 그 아이는 제자리에서 일어날 기미를 보이지 않았다. 아이는 화가 난 듯 한 표정이었고, 눈가도 약간 발개져 있었다. 그러나 담임선생님은 다른 유아들을 데리고 가야 하는 상황이었기 때문에 그 아이는 부득이 나와 다시 이야기를 나누게 되었다.

교사: 정우야, 선생님이 너를 여기에 앉게 해서 속상했니?

유아: (아무 말도 하지 않는다.)

교사: 그랬다면 미안해. 선생님은 정우가 친구들의 이야기를 잘 들을 수 있도록 도와주고 싶어서 그랬던 건데….

유아: (아무 말도 하지 않고, 눈을 내려뜨린 채 교사의 원피스에 달려 있는 단추만을 뚫어지게 쳐다본다.)

교사: 아! 정우가 선생님 옷에 달린 단추에 관심이 있는가 보구나? 선생님이 오늘 단추가 많이 달려있는 옷을 입었지?

유아: (교사 옷의 단추를 만지작거린다.)

교사: 단추가 몇 개나 달려 있는지 세어 볼까?

유아: (교사 옷에 달려 있는 단추의 수효를 매우 빠르게 센다.)

교사: 단추가 모두 몇 개였어?

유아: 열 개.

교사: 단추가 열 개나 있었구나! 어! 그런데 정우야, 네 옷에도 단추가 많은 것 같아. 네 옷에는 단추가 몇 개나 있는지 선생님이 찾아볼까? (우연히 정우의 옷에도 상의에 6개, 바지에 4개, 모두 10개의 단추가 있었다.) 어머나! 이게 웬일이니? 나

도 단추가 열 개, 너도 단추가 열 개, 우린 서로 똑같은 점이 있었구나!

유아: (아이의 얼굴에 엷은 미소가 스쳐 간다.)

교사: 우리 하이파이브 할까? 너랑 나랑 우린 정말 똑같구나!

유아: (웃으면서 하이파이브를 한다.)

교사: 정우야, 선생님은 너한테 궁금한 게 하나 있어, 물어봐도 돼?

유아: (고개를 끄덕인다.)

교사: 정우야, 너는 아까 이야기나누기 시간에 왜 자꾸 돌아다녔어?

유아: 나는 장수풍뎅이를 보는 건 괜찮지만, 만지는 것은 싫어해요.

교사: 어머머, 정말? 나도 장수풍뎅이를 보는 건 좋아하지만 만지는 건 싫어하는데, 참 희한한 일이네! 우린 똑같은 점이 또 있었구나! 그럼 우리 한 번 더 하이파이브 할까?

유아: (아주 즐거운 표정으로 하이파이브를 한다.)

교사: 그런데 정우야, 선생님이 보니까, 너희 반에는 장수풍뎅이에 대해 아주 잘 알고 있는 친구가 있더라, 그런데 장수풍뎅이에 대해서 잘 몰랐던 친구들도 그 친구의 이야기를 잘 듣더니, 장수풍뎅이 박사님이 되는 것 같던데! 정우는 장수풍뎅이가 어떤 먹이를 좋아하는지 알고 있니?

유아: (고개를 가로젓는다.)

교사: 아까 이야기나누기 시간에 친구들이 이야기하던데 왜 정우

만 모를까?

유아: 난 안 들었어요.

교사: 그랬구나! 친구들은 잘 들어서 장수풍뎅이가 좋아하는 먹이도 알고, 점점 장수풍뎅이 박사가 되어 가는데, 정우는 잘 안 들어서 아직 모르는구나! 선생님은 우리 멋진 정우도 이야기나누기 시간에 친구박사 이야기를 잘 듣고 모르는 것도 물어보고, 또 잘 배워서 정우네반 친구들과 함께 장수풍뎅이 박사가 되었으면 좋겠는데…….

유아: (고개를 끄덕인다.)

교사: 그럼 이제부터는 이야기나누기 시간에 조금 힘들더라도 조금만 참고 친구나 선생님이 하는 이야기를 잘 들어 볼까? 또 정우가 알고 있는 것도 친구들에게 말해 주고.

유아: (고개를 끄덕인다.)

교사: 와! 정우가 선생님 이야기를 잘 들어 주어서 선생님은 참 기쁘다. 정우 화이팅! 정우가 한번 노력해 보자! 우리 또 하이파이브 할까?

유아: (하이파이브를 하고 음악활동실로 간다.)

내가 정우네 반 교실을 나온 다음에도, 정우는 내가 있었던 원장실로 찾아와 이야기를 청하였다. 그날 오후 다시 정우네 반 교실에 들어갔던 나는 낮잠에 들지 못한 채 몸을 뒤척이고 있던 정우를 발견하였다. 나는 엎드려 누워 있던 정우의 귓가에 대고 "넌 정우지? 선생님은 정우를 정말 사랑해. 잘 자라."라고 속삭여 주었다. 나는 정우가 자는 척하고 있었지만, 실상은 내 말을 듣고 있다는 것을 알 수 있었다. 이불 밖으로 나와 있던 정우의 발이 자장가 음악에 맞추어 까닥까닥 움직이고 있었기 때문이다. 2주일이 지난 뒤, 다시 정우네 반에 이야기나누기 수업장학을 들어갔을 때 나는 맨 앞줄 가운데에 바르게 앉아 이야기나누기에 참여하고 있는 정우를 만날 수 있었다. 정우를 변화시킨 것은 정우 자신이었다.

(3) 관계와 소통의 소중함을 나누기 위한 적기를 놓치지 말아야 한다.

제각기 다른 부모와 가정환경 속에서 서로 다른 인격과 성격, 습관, 행동양식들을 습득한 영유아는 기관에서의 의도적이고 체계적인 교육을 통하여 가정에서 익힌 습관과 가치관, 행동양식들을 점차 바람직한 방향으로 재구성하게 된다.

이러한 재구성 과정에서 다양한 교육배경을 가진 영유아 간에는 항상 크고 작은 갈등이 일어난다. 또한 때때로 이러한 또래 간 갈등 상황은 학부모 간의 갈등, 영유아-교사 간의 갈등 및 교사-학부모 간의 갈등으로 발전되기도 한다.

그러나 주변 성인들이 심각한 갈등 상황 속에서 영유아의 부적절한 행동에 대해 당황하거나 섣불리 판단하지 않고, 영유아의 마음을 읽어주며 침착하게 대화할 때, 이러한 갈등 상황은 오히려 영유아가 실수를 통해 관계와 소통의 소중함을 배우는 교육의 기회가 될 수 있다.

사례 3 **쟤는 얼굴이 까매서 미워요!**

　은진이는 유달리 상처가 많은 만 4세 여아다. 한부모 가정에서 자라고 있었던 은진이는 매우 영특한 아이였음에도 불구하고 후천적으로 복합적인 정서장애를 가지게 되었고, 그 결과 매일 대인관계 문제를 많이 일으켜서 유아들 사이에 원성이 자자하였다. 유치원에서는 이 유아를 정서적으로 지원하기 위해 동작치료 프로그램을 실행하였다. 이 프로그램에는 은진이보다 한 살 어린 다문화가정의 유아도 함께 참여하였다. 어느 날 동작치료 프로그램에 참여하고 있던 은진이는 다문화가정 유아를 향해 "난 너 싫어! 넌 미운 애야! 넌 얼굴이 까매서 미워!"라고 반복하여 소리를 질렀다. 동작치료를 담당하고 있었던 교육복지 강사 선생님은 은진이를 데리고 교실 밖으로 나와 "원장님! 은진이 좀 도와주세요! 동생에게 미운 말을 해서 하지 말라고 알려 주었는데도 똑같은 말을 계속해서 동생을 속상하게 하고 있어요."라며 중재를 요청하였다.

교사: 은진아, 네가 정말 동생에게 "난 너 싫어! 넌 미운 애야!"라고 말했니?

유아: (고개를 끄떡인다.)

교사: 왜 그렇게 말했어?

유아: 예빈이는 얼굴이 까마니까 미워서!

교사: 아! 얼굴이 까만 것은 미운 것이라고 생각했구나! 그런데 예빈이의 얼굴을 까맣게 만드신 분은 누구실까?

유아: 하나님?

교사: 잘 알고 있네! 하나님은 이 세상에 사는 사람들의 얼굴색을 세 가지로 나누어 만드셨대. 은진이와 선생님처럼 이런 얼굴색을 가진 사람, 예빈이처럼 우리보다 얼굴색이 좀 더 까만 사람, 또 하나는 바비 인형이나 뚱이 인형의 얼굴처럼 우리보다 얼굴이 더 하얀 사람.

유아: 왜 얼굴을 다 다른 색으로 만들었어요?

교사: 글쎄…… 왜 그러셨을까?

유아: …….

교사: 그런데 예빈이처럼 얼굴이 까만 사람들은 아프리카나 날씨가 더운 나라에 많이 살고 있대. 만약 하나님이 햇볕이 쨍쨍 뜨거운 나라에 사는 사람들도 하얀 얼굴로 만드셨으면, 어떤 일이 생길까?

유아: 어떻게 되는 데요?

교사: 뜨거운 햇볕 때문에 얼굴이 빨갛게 익거나, 까맣게 타거나, 주근깨가 엄청 많이 생겨서 얼굴이 미워질 수도 있을걸!

유아: 그래요?

교사: 응! 예빈이 얼굴이 우리보다 까만 이유는 예빈이 엄마가 더운 나라에서 오신 분이기 때문이야. 예빈이 엄마와 예빈이를 만드신 분도 하나님이시지! 그런데 우리가 예빈이의 얼굴이 까맣기 때문에 밉다고 말하는 것은 하나님을 향해서 "하나님 실수하셨어요! 잘못 만드셨다구요!"라고 하는 것과 똑같은 거래.

유아: ……,

교사: 하나님이 실수하시는 분일까?

유아: (눈물을 글썽이며) 사실은 내가 예빈이가 밉다고 한 거는 예빈이는 눈도 크고 귀여워서 사람들이 다 예뻐하니까…… 나는 눈도 이렇게 작고 미우니까…… 샘이 나서 그런 거예요,

교사: 아! 그렇게 생각했구나! 선생님은 은진이는 은진이어서 예쁜데! 은진이 얼굴에는 작은 눈이 더 잘 어울리고 그래서 귀여운걸! 하나님은 은진이 얼굴이 은진이에게 가장 잘 어울리게 만드셨으니까……,

유아: 그래요?

교사: 응! 만약 은진이가 "예빈이는 예쁘고 귀여운데, 나는 안 예쁘고 안 귀여워!"라고 말한다면, 그건 은진이를 가장 은진이답게 만들어 주신 하나님께 "하나님! 날 잘못 만드셨어요!"라고 말하는 것과 똑같대, 하나님이 은진이를 잘못 만드신 것일까?

유아: 아니요!

교사: 자! 그럼 우리가 이제 무엇을 해야 하는지 생각해 보자! 은진이가 예빈이에게 잘못한 것이 무얼까?

유아: 밉다고 말한 거……,

교사: 또?

유아: 까매서 밉다고 말한 거……,

교사: 또 사실은 눈이 커서 예쁘고 귀엽다고 생각했으면서, 생각과 다른 말을 해서 동생을 속상하게 만든 거, 이제 동생에게

가서 네 마음을 사실대로 말해 줄래?

유아: (교실로 뛰어 들어가더니 동생을 껴안으며) 언니가 밉다고 말

해서 미안해!

교사: 동생이 어떤 아이라고 생각하는지도 말해 줘!

유아: 예빈아, 너는 참 귀여워! 언니가 그림 그려 줄까? (함께 손을

잡고 미술영역으로 간다.)

사례 4 쟤는 원래 그런 아이예요

유치원 평가를 나갔을 때의 일이다. 나는 평가위원으로서 만 5세 반
의 숲 나들이 활동에 동행할 예정이었는데, 출발 전부터 유난히 부산스
러운 한 아이가 눈에 들어왔다. ADHD 유아인 것처럼 보였기에 가급적
그 유아의 뒤를 따라가면서 담임교사를 조력하고자 했다. 유치원을 나
가서 5~10분 정도 걸어 숲 입구에 도착했을 때, '도토리 채취 금지'라
는 안내문을 제일 먼저 발견한 것은 ADHD 유아였다.

유아: 도토리 채취 금지 (모두 들으라는 듯이 매우 큰 소리를 지른다.)

교사: 와! 글자를 읽을 수 있구나! 아직은 글을 다 몰라도 되는

데……,

유아: 난 원래 다 알아요, 난 다 읽을 수 있어요,

교사: 그렇게 생각했구나! 그렇지만 원래부터 다 아는 사람은 없

어, 언젠가 누구에게서든 무엇을 통해서든 배웠기 때문에

알게 되는 거지.

유아: (슬쩍 웃음을 짓는다.) 그런데 채취가 뭐예요?

교사: 아! 그게 궁금했구나! 채취란 가져간다는 뜻이야. 그러니까 '도토리 채취 금지'란 숲에서 도토리를 발견하면 보기만 하고 가져가지는 말라는 뜻이지. 그런데 왜 땅에 떨어져 있는 도토리를 주워가지 말라고 하는 것일까?

유아: 아! 그건 사람들이 도토리를 다 주워 가면 다람쥐들이 먹을 음식이 없어서 굶어 죽을 수도 있기 때문이지요(자신감 넘치게 이야기 한다.)

교사: 와! 너는 아는 것도 많고, 생각도 잘하고 이야기도 잘 하는 어린이로구나!

유아: (아주 만족스러운 표정을 짓는다.)

유아 2: 아닌데… 쟤는 그런 애가 아니에요. 맨날 맨날 약속도 안 지키는 애예요. 쟤는 원래 그런 애예요.

교사: 아니! 선생님은 그렇게 생각하지 않아. 선생님 생각에는 진수는 딱 한 가지만 더 잘하면 너희 반 친구들이 가장 좋아하는 짱 친구가 될 수 있을 것 같아.

유아: 뭐요?

교사: 나는 진수가 큰 소리로 말해도 되는 때와 조용히 잘 들어야 하는 때를 **구분하기**/마음대로 돌아다녀도 되는 때와 가만히 제자리에 앉아 있어야 하는 때를 **구분하기**만 잘 연습하면, 친구들이 가장 좋아하는 친구가 될 것 같은걸! 할 수 있을까?

유아: (웃는다.)

교사: 처음에는 조금 힘들 수도 있겠지만, 진수가 말해야 할 때와 들어야 할 때/마음대로 돌아다녀도 될 때와 앉아 있어야 할 때를 잘 생각해서 참게 된다면, 너는 우리 반에서 친구들이 가장 좋아하는 친구가 될 거야. 노력해 볼 거니?

유아: (고개를 끄떡이더니, 스스로 내 손을 잡고 산에 오르기를 시작한다.)

교사: (진수는 숲 활동을 하는 내내, 나에게 자신이 발견한 것을 보러 오라고 손짓을 하거나 내 주변을 맴돌았다.)

유아: (잠시 후에 내가 서류평가를 위해 먼저 숲에서 내려가려고 하자, 진수가 숲 놀이를 멈추고 나를 따라가려 하는 것을 보신 담임선생님께서 급하게 진수를 부르셨다.)

교사2: 진수야, 아니야, 너는 여기서 좀 더 놀고 갈 거야. 선생님은 조금 있다가 다시 만나게 될 거야.

유아: (나를 쳐다보며 같이 가고 싶다는 뜻을 보인다.)

교사: 아까 산에 올라올 때 선생님이 했던 말 기억하니? 너는 네가 마음대로 해도 되는 때와 선생님의 말씀을 들어야 하는 때를 잘 구분하여 지키기만 하면 너의 반에서 가장 인기 있는 친구가 될 거라고 했었지? 지금은 진수가 마음대로 가도 되는 때일까? 선생님 말씀을 잘 듣고 따라야 하는 때일까?

유아: (고개를 끄덕인다.)

교사: 와! 멋지다! 선생님이 보니까 진수는 벌써 잘 생각하기 시작하는걸!

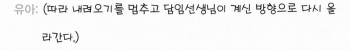

유아: (따라 내려오기를 멈추고 담임선생님이 계신 방향으로 다시 올
라간다.)

---

(4) 영유아와 대등한 관계를 유지하되, 권위를 가지고 대화해야 한다.

영유아 가운데는 성인의 권위를 거의 경험해 보지 못한 영유아도
있다. 이런 영유아들은 불필요한 고집을 부리거나 대상이나 상황과
상관없이 언제나 자기 마음대로만 하려는 성향을 보여 대인관계에
서 많은 어려움을 겪게 된다.

'권위'란 영유아에게 해도 되는 것과 하면 안 되는 것의 한계를 분명
하면서도 일관성 있게 제시함으로써 영유아가 자신의 자유를 일정한
울타리 안에서 긍정적인 방향으로 사용할 수 있도록 하는 것을 의미
한다.

'권위를 갖는다는 것'은 권위적인 것과는 분명 다르다. 대개의 경
우 권위 있는 교사는 자신이 가진 권위(힘)를 영유아의 안녕과 행복
을 위해 사용하는 반면, 권위적인 교사는 자신이 가진 권위(힘)를 영
유아가 아닌 교사 자신의 편리를 위해 사용하는 경우가 많다. 영유
아교사는 권위적인 교사가 아니라, 권위 있는 교사가 되어야 한다.

사례 5   넌 나에게 아주 소중한 사람이거든

3월 내내 별일 없이 유치원에 잘 등원하며 적응했던 만 3세 윤수가 갑자기 등원할 때마다 울음보를 터뜨리며 엄마와 떨어지지 않겠다고 떼를 썼다. 윤수는 만 2세까지는 규칙적으로 등원하지 않아도 되는 연구소 형태의 기관을 다녔던 유아였다. 당시 윤수의 어머니는 윤수 동생을 임신한 상태였는데, 윤수는 동생이 생긴다는 사실에 상당한 스트레스를 받고 있었다. 윤수는 지난 며칠 동안, 3세 반 교실에 간신히 들어오기는 했으나 '유치원은 자신이 오고 싶은 때만 오는 곳'이라는 주장을 하며, 활동참여를 거부했다.

교사: 윤수야, 유치원은 네가 오고 싶으면 오고, 오고 싶지 않으면 오지 않아도 되는 곳이 아니야. 유치원은 학교거든.

유아: 아니에요, 유치원은 학교가 아니에요! 유치원은 내가 오고 싶으면 오고, 오기 싫으면 안 와도 되는 거라구요!

교사: 그렇게 생각했구나! 그러면 선생님이 '유치원은 학교다.'라고 글로 써서, 우리나라가 유치원에 보내 준 것을 너에게 보여 주면 유치원이 학교라는 것을 믿을래?

유아: 그러시든지요!

교사: (유치원 홍보 포스터를 보여 주며) 이것은 유치원이 학교라는 것을 알리기 위해 우리나라가 만들어서 보내 준 그림편지야.

유아: 읽어 봐요.

교사: "유치원은 3·4·5세 유아가 다니는 학교다!" 여기 학교라고 써 있지?

유아: (자존심이 상한 듯 화가 나서 더 큰 소리로) 그러거나 말거나, 나는 내 맘대로 할 거라구요, 나는 유치원이 학교가 아니라고 생각할 거라구요!

교사: 윤수야, 여기 좀 앉아 보자! (윤수 엄마를 가리키며) 지금 윤수 옆에 계신 분은 누구야?

유아: 우리 엄마요?

교사: 아! 이분은 정말 윤수 엄마니? 너는 정말 이분이 엄마라고 믿는다는 말이지?

유아: 우리 엄마니까요.

교사: 그런데 선생님은 이분이 윤수 엄마라는 것을 믿지 못하겠어.

유아: 우리 엄마 맞아요!

교사: 아니야, 나는 그건 사실이 아니라고 생각해.

유아: (화를 내면서) 맞다구요!

교사: 윤수야, 이분이 윤수 엄마인 것이 맞는데, 선생님만 혼자서 아니라고 우기니까, 네 기분이 어땠어?

유아: 나빴어요!

교사: 그랬지? 선생님도 윤수가 유치원이 학교가 아니라고 할 때 속상했어, 선생님이 아무리 아니라고 해도, 이분이 윤수 엄마인 것이 맞는 것처럼 윤수가 아무리 아니라고 해도 유치원은 학교인거야, 모든 사람들이 그렇게 생각하기로 함께

결정을 한 것이거든.

유아: (엷은 미소를 지으며) 치……,

교사: 윤수는 유치원에 오기 싫다고 잉잉 했는데, 선생님은 유치원에 더 있고 싶어서 잉잉 울 것 같아!

유아: 왜요?

교사: 나는 유치원에 더 있고 싶은데, 학생, 선생님들과 만나는 약속을 지켜야 하기 때문에 가기 싫어도 대학교에 가야 하거든.

유아: 왜 유치원에 더 있고 싶어요?

교사: 유치원에는 윤수가 있잖아.

유아: 내가 왜요?

교사: 넌 나에게 소중한 사람이거든.

유아: (깜짝 놀라는 표정을 지으며 쑥스럽게) 내가 소중한 사람이에요?

교사: 그럼, 당연하지! 우리 내일은 즐겁게 만나서 오랫동안 같이 놀자!

유아: (웃으면서 고개를 끄덕인다.)

교사: (다음 날 교사가 윤수를 만나러 교실에 들어서자)

유아: (환하게 웃으며) 정말 왔네! 내가 소중한 사람이어서 와 주신 거죠? 나를 사랑하니까!

교사: 그래!

사례 6 **선생님께서 나를 부르실 때에는……**

　　종일반 유아들이 계단을 따라 2층 교실로 이동하고 있었다. 만 3세 윤희가 자꾸만 뒷줄로 빠지면서 다른 유아들을 앞서 가게 하고 있다. 언뜻 보기에는 마치 양보하는 것처럼 보인다. 잠시 후 드디어 맨 뒷줄에 남은 윤희는 다른 유아들이 모두 계단을 올라가기를 기다리더니, 핸드레일을 잡지도 않고 우당탕탕 소리를 내며 계단을 뛰어 올라간다.

교사: 윤희야, 서!

유아: 네? (쌩긋 웃더니, 다시 뛰어 올라간다.)

교사: 윤희야, 서!

유아: 네? (슬금슬금 계단을 올라간다.)

교사: 선생님이나 다른 사람이 나를 부를 때는 즉시 멈춰 서서, 그 사람을 쳐다보아야 하는 거야.

유아: 네!

교사: 윤희는 계단을 올라갈 때 지켜야 하는 약속을 알고 있니?

유아: 여기(핸드레일)를 잡고, 한 칸 한 칸 천천히 올라가기!

교사: 아! 윤희는 약속을 잘 알고 있구나! 그런데 계단을 올라 갈 때는 왜 그 약속을 지켜야 할까?

유아: 위험하니까, 다치지 말라구.

교사: 그렇구나! 잘 알고 있네.
　　윤희는 약속대로 계단을 잘 올라갈 수 있는 튼튼한 다리와 몸도 가지고 있니?

유아: (웃으면서 고개를 끄덕인다.)

교사: 아! 알았다! 윤희는 계단을 올라갈 때의 약속도 잘 알고, 계단을 잘 올라갈 수 있는 튼튼한 몸도 있지만, 약속을 지키면서 계단을 올라가고 싶은 마음이 없는 거로구나! 그렇다면 선생님이 도와줄 수 있는 것은 아무것도 없겠는걸?

유아: (배시시 웃고 서 있다.)

교사: 잘 생각해 봐! 만약 윤희가 계단을 올라갈 때의 약속을 잘 모른다면 선생님은 우리가 했던 약속을 한 번 더 이야기해 줄 수 있어, 또 계단을 잘 올라갈 수 있는 튼튼한 몸이 없다면, 선생님은 윤희가 잘 올라갈 수 있도록 옆에서 잡아 주거나 업어 줄 수가 있지, 그런데 윤희가 약속도 알고 튼튼한 다리도 있는데, 약속을 지킬 마음이 없는 거라면, 선생님은 도와줄 게 없어, 왜냐하면 윤희의 마음은 윤희 것이니까, 그럼 선생님은 윤희가 약속을 지킬 마음이 생길 때까지 기다려 주는 수밖에 없겠는걸!

(계단 아래쪽에 작은 의자를 놓고 앉는다.)

선생님은 여기에 앉아서 기다릴 테니까, 약속을 지킬 마음이 생기면 말해 줘!

유아: (장난을 치며 교사를 쳐다보다가) 이제 갈래요!

교사: 이제는 계단을 올라갈 때의 약속을 지킬 마음도 생겼다는 뜻이니?

유아: (고개를 끄덕이며) 네!

교사: 그래, 그럼 약속을 생각하면서 안전하게 올라가자!

유아: (핸드레일을 잡고, 한 계단씩 천천히 올라간다.)

교사: 우와! 정말 우리 윤희가 약속을 지키면서 안전하게 걸어가고 있구나!

---

(5) 영유아가 삶의 가치와 삶을 대하는 태도, 바른 품성에 대해 관심을 가질 수 있도록 대화해야 한다.

📎 사례 7   때로는 ~하는 척 하는 것도 필요하다고 생각해!

유치원 귀가버스 안에서의 일이다. 안전벨트를 잘 매고 앉아 있던 유아들은 자기가 내릴 정거장이 되면 안전벨트를 급하게 풀어, 버스 통로에 내던지고 하차하는 일이 많다. 다른 유아가 안전벨트 줄에 걸려 넘어질까 걱정이 된 교사는 차가 신호대기에 잠시 멈춰 선 찰나를 이용하여, 통로에 떨어져 있는 안전벨트 줄을 거두어 좌석 위에 올려놓았다.

교사: (혼잣말처럼 작은 소리로) 내릴 때 안전벨트를 의자에 잘 올려놓고 내리면, 선생님이 이렇게 달리는 버스에서 위험하게 왔다 갔다 하며 줄을 올려놓는 일을 하지 않아도 될 텐데······ .

유아 1: (한 유아가 내릴 차례가 되자, 앞 친구가 내려놓은 안전벨트를 거두어 올려놓으며 나온다.)

교사: 야! 정희가 다른 친구들을 배려해서 안전벨트를 올려 주고 있구나! 정희야, 고마워! 잘했어!

교사: (다음 날도 정희가 안전벨트를 올려 주면서 내리자) 야! 정희는 어제 일을 아직까지 기억하면서 친구들을 배려하고 있구나! 고마워!

유아 2: (정희가 버스에서 내리자) 선생님, 내 생각에는요, 정희는 예쁜 게 아니라, 예쁜 척을 하는 것 같아요.

교사: 그런 생각이 들었구나! 왜 그렇게 생각했어?

유아 2: 칭찬받고 싶어서 하는 것 같으니까요.

교사: 그럴 수도 있지. 그런데 선생님은 때로는 예쁜 척하는 것도, 착한 척하는 것도 필요하다고 생각해.

유아 2: (이해할 수 없다는 얼굴로) 왜요?

교사: 왜냐하면 자꾸만 예쁜 척, 착한 척하다 보면 연습이 되어서 나중에는 정말 예쁜 사람, 착한 사람이 될 수도 있으니까. 그렇지만 예쁜 척, 착한 척조차 하지 않으면 아무것도 연습할 수가 없잖아…….

유아 2: (자기가 내릴 차례가 되자) 선생님, 나도 배려하고 싶은데 친구들이 다 올려놓아서 할 게 없어요.

교사: 그랬구나! 먼저 내린 친구들이 모두 서로를 잘 배려했나 보다!
안전벨트가 잘 올려져 있는지를 살폈던 너도 친구들처럼 잘 배려하고 있는 거지.

 사례 8 사람 마음에도 브레이크가 있어요?

　　대학로에 있는 소극장에 가서 어린이 뮤지컬을 보기로 한 날이었다. 만 3세 반 아이들로서는 유치원 입학 후 첫 나들이인 셈이다. 유아가 모두 유치원 버스에 탑승한 것을 확인하고 맨 앞좌석에 자리 잡고 앉자마자 한 유아가 담임 선생님의 손에 이끌려서 왔다. "원장님, 우리 은진이는 원장님의 도움이 조금 필요한 어린이예요. 친구들을 힘들게 해서 뒷좌석에 앉아 가는 것은 어려울 것 같아요" 다소 직설적인 설명을 하는 것으로 보아 은진이로 인해 친구들뿐 아니라 담임선생님도 많이 지치신 것 같았다.

유아: (긴장하는 빛이 역력하다.)

교사: 어서 와! 원장 선생님은 혼자 앉게 돼서 심심했던 참인데 잘되었다! 원장님하고 나란히 앉아서 데이트하면서 갈까?

유아: (심드렁한 표정이다.)

교사: 은진아! 우리 유치원 재미있니?

유아: (고개만 끄덕인다.)

교사: 은진이가 유치원이 재미있다니까 선생님 마음이 참 기쁘다. 그런데 너는 유치원에서 어떤 놀이를 제일 좋아해?

유아: 맞추기 놀이.

교사: 아~ 퍼즐 맞추기를 좋아해?

유아: 네, 나는 소꿉놀이도 좋아해요.

교사: 아! 그렇구나!

유아: (창밖을 내다보더니) 원장 선생님, 그런데 여기는 내리막길
      이에요.

교사: 내리막길? 내리막길이 뭐야?

유아: 으~응 (두 손을 이용해서 세모 모양을 만들고는) 이렇게 슝~
      하고 내려가는 길이요.

교사: 그렇구나! 이렇게 올라가는 길은 오르막길이라고 부르는
      데, 이렇게 내려가는 길은 내리막길이라고 부르는 거로구
      나!

유아: 네, 그래요, 그런데요~ 내리막길에서는 브레이끼(브레이
      크)를 꽉 잡아야 해요.

교사: 왜 브레이크를 꽉 잡아야 해?

유아: 브레이끼(브레이크)를 안 잡으면 너무 빨리 내려가서 달려
      가서 꽝 부딪혀서 사고가 날 수 있거든요.

교사: 그런데 브레이크를 잘 잡으면?

유아: 브레이끼(브레이크)를 잘 잡으면 천천히 가기 때문에 사고
      가 안 나요.

교사: 아~ 그런 거로구나!

유아: 맞아요! 내가 내리막길에서 자전거 탈 때 해 보았는데, 브레
      이크를 꽉 잡으니까 안 넘어졌어요.

교사: 그래서 자전거처럼 빨리 달리는 자동차나 그런 것들은 다
      브레이크가 있는 거로구나!

유아: 이 버스에도 브레이크가 있어요?

교사: (운전석 밑에 있는 브레이크를 가리키며) 저기 아저씨가 차를

천천히 세우실 때마다 발로 꾹 누르시는 거 보이니? 그게 버스에 있는 브레이크야.

유아: 아빠 차에도 브레이크가 있어요?

교사: 있지!

유아: 기차에도?

교사: 있지! 자동차나 기차나 무엇이든 빨리 달리는 것에는 모두 잘 멈추게 하기 위해서 브레이크가 있대!

유아: 와! 그래요?

교사: 그런데 은진아! 자동차나 기차에 브레이크가 있는 것처럼, 우리 사람들의 마음에도 브레이크가 있대!

유아: (깜짝 놀라는 목소리로) 사람 마음에도 브레이크가 있어요? 왜요?

교사: 왜냐하면 자동차가 빨리 달려가다가 사고가 날까 봐 브레이크를 밟는 것처럼, 사람의 마음도 너무 빨리 달려가면 사고가 나기 때문에 멈추어야 할 때가 있거든!

유아: 왜요?

교사: 사람의 마음이 갑자기 화가 많이 나면 막 큰 소리를 지르거나, 옆에 있는 사람을 밀치거나 때리거나 할 수 있잖아 (평소 은진이가 화가 났을 때 하는 행동들이다.) 그럴 때 마음의 브레이크를 꽉 잡으면 '안 돼! 멈춰! 참아! 내가 친구를 때리면 그다음에 어떤 일이 벌어지게 될지 생각해 봐!'라는 생각을 하면서 나쁜 쪽으로 막 달려가려고 하는 내 마음을 딱 멈추게 할 수 있는 거거든, 그러니까 잡

간 동안 멈추고 잘 생각해 보는 것이 마음의 브레이크인

거지.

유아: (신기하다는 듯한 표정으로) 그래요?

교사: 그러니까 우리 은진이도 갑자기 화가 나서 소리를 버럭 지

르고 싶거나, 친구를 때리고 싶은 마음이 들 때는 마음의 브

레이크를 꽉 잡아 봐, 알겠지?

유아: 네.

이날 이후로 은진이는 무언가가 자신의 마음에 들지 않으면, 여전히
화를 내면서도 "브레이크가 다 폭발해 버렸어! 화산처럼 다 폭발해 버렸
다고!"라는 말을 덧붙이곤 하였다. 감정조절이 잘 안 되는 모습을 본 교
사가 "아이쿠! 브레이크가 고장이 났나 보다! 얼른 고치지 않으면 큰 사
고가 나겠는걸!"이라고 반응하면, 벽에 기대어 한동안 스스로 멈춤의 시
간을 가진 다음 "이제 된 것 같아요!"라고 말하면서 일상으로 돌아갔다.

(6) 일어난 문제 상황에 대한 영유아의 감정과 생각을 잘 읽어 주도
    록 한다.

사례 9 이렇게 잘 참을 수 있는 어린이였구나!

타 교육기관을 방문하여, 만 3세 학급의 수업을 참관하던 중이었다.
자유놀이시간이 끝나자, 교사가 '낙엽' 신체표현을 하기 위해 유아들에
게 모이라고 하였으나, 3~5명의 유아들이 교실을 마음대로 돌아다니

고 있었다. 교사는 많이 당황하는 것처럼 보였다. 내가 그중 한 유아에게 다가가 "선생님께서 모이라고 하시네! 얼른 가자!"라고 말했으나, 유아는 나를 빤히 쳐다보기만 하였다. 유아는 "나는 유치원 원장 선생님이야, 선생님이 말씀하실 때는 '네.' 하고 따르는 거야. 선생님께서 오라 하시며 기다리시니까 가자!"라는 이야기를 듣고서야 모임 장소로 들어갔다.

모든 유아가 모여 앉게 되었기에 이제 활동을 시작할 수 있겠다 싶었던 순간, 한 유아가 "선생님 미워! 내 말은 들어 주지도 않고! 난 이 유치원 안 다닐 거야! 흥!"이라고 소리 지르며 모임 자리에서 나와, 교구장 뒤에 웅크리고 앉아 버리는 상황이 일어났다. 유아는 아무도 자신의 행동에 대해 반응하지 않자 더 큰 소리로 똑 같은 말을 반복하였다. 학급에 다른 보조자가 없는 상황이어서, 동료 평가위원에게 양해를 구하고 중재에 나섰다.

교사: 화가 많이 났구나! 왜 이렇게 화가 많이 났을까?
   난 녀의 화를 풀어 주고 싶은데, 내가 어떻게 해 주면 화가
   풀릴까?
유아: (고개를 푹 파묻고 아무 반응도 하지 않는다.)
교사: 내가 어떻게 해 주면 너의 기분이 다시 좋아질까?
   내가 간지럼이라도 태워 줄까?
유아: (고개를 끄덕이며 반응한다.)
교사: 그래! 내가 간지럼을 태워 줄게!
   (발바닥부터 머리끝까지 천천히 정성껏 간지럼을 태운다.)

유아: (간지럼에 전혀 반응하지 않는다.)

교사: 뭐야! 이렇게 간지럼을 잘 참다니! 이렇게 잘 참는 어린이였던 거야? 이렇게 잘 참을 수 있는 어린이가 화를 냈다면, 그건 정말 속상한 일이 있었다는 건데 이젠 선생님이 널 꼭 안아 주고 싶다!

꼭 안아서 위로해 주고 싶어! 내가 안아 줄까?

유아: (고개를 들어 피식 웃으며 고개를 끄덕인다.)

교사: 선생님은 너를 안아 주고 싶은데, 내가 이렇게 앉아 있어도 네가 너무 작아서 안아 주기가 힘들어! 키가 안 맞아서! 네가 일어서 주면 내가 꼭 안아 줄 수 있을 것 같은데! 네가 일어서 줄래?

유아: (스스로 일어서다가 다시 주저앉기를 장난처럼 2~3회 반복한다.)

교사: 그런데 위로받고 사랑받는 데도 용기가 필요해!

일어서는 것은 네가 해야, 내가 너를 안아 주고 위로해 줄 수 있어!

네가 스스로 일어서 볼래?

유아: (스스로 일어선다, 내가 안아 주자 품에 꼭 안긴다.)

교사: 그래, 참 잘했어! 너는 참 용기 있는 아이로구나!

이제 기분이 좀 좋아졌니?

유아: (웃으면서 고개를 끄덕인다.)

교사: 지금 친구들은 무엇을 하고 있는지 볼까?

친구들은 낙엽이 되어 재미있게 표현놀이를 하고 있는 중

이래,

너도 하고 싶으면 가서 해 볼래?

유아: (마치 아무 일도 없었던 듯, 친구들이 활동하고 있는 곳으로 가서 표현활동에 적극적으로 참여한다.)

그러나 …… 잠시 후……

교사 2: 친구하고 너무 가까워서 잘못하면 다칠 수도 있겠다!

(담임교사는 유아에게 동의를 구하지 않고, 유아를 번쩍 들어서 넓은 공간이 있는 곳으로 옮겨 준다.)

유아: (활동을 멈추고 일어나 앉아 주변을 살피더니, 물컵을 집어서 팽이 돌리기를 하다가 컵을 바닥에 굴리기 시작한다.)

교사 2: (담임교사는 유아의 행동에 대해 모른 척하고, 아무 반응도 하지 않는다.)

위의 사례에서 유아는 중재자가 "화가 많이 났구나!"라며 자신의 감정을 인정해 준 다음부터 마음을 열고 소통하기 시작했으며, 중재자가 유아의 생각과 느낌, 의사결정에 공감을 나타내며 유아가 긍정적인 방향으로 자신의 자유의지를 사용될 수 있도록 격려하면서 대화를 이끌어 나갔을 때, 행동의 변화를 보였다.

그러나 유아는 담임교사가 소통 없이 일방적으로 활동을 중단했을 때, 다시 일탈 행동으로 되돌아갔다. 만약 담임교사가 "우리 범수가 낙엽을 아주 재미있게 표현하고 있구나! 그런데 좀 더 신나게 몸을 움직일 수 있으려면 좀 더 넓은 곳으로 가면 좋을 것 같은데…… 음…… 어떡하지? 선생님이 아주 센 바람이 되어서 낙엽이 된 너를 더 넓은 곳으로 옮겨다 줄까?"라고 소통했다면, 유아는 교사가 자신의 활동을 방해했다고 생각하여 분노하지 않고, 더 즐겁게 활동에 참여할 수 있었을 것이다.

🔖 사례 10 친구는 놀아 주는 사이가 아니라 함께 노는 사이야

만 4세 반의 학기 초 자유놀이 계획시간이었다. 다양한 놀이계획 방법이 시도되면서 유아 간에 갈등 상황이 일어났다.

교사: 오늘은 내가 하고 싶은 놀이를 계획하기 전에, 먼저 오늘 함께 놀이하고 싶은 친구를 정해 볼까?

유아 1: (한 친구를 째려보며, 소리 없이 입 모양만으로 '싫어, 난 너랑 안 놀 거야!'라고 표현한다.)

교사: 어! 이상하다! 어떤 친구가 다른 친구를 쳐다보면서, 화난 표정으로 무슨 말을 하는 것 같네! 무슨 일일까?

유아 1: (교사가 자신을 지목하며 이야기한 것도 아닌데) 그건요, 음~ 내가 정은이하고는 열 번이나 많이 놀았으니까, 오늘은 다른 친구랑 놀 거라고 이야기한 건데!

교사: 그랬구나! 그런데 그 이야기를 꼭 그렇게까지 인상을 쓰면서 할 필요가 있을까?

유아 1: 정은아, 나는 오늘은 다른 친구랑 놀고 싶어.

유아 2: (조금 어색한 표정을 지으며) 그럼 내일은 나랑 놀아 줘!

유아 1: ……,

교사: 그런데 얘들아! 선생님은 방금 조금 안 어울리는 이야기를 들었어. 정은이가 친구에게 "나랑 놀아 줘!"라고 했는데, 너희들은 누구에게 "나랑 놀아 줘!"라고 이야기해 본 적이 있니?

유아들: 아빠한테, 엄마한테.

교사: 그래, 우리들은 아빠나 엄마, 나보다 나이가 많은 형이나 누나, 언니에게 "나랑 놀아 줘!"라고 말하지? 또 내 동생에게는 "내가 놀아 줄게."라고 말하기도 해. 놀아 준다는 것은 나는 놀지 않아도 되지만 네가 심심해하니까 내가 놀 수 있도록 도와준다는 뜻이거든. 그런데 나와 나이가 똑같은 친구에게도 "놀아 줘! 놀아 줄게!"라고 말하는 것이 어울릴까?

유아들: 아니요/아닌 것 같아요.

교사: 그럼 나하고 나이가 같은 친구들에게는 뭐라고 말하는 것이 좋을까?

유아들: 나랑 같이 놀자!

교사: 그래, 친구는 놀아 주는 사이가 아니라, 함께 노는 사이니까. 자! 그럼 정은이, 그리고 노랑반 친구들 모두, 오늘 함께 놀이하고 싶은 친구에게 가서 "나하고 같이 놀래?"라고 말해 볼까?

유아 2: (다른 친구에게 가서 놀이를 청한 다음, 즐겁게 놀이에 참여한다.)

(7) 영유아가 자기주도성을 가지고 자율적으로 문제를 해결할 수 있
도록 인내하며 기다려 주어야 한다.

영유아든 성인이든 사람은 누구에게나 내 뜻대로, 내 마음대로 하
고 싶은 욕구가 있다. 영유아에게서 이러한 성향이 나타났을 때 어
른들은 그것을 '고집'이라고 부르며 경계한다. 그러나 이것의 본질
은 '자유의지'이며, '자유의지'란 잘 사용하면 자기정체감과 자기존중
감 형성에 매우 긍정적 기여를 하는 소중한 선물이다. 어쩌면 '교육'이
란 '사람이 자신의 자유의지를 바람직한 방향으로 잘 사용할 수 있도록
훈련하는 과정'이라고도 할 수 있다.

따라서 교사는 심각한 문제상황에서도 영유아에게 일방적인 지
시를 하기보다는 두 가지 이상의 대안을 제시하고, 최종적인 선택은
영유아 자신이 하도록 하는 것이 바람직하다. 자유의지를 사용한 영
유아는 '내가 선택했어! 내가 그렇게 결정했어! 내가 선택한 것이니
까 내가 책임져야지!'라는 생각과 함께, 자신의 결정에 대한 책임감
을 가지고 자신의 문제행동을 스스로 바꾸게 되기 때문이다.

📎 사례 11 내 마음에는 눈물의 바다가 있어요

신학기를 시작한 이후로 3월 내내 엄마와 떨어지지 못하여 울면서
보채던 몇 명의 유아가 유치원 생활에 적응하게 되면서 3세 반 교실도
점차 안정을 찾아가는 시기였다. 그런데 3월 내내 별일 없이 유치원에
잘 등원하며 적응했던 보람이가 갑자기 등원할 때마다 울음보를 터뜨
리며 교실에 들어가지 않겠다고 떼를 썼다. 3세 반의 적응을 돕던 선생

님이 "보람아, 유치원이 그렇게 싫어?"라고 묻자, 보람이는 "그런 건 아니에요." 하고는 엄마만 쳐다보며 "내가 말했잖아! 내 안에는 눈물의 바다가 있어서 나한테 계속 울어! 울어! 한다고!"라고 하였다. 이 말을 들은 선생님이 "너한테는 눈물의 바다가 있어서 계속 운 것이었구나! 그런데 말이야 선생님에게는 웃음의 바다가 있어서 자꾸 나에게 '웃어' '웃어' 한다! 선생님이 웃음의 바다를 너에게 줄 테니까 눈물의 바다와 서로 바꿀까?"라고 제안해 보았지만 보람이는 고개를 가로저으며 싫다고 하였다.

이러한 모습을 통해 보람이가 보이는 문제행동의 원인이 '부적응'이라기보다는 '관심 끌기'에 있다고 판단한 선생님은 담임 선생님과 함께 어머니와 의논하여 등원 시에 어머니께서 현관에서 아이와 길게 실랑이를 하지 말고 "잘 놀다 와!"라고 인사한 뒤 얼른 혼자 돌아가시도록 약속했다. 다음 날 등원 길에 어머니가 약속대로 인사하고 가버리시자 보람이는 격정적으로 울기 시작했다.

교사: 보람아! 유치원은 네가 오고 싶으면 오고, 오고 싶지 않으면 오지 않아도 되는 곳이 아니야. 유치원은 학교거든. 우리 재미있게 놀자!

유아: (아무 말도 하지 않고 계속 큰 소리로 운다.)

교사: (실외로 연결된 교실 현관문을 잠그고, 신발장이 있는 교실 현관에서 3세 반 교실 문을 활짝 열어 놓고 교실 안으로 들어가며) 유치원에 오고 안 오고는 보람이가 결정할 수 없지만, 계속 신발장 앞에서 울고 서 있을 것인지 교실로 들어올 것인지

는 보람이가 결정할 수 있어. 자! 봐! 선생님은 교실 안으로 들어가기로 결정했어.

유아: (조금 더 울다가 아무도 반응하지 않자 얼른 신발을 벗어 신발장에 넣고 교실로 따라 들어온 다음, 교실 한가운데에 서서 큰 소리로 계속 운다.)

교사: 아! 보람이가 교실에 들어오기로 선택했구나! 참 잘했어.

유아: (계속 큰 소리로 운다.)

교사: 하양반 친구들아! 보람이가 우는 것을 보니까 어떤 마음이 드니?

유아들: 울고 싶은 마음이 들어요./나도 엄마가 보고 싶어요./야! 너는 조금 놀다가 간식 먹고 또 조금 놀면 엄마가 다시 오는 것도 모르냐?

유아: (자존심이 상한 듯 화가 나서 더 큰 소리로 운다.)

교사: 보람아! 원감 선생님은 보람이가 더 울도록 해 주고 싶은데, 친구들이 울고 싶은 마음이 든다니까 그럴 수는 없겠다. 이제 보람이가 또 결정을 해야 하겠는걸? 보람아, 이제 그만 울고 하양반 교실에서 재미있게 놀래? 아니면 교실 밖으로 나가서 다른 방에 가서 계속 더 울래? 둘 중에 하나를 선택해 봐!

유아: (계속 큰 소리로 운다.)

교사: 보람이가 결정하는 게 어렵다면 선생님이 좀 도와줘야겠다! 보람이는 계속 울고 싶어하는 것 같으니까 선생님이 보람이를 마음 놓고 울 수 있는 곳으로 데려다줄게(복도 쪽으

로 난 교실 문을 열고 데리고 나가려 하자),

유아: 이건 어린이를 도와주는 게 아니에요! 이건 어린이를 괴롭히는 거라고요!

교사: 아니야, 선생님은 보람이가 실컷 울 수 있도록 도와주려는 거야.

유아: 아니에요, 이건 어린이를 괴롭히는 거라구요!

교사: 보람아! 그건 사실이 아니야. 지금 괴롭히는 건 선생님이 아니고 보람이라고. 원감 선생님 방은 2층이고 선생님은 할 일도 많은데, 지금 보람이를 도와주려고 아무 일도 못하고 여기에 서 계시잖아. 그리고 보람이가 너무 큰 소리로 계속 울어서 귀도 아픈데 참고 있는 거야.

유아: (더 이상 아무 말도 안 하고 복도에 서서 간간이 작은 소리로 울다가, 끙~) 쌌어요!

교사: 뭐라고?

유아: 쌌다구요! 하양반 선생님 나와서 도와주라고 해!

교사: (교실 문을 열고 담임 선생님을 부르며) 하양반 선생님, 보람이를 도와주실 수 있어요?

교사 2: 아니요, 저도 보람이를 도와주고 싶지만, 교실 안에 있는 19명 친구를 도와줘야 해서 나갈 수가 없어요. 보람이가 교실에 들어오면 도와줄 수가 있지요. 거기에서는 원감 선생님께서 보람이를 도와주세요.

유아: (한참을 기다리다가 작은 목소리로) 도와주세요!

교사: 그래, 도와줄게. 선생님이랑 들어가서 몸도 씻고 옷도 갈아

입자!

유아: (고개를 끄덕인다.)

교사: (윗옷을 벗기며) 이렇게 옷을 홀딱 벗으니까 여기가 꼭 수영 장 같네!

유아: 여기가 수영장이래! 참 웃기는 선생님이네!

교사: 그래, 난 웃기는 선생님이야. 넌 내가 엄마도 가시게 하고, 너를 혼자 교실에 들어오게 해서 무서운 선생님인 줄 알았 지? (오줌이 묻은 보람이의 몸을 깨끗이 씻어 준 다음) 자! 이젠 시원하니? 물티슈로 한 번 더 닦아 줄까?

유아: (고개를 끄덕인다.)

교사: (한 번 더 닦아 주자.)

유아: 꼭 우리 엄마 같네! 우리 엄마도 이렇게 해 주시는데!

교사: 그래! 하양반 선생님이나 원감 선생님은 모두 엄마 같은 분 이야. 엄마는 집에서 보람이를 도와주시고, 선생님은 유치 원에서 엄마처럼 보람이를 도와주지!

유아: (웃으면서 고개를 끄덕인다.)

교사: 자! 이제 교실로 가 볼까?

유아: (친구들이 간식을 먹기 위해 줄을 서는 것을 보고) 그렇지만 나 는 간식은 안 먹고 싶어요.

교사: 그래! 간식을 먹을지 안 먹을지는 네가 결정할 수 있어. 그 런데 안 먹기로 결정했다면 한 가지 더 결정해야 하겠다! 친 구들이 간식 먹을 동안에 너는 무엇을 하고 있을 것인지, 뭘 하고 싶니?

유아: 책이나 읽을까요?

교사: 그래! (책보기 영역으로 가서 음식과 관련된 책을 두 권 읽어 준다.)

유아: (친구들이 바깥놀이를 나가는 것을 보고) 난 바깥놀이는 안 할 거예요.

교사: 그래! 그럼 친구들이 바깥놀이를 끝내고 들어올 때까지 간식책상 의자에 가만히 앉아서 기다리자! (이것은 보람이가 지루함을 경험하게 하려는 교사의 전략이었다.)

유아: (잠시 앉아 있다가) 물 마시고 싶어요.

교사: 그래! (교실 내 식수대를 가리키며) 네가 가서 따라 먹어!

유아: (물을 반 컵 가득히 따라 단숨에 다 마시고, 다시 자리에 앉는다.)

교사: (잠시 기다렸다가) 그런데 선생님 생각에는 보람이가 배가 고플 수도 있을 것 같아.

유아: 그런 것 같기도 해요.

교사: 그럼 간식 먹을까? 그런데 간식시간이 다 지나서 간식 아주머니께서 남은 간식을 다 치워 버렸네! 간식을 어디에 가서 가져오지?

유아: 주방에 가면 있을 것 같아요. (간식인 두유와 바나나를 접시에 담아 와서 바나나를 먼저 먹은 뒤) 맛있어요! 꼭 집에서 먹어 본 바나나맛이에요! (두유는 마시지 않고 팩을 쳐다보며) 선생님, 우유는 소가 주는 것을 알겠는데 두유는 왜 두유일까요?

교사: 우유는 소 우 자, 젖 유 자, 즉 소가 주는 젖이란 뜻이고, 두

유는 콩 두 자, 젖 유 자, 즉 콩이 주는 젖이란 뜻이야.

유아: 소는 찌찌가 있으니까 젖을 주지만 콩은 찌찌가 어디에 있어서 젖을 주지요? 웃긴다! (깔깔 소리를 내며 웃는다.)

교사: 그 두유팩을 꾹 눌러 봐! 그러면 찌찌처럼 두유가 빨대 위로 찌직 찌직 올라올걸!

유아: 정말 그래요! (두유를 몇 모금 빨아 먹고는) 그런데요, 선생님 방귀대장 뿡뿡이는 왜 이름이 뿡뿡이일까요?

교사: 글쎄… 너는 왜 그런 것 같으니?

유아: 그야 방구를 뿡뿡 뀌니까 뿡뿡이죠.

교사: 음… 그럼 너는 울울이겠구나!

유아: 왜요?

교사: 그야 너는 울보대장이니까 그렇지!

유아: (함박 웃으며 애교스러운 몸짓으로) 왜 그러세요, 나는 울울이가 아니라 보람이라고요.

교사: (함께 웃으며) 에이! 울울이 맞는데….

유아: (잠시 생각하더니) 나는요, 이제 울울이 안 할 거예요, 나는 웃웃이 할 거예요.

교사: 웃웃이가 뭐야?

유아: 나는 웃음대장 할 거니까요.

교사: 그럼 보람이는 내일부터 울음대장 아니고 웃음대장할 거야? 선생님이랑 약속할 거야?

유아: (웃으면서 손가락을 걸어 약속을 한다. 그러나 다음 날 등원시간에 보람이는 또다시 울음을 터뜨렸다.)

교사: 보람아, 너 이제는 울울이 안 하고 웃웃이 한다며?

유아: 내가 그런 약속을 한 거는 맞기는 맞아요.

교사: 그럼 선생님이 천천히 다섯을 셀 동안에 울울이에서 웃웃
　　　이로 얼른 변신해 볼까?

유아: (다섯을 셀 동안에 울음을 멈추고 교실로 혼자 들어간다.)

　위의 사례에서 유아는 "우리 엄마와 같네!"라고 생각한 다음부터 교사에게 마음을 열고 소통하기 시작했으며, 교사는 유아의 생각과 느낌, 의사결정에 공감을 나타내면서, 유아가 긍정적인 방향으로 자신의 자유의지를 사용할 수 있도록 격려하면서 대화를 이끌어 나가고 있음을 볼 수 있다.

📎 사례 12 아! 난 그 마음 알아!-따귀 사건

　만 5세 종일반 오후 간식시간에 화장실에서 손을 씻던 승민이가 갑자기 울음보를 터트렸다. 친구가 물에 젖은 손으로 뺨을 때렸기 때문이었다.

교사: 승민아! 무슨 일이야?

유아 1: 친구가 물에 젖은 손으로 내 얼굴을 이렇게 했어요(친구가
　　　　뺨을 때린 정황을 동작으로 표현하며 설명한다).

교사: 그런 일이 있었구나! 그때 네 마음이 어땠니?

유아 1: 화가 머리 끝까지 나는 것 같았어요.

교사: 그 정도로 화가 났었구나! 그런데 승민이를 이렇게 속상하게 한 친구가 누구였을까?

유아들: (아무도 반응하지 않는다.)

교사: 승민아, 미안하지만 그 친구가 누구였는지 말해 주겠니?

유아 1: (한 친구를 손으로 가리키며) 진선이었어요.

교사: 진선아, 승민이가 한 이야기가 사실이니? (유아가 고개를 끄떡여 인정하는 것을 보고) 그랬구나! 진선이는 승민이가 맞을 줄 모르고 실수로 친 거야? 아니면 알면서 일부러 때린 거야?

유아 2: (여러 차례 질문에도 대답하지 못하다가 알면서 일부러 그랬냐는 질문에 대해 고개를 끄떡인다.)

교사: 알면서 그랬어? 왜 그랬어?

유아 2: (고개를 떨구고 아무 대답도 못한 채 울기 시작한다. 시간이 지체되어 귀가시간이 되자 이 장면을 참관하고 있던 원감 선생님이 중재에 나섰다.)

교사: 선생님하고 따로 이야기해 볼까? 진선아, 승민이의 뺨을 일부러 친 게 맞아? 왜 그랬을까? 선생님은 네 마음이 알고 싶어, 왜 그랬던 거야?

유아 2: (아무 말도 못하고 눈물만 뚝뚝 흘린다.)

교사: 진선아! 혹시 너 승민이를 많이 좋아하는 거니?

유아 2: (고개를 강하게 끄떡이며 눈물을 쏟아 낸다.)

교사: 너무 좋아해서 몸으로 장난을 치고 싶었던 거야? TV를 보면

친한 친구끼리 막 목을 잡고 툭툭 치고 그러는 것처럼?

유아 2: 네(계속 흐느껴 온다).

교사: 아! 그런 마음이었구나!

유아 1: 아! 나 그 마음 알아! 이젠 됐어, 울지 마, 괜찮아(친구의 어
깨를 다독이고는 자기 자리로 들어간다).

교사: 진선아, 진선이가 자기 마음을 말하지 않고 그냥 승민이 뺨
을 때렸을 때는 승민이가 머리 끝까지 화가 났다며 울었었
는데, 진선이가 왜 그렇게 했는지 마음을 이야기하니까 친
구도 그 마음을 금방 알아주네!

유아 2: (고개를 끄떡인다.)

교사: 그러니까 친구에게 내 마음을 잘 이야기하는 것은 정말 중
요한가 보다! 그리고 또 한 가지 생각해야 할 게 있네! 나
에게 친구를 좋아하는 마음이 있더라도 그 마음을 친구가
좋아하지 않는 방법으로 표현하면 친구의 오해를 살 수도
있다는 거! 그러니까 다음부터는 친구 좋아하는 마음을 어
떻게 표현하는 것이 좋을지 잘 생각하고 행동하자!

이 사례에서 유아는 제대로 소통하기 위해서는 자신과 상대방의 마
음을 제대로 알아야 할 뿐 아니라, 자신의 마음을 제대로 표현하여 상대
방에게 전달하는 방식도 잘 선택해야 함을 배울 수 있었다.

👉 **영유아 문제행동 지도를 위한 바람직한 대화연습**

교실상황: 우리 학급에서는 간식 시간에, 우유는 자신이 먹을 만큼만 받아서 다 마시기로 약속을 정하였다. 그런데 한 영유아가 우유를 다 마시지 않은 채, 간식그릇을 몰래 정리하려고 들고 걸어가다가 컵에 남아 있었던 우유를 교실 바닥에 쏟았다. 이런 때 영유아의 마음을 긍정적인 변화의 방향으로 움직일 수 있는 말은 무엇일까?

① 아이쿠! 괜찮니? 깜짝 놀랐겠구나!/

우유가 많이 남아 있었네!/

치워야겠다!/네가 치워 볼래?/선생님이랑 같이!/

(함께 걸레질을 하면서) 왜 우유를 남겼어?/우유가 조금 많았니?/

다음에는 우유를 먹기 전에, "조금만 덜어 주세요!" 하고 이야기해 줄래?

영유아들은 선생님을 알고 신뢰하는 관계가 생긴 다음에야 비로소 진정한 배움을 위한 소통을 시작한다. 그러므로 영유아의 문제행동을 변화시키고자 하는 영유아교사들은 먼저 교사-영유아 간 친밀한 관계형성과 공감적 경청을 통해 영유아의 신뢰를 얻어야만 할 것이다.

3. 영유아 문제행동 지도-영유아 이해의 길 찾아가기

교사라면 누구나 좋은 교사가 되고 싶어 한다. 하지만 좋은 교사에 대한 생각은 저마다 조금씩 다르며, 이러한 생각의 차이는 결과적으로 교사로서의 삶의 모습과 교수 행동에서 차이를 낳게 한다. 좋은 교사에 대한 생각은 교사로서의 삶을 이끄는 나침반이 되기 때문이다.

좋은 교사는 교직에 대한 분명한 소명감이 있는 선생님, 아름다운 성품 즉 영유아의 변화를 기대하며 인내할 줄 아는 선생님, 관계와 소통에 기초하여 문제를 해결하는 선생님, '놀이 같은 수업'을 통해 삶의 가치를 공유하는 선생님, 학급을 잘 경영하고 관리하는 선생님이다.

좋은 교사는 말이 아니라 자신의 인격과 삶을 통해 영유아에게 감동을 주며 가르치는 선생님이어야 한다. 최고의 영유아교육은 '관계와 소통을 통해 감동을 줌으로써 영유아와 그들의 부모가 스스로 변화하게 이끄는 것'이기 때문이다.

영유아와 바람직한 관계를 맺고 제대로 소통하면서 잘 가르치고자 하는 교사는 영유아 문제행동 지도방법을 고민하기에 앞서, 먼저 교육의 대상인 영유아에 대해 제대로 아는 것이 필요하다. 제대로 아는 것은 '이해'와 '있는 그대로 받아들임', 그리고 '조건 없는 사랑'과 '삶을 통한 지혜로운 가르침'의 시발점이기 때문이다.

👉 **(예비)영유아교사인 나는 영유아를 어떤 존재라고 생각하는가?**

둘씩 짝지어 토론해 보자!

① 영유아는 교육의 대상인가? 교육의 파트너인가? 아니면 둘 다인가?

왜 그렇게 생각했는가?

② 영유아가 보이는 문제행동의 원인이 무엇이라고 생각하는가?

영유아에게 가장 강력한 영향을 끼치는 사람은 누구라고 생각하는가?

왜 그렇게 생각했는가?

③ 영유아는 언제 가장 잘 배운다고 생각하는가?

왜 그렇게 생각했는가?

그래서 영유아교사는 어떻게 해야 할까?

1) 영유아 문제행동의 정의와 유형

영유아와 함께 하는 일상에서는 언제나 크고 작은 문제 상황이 발생하곤 한다. 그러나 모든 문제 상황이 영유아의 문제행동에 기인하여 발생하는 것은 아니다. 영유아의 문제행동은 크게 두 가지 유형으로 분류하여 정의할 수 있다.

첫째는 단순 부적응 문제행동이다. 이것은 영유아의 문제행동이 관찰된 상황에서, 영유아교사와 부모가 감정에 휘둘리지 않고 영유아의 마음을 읽으며 공감해 주는 대화와 일관성 있는 훈육만으로도, 일정한 시간이 지나면 자연스럽게 변화될 수 있는 행동을 의미한다. 즉, 영유아의 단순 부적응 문제행동이란 영유아교육기관 등원을 거부하는 행동, 영유아교육기관에서 혼자서만 놀거나, 선생님하고만 놀고 싶어 하는 행동, 거짓말을 하거나 고자질을 하는 행동, 친구의 놀잇감을 빼앗거나 집에 가져가는 행동, 폭력적인 언어를 사용하거나 또래에게 공격성을 보이는 행동, 손가락을 빨거나 손톱을 물어뜯거나 성적 놀이를 즐거워하는 행동, 지나치게 고집을 부리거나 대상에 따라 선택적으로 대화를 거부하는 행동, 부모와 교사의 눈치를 지나치게 살피거나 지나치게 의존적인 행동 등을 의미한다.

둘째는 심각한 부적응 문제행동이다. 이것은 영유아의 발달 지연이나 발달 장애가 주원인이 되어 나타나는 문제행동이다. 발달 지연이나 장애로 인해 발생한 영유아의 문제행동은 영유아교사와 부모의 공감적 대화와 일관성 있는 훈육만으로는 변화되기 어려우며, 영유아 발달 및 심리 전문가의 진단과 치료적 도움이 필요한 행동이다. 즉, 영유아의 발달 지연이나 발달 장애가 주원인이 되어 나타나는 문제행동이란 이유 없이 빈번한 자리이탈 행동, 빈번하게 끼어들며 수업을 방해하거나 이유 없이 교사의 지시에 불 순응하는 행동, 높은 곳에 올라가거나 소리 지르는 행동, 다른 사람의 말을 자꾸 기계적으로 따라 하는 행동, 자리에서 빙빙 돌거나 제자리 뜀뛰기를 하는 등의 상동행동, 곁눈질이 빈번하거나 돌아가는 물체를 보며 몸을 흔드는 행동, 눈 맞춤이 적고 한 가지 놀이방법만을 고집하는 행동, 편식이 심해 음식을 거부하거나 심한 자위를 하는 행동 등을 의미한다.

너무나 안타까운 것은 최근 들어 일반 교실 안에 심각한 부적응 문제행동을 보이거나 발달 지연 및 발달 장애 징후를 보이는 영유아가 급증하고 있다는 사실이다. 이러한 심각한 부적응 문제행동은 발견 즉시, 정확한 진단 및 전문적인 치료적 접근이 이루어져야 한다. 그러나 심각한 부적응 행동을 발견한 영유아교사와 학부모의 의견 불일치, 소극적인 판단과 선택으로 인해, 영유아가 치료의 적기를 상실하게 되는 일이 빈번하게 이루어지고 있는 실정이다.

2) 영유아 문제행동 지도를 위한 영유아교사와 부모의 역할

영유아의 문제행동을 제대로 이해하고 지도할 수 있으려면, 첫째, 영유아 교사와 부모가 영유아의 정상적인 발달에 대한 전문적 지식을 가지고 있어야 한다. 영유아 문제행동의 원인을 조기 발견하기 위해서는 영유아를 가장 가까이에서 돌보며, 월령과 연령에 따른 정상발달 여부를 일차적으로 판단하는 영유아교사와 부모의 역할이 매우 중요하기 때문이다.

둘째, 영유아교사와 부모는 일상적인 삶 속에서 영유아가 보이는 행동을 지속적으로 관찰하여야 한다. 영유아의 행동을 주의 깊게 관찰하는 것은 영유아가 보이는 문제행동이 단순 부적응 행동인지, 발달 지연 또는 발달 장애로 인한 심각한 부적응 행동인지를 판단하기 위한 기초적인 정보와 근거를 제공해 줄 것이다.

셋째, 영유아교사와 부모는 영유아에게서 단순 부적응 행동이 관찰되었을 경우에, 영유아의 문제행동 이면에 숨어 있는 동기, 즉 영유아의 마음을 읽고 이해하는 방법을 익혀야 한다.

넷째, 영유아교사와 부모는 영유아를 존중하는 방법을 배워야 한다. 영유아는 영유아교사와 부모가 변화시켜야 하는 대상이 아니라, 자신을 변화시킬 주체로서 존중받아야 한다. 영유아를 존중한다는 것은 추상적인 것이 아니라, 매우 구체적인 삶의 모습으로 나타난다. 즉, 영유아를 존중한다는 것은 영유아에게 묻고-영유아가 말할 때까지 충분히 기다려 주고-영유아가 말하기 시작하였을 때, 공감하면서 잘 들어 주고-영유아가 하는 말을 신뢰하며-영유아와 함께 문제해결방안을 찾아 실행하는 것을 의미한다. 제대로 존중받은 영유아는 제대로 존중하는 사람으로 변화될 것이다.

다섯째, 영유아에게 기대하는 행동이 있다면, 영유아교사와 부모는 그 행동을 일상의 삶 가운데서 영유아에게 일관성 있게 보여 주어야 한다. 영유아는 어릴수록 특정행동을 모방을 통해 가장 잘 배우며, 좀 더 나이가 들어 주변 성인(특히 교사와 부모)의 언행이 일치하지 않음을 인식한 이후에는 이를 이유로 거부행동을 보이기 때문이다.

3) 영유아 문제행동 상황에서의 혼내기와 훈육의 차이

영유아가 일상생활에서 보이는 단순 부적응 문제행동은 영유아교사와 부모가 영유아의 마음을 읽으며 공감해 주는 대화와 약간의 훈육만으로 비교적 쉽게 해결될 수 있다. 그러나 요즘 영유아교육기관에서 영유아의 문제행동 상황에 직면한 영유아교사들은 대화를 통해 훈육하기를 주저한다. 이는 영유아의 자존감을 길러 준다는 이유로 훈육하기를 꺼려 하는 부모가 증가함에 따라, 학부모가 영유아교사의 훈육을 영유아 학대로 오해할까 불편해하거나 두려워하기 때문이다.

물론 영유아교사와 부모는 자신의 힘과 권위를 사용하여 영유아를 혼내면서, 정서적·신체적으로 위협하는 행동을 해서는 안 된다. 혼내기를 할 때, 영유아교사와 부모는 분노와 같은 부정적 감정을 조절하기가 매우 어렵다. 이와 같은 '일방적으로 혼내기'는 영유아의 문제행동을 개선하기보다는 영유아가 자신과 주변 성인에 대한 부정적 감정과 이미지를 뇌에 각인하게 함으로써, 영유아가 자존감이 낮은 사람으로 성장하게 한다.

이와 반면에 훈육, 즉 긍정적 생활지도는 영유아의 건강하고 행복한 삶을 위해 영유아교사와 부모가 반드시 해야만 하는 것이다. 긍정적 생활지도란 영유아와의 대화를 통해 옳고 그름을 가르치는 것, 즉 영유아에게 해야 할 행동과 하지 말아야 할 행동을 분명하면서도 일관성 있게 공유하는 것을 의미한다. 따라서 영유아교사와 부모는 '우리가 하지 말아야 하는 것은 일방적으로 혼내기이며, 훈육은 영유아의 건강하고 행복한 삶을 위하여 반드시 해야 하는 것임'을 분명하게 재인식할 수 있어야만 한다.

혼내기 상황과는 달리 바람직한 훈육 상황에서, 영유아교사와 부모는 냉철함과 일관성, 평온함을 유지하는 것과 같은 자기감정 통제를 잘 할 수 있다. 그 결과 훈육, 즉 긍정적 생활지도가 잘 이루어진 영유아는 안전감과 안정감 속에서, 자신의 자유의지를 바람직한 방향으로 잘 사용할 수 있는 자주적인 사람으로 성장할 수 있다. 훈육, 즉 긍정적 문제행동 지도는 영유아가 감정을 포함한 자신의 문제에 대해 스스로 생각하고, 스스로 결정해서 자기주도적으로 문제를 해결할 수 있도록 돕는 것이기 때문이다.

그러므로 긍정적 문제행동 지도를 하고자 하는 영유아교사는 '문제행동을 보이는 영유아는 문제를 해결할 수 있는 가능성도 함께 가지고 있다.'는 사실을 믿어야 한다. 또한 영유아의 감정과 행동 변화에 필요한 모든 힘이 영유아의 내면에 있음도 믿어야 한다. 영유아교사가 먼저 영유아를 믿어 줄 때, 비로소 영유아도 영유아교사를 믿고 마음을 열어 진정한 소통을 시작하게 될 것이기 때문이다.

한편, 영유아교사가 자신이 교실에서 하였던 훈육의 실제에 대해 다시 생각해 보는 경험은 영유아교사를 한층 성숙한 훈육의 세계로 이끌어 줄 수 있다.

👉 **지난 1주일간의 영유아교사 생활을 잠시 돌아보자!**

① 영유아의 행동 가운데, 특별히 내 마음을 불편하게 하였던 행동이 있었는가?

② 영유아의 그 행동이 교사인 나의 마음을 불편하게 했던 진짜 이유는 무엇인가?

③ 영유아의 부적절한(?) 행동을 보면서 교사인 나는 어떤 생각을 하였는가?

④ 영유아의 부적절한(?) 행동을 보고 교사인 나는 영유아
  를 어떤 방법으로 훈육하였는가?
⑤ 교사인 나의 훈육에 대해 영유아는 어떤 반응을 보였는가?

4. 영유아 문제행동 지도에 영향을 주는 교사 요인

지식과 정보가 폭증하고 있는 4차 산업혁명 시대가 요구하는 영유아교사는 지식과 정보를 많이 알고 있는 교사가 아니라, 과거를 통해 배우고, 현재를 긍정적으로 인식하며, 미래를 준비할 수 있도록 '가르치며 배우려는 의지력을 가진 교사'다. 즉, '보다 성숙한 교사가 되고자 노력하려는 의지력이 있는 교사'다. 영유아교사의 자기 성장에 대한 의지력 여부는 영유아교사의 유능감을 평가하기 위한 가장 강력한 기준이 될 수 있다.

영유아 문제행동을 지도함에 있어서 가장 중요한 것은 영유아교사가 먼저 자신의 문제행동 교수역량을 객관적으로 평가해 보는 것이다. 또한 영유아교사는 자신의 교수역량 평가 과정에서 발견한 자신의 약점을 강점으로 변화시키기 위해, 기꺼이 자신의 삶의 방식과 가르침의 방식을 개선하고자 하는 의지를 가져야 한다.

영유아교사는 영유아의 일상에서의 삶(생각, 감정, 말, 행동)을 가장 가까이에서 함께하며, 자신의 삶을 통해 영유아의 삶에 지대한 영향을 미치는 존재다. 가정에서의 돌봄 시간보다 영유아교육기관에서의 돌봄과 교육시간이 점점 더 많아지고 있는 시대적 변화 속에서 영유

아교사는 전문교육자로서의 기능뿐 아니라, 부모의 역할을 일정 부분 대체하는 양육자의 역할까지도 감당해야 하는 에 놓여 있다.

따라서 만약 영유아교사가 영유아 문제행동 지도와 관련하여, 겉으로 드러난 영유아의 문제행동이 아니라 문제행동의 원인이 되는 영유아 내면의 동기에 대한 통찰을 할 수 있고, 문제행동이 발생한 이후에 해결방안을 찾느라 골몰하기보다 문제행동 예방방안에 더 많은 관심을 가질 수 있으며, 긍정적 예방전략과 반응전략에 대해 좀 더 잘 알고 이를 효과적으로 사용할 수 있게 된다면, 영유아의 문제행동은 개선될 수 있을 것이다.

그러나 영유아교사의 영유아 문제행동 지도역량은 타고나거나 교사경력이 쌓였다고 해서 저절로 길러지는 것이 아니며, 지속적인 자기점검과 자기연찬을 통해 함양되는 것이다. 따라서 영유아교사들은 영유아 문제행동 지도에 영향을 주는 교사요인에 대한 탐구를 통하여, 교사로서의 자신의 역량을 객관적으로 평가해 보고, 자신의 강점과 약점을 파악한 후 이를 보완하기 위한 노력을 경주해 나가야 할 것이다.

영유아 문제행동 지도에 영향을 주는 교사요인은 크게 두 가지 영역으로 나누어 볼 수 있다.

첫째, 영유아교사의 전문성과 관련된 7가지 요인으로서, 영유아교사의 전문성 인식 및 전문성 발달 수준(정선아, 이영애, 2019; 안주희, 2021), 교육신념(박효경, 2019), 교사효능감(이현숙, 김민정, 2020), 교사의 놀이성 · 놀이신념 · 놀이교수효능감(권혜진, 2013), 교수창의성(최미숙, 류미지, 2022), 교사-영유아 상호작용(허미애, 2022), 코칭역량(김계순, 2022)이 포함된다.

둘째, 영유아교사의 정서와 관련된 7가지 요인으로서, 영유아교사의 민감성(안양선, 김정은, 2023), 정서조절능력(김민정, 김은혜, 이현숙, 2020), 자아탄력성(안주희, 2021), 회복탄력성(김수진, 권정윤, 2018; 허미애, 맹선미, 2021; 박윤조, 이정원, 2023), 심리적 소진(권슬기, 이승하, 2023), 공감능력(임보람, 2020; 김계순, 2022), 직장 내 사회적 지지와 영유아교사가 인식한 조직 문화(권슬기, 이승하, 2023; 안양선, 김정은, 2023)가 포함된다.

1) 영유아 문제행동 지도에 영향을 주는 영유아교사의 전문성 관련 요인

(1) 교사 전문성에 대한 자기 인식과 전문성 발달 수준

영유아교사의 전문성은 교사가 자신의 역할을 성공적으로 수행하기 위해 필요한 교수능력, 운영관리 능력, 의사소통 능력, 전문성 신장 능력, 보육보호 능력의 발달 수준을 의미한다.

전문성 발달수준이 높은 영유아교사는 영유아의 발달특성을 잘 파악하여 문제행동을 사전에 예방하고, 긍정적으로 반응하면서 영유아의 문제행동을 지도한다. 또한 전문성 발달수준이 높은 영유아교사는 영유아가 문제행동을 했을 때, 긍정적인 문제행동 지도전략을 사용한다.

긍정적인 문제해결전략이란 영유아의 문제행동을 예방하기 위하여, 교육환경 재배치, 긍정적 행동 유도, 명확한 일과계획 안내 및 기대수준 공유, 바람직한 사회적 기술과 행동을 사전에 미리 지도하는 것을 의미한다. 또한 긍정적인 문제해결전략을 사용한다는 것은 영유아의 문제행동이 나타난 상황에서 영유아교사가 긍정적 반응전략을 사용하는 것도 의미한다. 특히 영유아교사의 전문성 가운데 운영관리 능력과 의사소통 능력은 긍정적 반응전략에 유의한 영향을 미친다.

따라서 영유아 문제행동을 제대로 이해하고 이를 효과적으로 지도하고자 하는 영유아교사들은 자신의 전문성 향상을 위해 지속적으로 노력해야 한다.

(2) 교육신념

영유아교사의 교육신념이란 '교사가 영유아를 어떤 존재로 바라보는가?' '영유아교육의 궁극적인 목적은 무엇인가?' '영유아교육과정의 본질은 무엇인가?' '영유아교사의 역할은 무엇인가?' '영유아중심 교육과정이란 무엇인가?' '놀이중심 교육과정이란 무엇인가?' '영유아가 놀이를 통해 배워야 하는 것은 무엇인가?' '영유아교사는 영유아에게 무엇을 가르치고 배워야 하는가?' '영유아를 존중한다는 것은 무엇인가?' 등 영유아교육의 본질과 관련된 질문에 대한 영유아교사의 생각과 시각을 의미하는 것이다.

영유아교사가 가지고 있는 교육 신념을 확인하고 이를 확고히 하는 일은 매우 중요하다. 영유아교사의 교육신념에 따라 교육의 실제가 달라지기 때문이다(허미애, 2022). 특히 영유아의 문제행동에 대한 교사의 교육철학, 즉 '문제행동을 하는 영유아와 영유아의 문제행동

을 어떻게 인식하는가?'의 문제는 영유아 문제행동 지도에 지대한
영향을 미치게 된다.

성숙주의와 상호작용주의에 기초한 교육신념을 가진 영유아교사
는 영유아 문제행동을 지도하면서 영유아의 발달수준에 적합한 기
대와 더불어, 문제행동을 예방하기 위하여 교실 환경을 재배치하고
긍정적 행동을 안내하는 긍정적 예방전략을 잘 사용한다. 또한 성숙
주의와 상호작용주의에 기초한 교육신념을 가진 영유아교사는 문제
행동을 대체하는 바람직한 행동을 가르치는 긍정적 반응전략을 많
이 사용하며, 그 결과 영유아들의 문제행동의 수준은 현저하게 감소
된다.

반면에 행동주의에 기초한 교육신념이 강한 영유아교사는 영유
아의 문제행동이 발생했을 때, 일방적인 언어적 훈계, 타임아웃, 벌
등과 같은 부정적 반응전략 사용을 많이 사용하여 영유아가 그 문제
행동을 계속 하지 못하게 하는 강압적인 방법을 많이 사용한다. 이
러한 부정적 반응전략은 영유아의 문제행동 감소에 효과적이지 못
하거나 오히려 문제행동을 강화하는 결과를 낳게 한다. 이것은 영유
아교사가 영유아가 아닌, 영유아의 문제행동 수정에만 초점을 두고
처벌적 · 강압적 반응전략을 사용하였기 때문이다.

따라서 영유아 문제행동을 제대로 이해하고 이를 효과적으로 지
도하고자 하는 영유아교사들은 자신이 영유아 문제행동 지도를 위
해 사용한 다양한 전략들이 영유아 문제행동 개선에 긍정적 변화를
가져오지 못할 경우, 자신이 영유아와 영유아의 문제행동, 그리고
이를 위한 교사의 지도전략을 선택함에 있어서 어떤 교육신념에 영

향을 받았는지를 철저하게 점검해 볼 필요가 있다.

(3) 교사효능감 · 유아 문제행동 지도 교수효능감

교사효능감은 교사가 자신의 교수능력을 신뢰하여, 교수방법과 교수행위 전반에 대해 자신감과 긍정적인 태도를 가지고 교사역할을 수행하는 것으로서, 자신이 영유아에게 긍정적인 영향을 미칠 수 있다고 믿는 신념을 의미하는 것이다.

교사효능감은 교사의 교수행위, 즉 영유아 교육뿐 아니라 영유아 문제행동 지도에도 영향을 미치는 주요 원인이 된다. 교사효능감이 높은 교사는 영유아 문제행동에 대해 두려움을 갖거나 적극적인 개입을 회피하기보다는 인내심을 가지고, 좀 더 많은 시간과 노력을 기울이면서 체계적으로 영유아 문제행동에 대처할 뿐 아니라, 다양한 유형의 교수방법을 시도한다.

반면에 교사효능감이 낮은 교사는 영유아 문제행동을 일방적으로 통제하거나 명령하고, 문제 상황에서 자신이 원하는 대답과 반응을 영유아에게 집요하게 강요하는 등의 권위적인 개입을 많이 하며, 때로는 문제행동을 보이는 영유아를 무시하거나 방관하는 부정적인 태도를 보인다.

한편, 최근에는 영유아 문제행동 지도에 관한 교사효능감을 따로 구분하여, 이를 문제행동 지도 교수효능감이라 부르기도 한다. 문제행동 지도 교수효능감이란 영유아교사가 영유아의 문제행동을 지도함에 있어서 자신이 어느 정도 긍정적인 영향을 미칠 수 있을 것인지에 대한 교사 개인의 신념과 자각을 의미한다.

영유아 문제행동 지도에 대한 교사효능감이 높은 영유아교사는 영유아의 문제행동을 개선하기 위한 다양한 교수전략과 상호작용을 하는 것을 관찰할 수 있다. 따라서 영유아 문제행동을 제대로 이해하고 이를 효과적으로 지도하고자 하는 영유아교사들은 자신의 문제행동 지도 교수효능감 수준을 객관적으로 평가하고, 이를 증진하기 위한 전문적 노력을 기울일 필요가 있다.

(유아 문제행동 지도 교수효능감 평가 척도는 5장에 소개되어 있다.)

(4) 교사의 놀이성 · 놀이신념 · 놀이교수효능감

우리나라의 국가수준 영유아교육과정은 영유아놀이중심교육과정을 지향하면서 영유아가 놀이를 통하여 심신의 건강과 조화로운 발달을 이루고 바른 인성과 민주시민의 기초를 형성하는 것을 교육목적으로 표방한다. 이로 인해 영유아교육기관에서의 일상은 대부분 놀이를 중심으로 구성되고 있다. 이것은 영유아놀이중심교육과정을 운영하는 과정에서 영유아교사가 당면하게 되는 영유아 문제행동을 제대로 이해하고 지도하기 위해서는, 영유아뿐 아니라 영유아교사의 놀이성과 놀이신념, 놀이교수효능감도 함께 고려될 필요가 있음을 시사해 주는 것이다. 영유아의 놀이와 놀이갈등 상황을 바라보는 영유아교사의 신념에 따라, 영유아의 특정 행동이 영유아의 발달에 적합한 놀이행동으로 판단되거나 문제행동으로 판단될 수 있기 때문이다.

영유아교사의 놀이성은 영유아교사가 영유아와 함께하는 놀이를 서로의 즐거움을 더하기 위한 재미있는 활동으로 생각하여, 스스로 놀이에 적극적으로 참여하고자 하는 성향을 의미한다. 이러한 놀이성은 놀이 과정에서 발현되는 유머, 즐거움의 추구, 놀이 속에서의 낙천적인 모습으로 나타난다. 이와 같은 영유아교사의 놀이성은 영유아교사가 영유아의 문제행동을 사전에 예방하거나, 영유아가 문제행동을 보였을 때, 긍정적으로 반응하며 지도하는 것에 도움이 된다.

또한 영유아교사의 놀이신념이란 영유아가 놀이를 통해서 전인적인 발달을 도모할 수 있다고 믿는 것으로서, 이와 같은 영유아교사의 놀이신념은 영유아교사가 영유아의 놀이지도를 지원함에 있어서 자신감을 가지게 한다. 그 결과 놀이신념이 강한 영유아교사는 영유아의 문제행동을 효과적으로 예방할 뿐 아니라, 영유아의 문제행동에 대해 부정적인 반응전략을 사용하지 않으며, 긍정적이고 낙천적인 모습으로 상호작용하며 조력한다.

한편, 놀이교수효능감이란 영유아교사가 영유아의 놀이에 개입하여 효과적인 중재와 지원을 하는 시점을 정확하게 통찰할 수 있을 뿐 아니라, 자신을 영유아와 놀이에 적극적으로 참여하여 이를 즐길 수 있는 교사로 인식하는 것과 자신이 놀이에 개입하거나 참여행동을 할 때, 교사인 자신의 행동이 영유아의 놀이에 긍정적인 영향을 줄 것이라고 확신하는 정도를 의미한다. 이와 같은 영유아교사의 놀이교수효능감은 영유아 문제행동의 예방과 효과적인 지도에 긍정적인 영향을 준다.

따라서 영유아 문제행동을 제대로 이해하고 이를 효과적으로 지도하고자 하는 영유아교사들은 자신의 놀이성, 놀이신념, 놀이교수

효능감의 수준을 객관적으로 평가하고, 이를 증진시키기 위해 지속
적으로 노력할 필요가 있다.

　(놀이교수효능감 평가 척도는 5장에 소개되어 있다.)

(5) 교수창의성

　교수창의성이란 영유아교사가 영유아교육기관에서의 일과와 교
육과정 운영을 통하여 영유아의 사고역량, 의사소통역량, 관계역량,
문제해결역량 등의 미래사회 인재역량을 증진시키고자 창의적으로
실행하는 모든 형태의 교수행동을 의미한다.

　교수창의성은 영유아교사가 문제행동 영유아와 상호작용 할 때
에 어떤 전략을 선택하고 접근할지를 결정짓는 영유아교사의 인지
적·인성적 특성이다. 이로 인해 교수창의성은 유아 문제행동 지도
에 있어서, 긍정적 예방전략과 긍정적 반응전략에 유의한 영향을 미
친다. 교수창의성이 높은 영유아교사는 영유아의 삶, 즉 영유아의
생각과 감정, 언어와 행동을 바람직한 방향으로 이끌기 위한 개방적
질문을 구안하고, 영유아가 보다 자율적으로 활동할 수 있는 환경을
조성함으로써, 영유아의 문제행동을 지도하기 위한 효과적인 상호
작용과 지도전략을 세울 수 있기 때문이다.

　따라서 영유아 문제행동을 제대로 이해하고 영유아의 개별적 특
성을 파악하여 맞춤형 교수전략을 모색하고, 개방적인 태도로 영유
아의 문제행동을 다루고자하는 영유아교사들은 자신의 교수창의성
증진을 위한 노력을 기울여야 할 것이다.

(6) 교사-영유아 상호작용

교사-영유아 상호작용이란 교사가 영유아를 교육하기 위한 목적을 가지고, 일방적으로 조리 있게 잘 설명하는 것을 의미하는 것이 아니다. 이것은 영유아교사와 영유아가 대등한 관계 속에서 쌍방향 의사소통을 하는 것을 의미한다. 쌍방향 의사소통이란 영유아와 영유아교사가 서로를 존중하며 자유롭게 말하고 듣는 역할을 순환하는 것을 의미한다.

교사와 영유아 간의 긍정적인 상호작용은 영유아교육에 있어서 교수-학습의 질을 구성하는 핵심요소다. 영유아는 다른 사람, 특히 주변 성인과의 상호작용을 통하여 관계를 통하여 삶의 중요한 가치와 삶을 대하는 태도, 삶을 인간답게 살아 내기 위한 지식과 기술을 배운다. 이 과정에서 영유아교사의 상호작용 능력은 영유아의 건전한 성장과 발달에 직접적인 영향을 미치게 된다(허미애, 2022).

영유아는 자신이 문제행동을 유발하여 교사와 함께 대화하는 상황에서, 지레 심리적으로 위축되어 긴장하며 방어적인 모습을 보일 수 있다. 따라서 영유아교사는 영유아가 자신의 문제행동 이면에 가려진 문제행동의 동기에 대해 자유롭게 충분히 이야기할 수 있도록 개방적이고 민주적인 대화분위기를 제공할 뿐 아니라 영유아가 자신의 마음과 문제행동을 객관적으로 이해하고 해결방안을 찾을 수 있도록 돕기 위한 질문을 해야 한다. 영유아교사들은 '영유아가 말하고 싶도록 공감하며 들어 주고, 영유아가 듣고 싶도록 진정성 있게 말하기'를 잘 할 수 있어야 한다. 영유아교사가 먼저 영유아를 이야기와 감정을 믿고 이해해 줄 때, 비로소 영유아는 영유아교사에게 마음을 열고 진정한 소통을 시작하게 된다.

따라서 영유아 문제행동을 제대로 이해하고 이를 효과적으로 지도하고자 하는 영유아교사는 영유아와 상호작용하면서 존중의 원칙, 즉 '영유아에게 묻기-영유아가 대답하기 전에 충분히 생각할 수 있는 시간을 제공하며 기다리기-영유아의 이야기를 공감하며 경청하기-영유아가 자신의 문제행동을 개선할 수 있는 의지와 능력을 가지고 있음을 신뢰하기-영유아와 함께 찾은 해결방안을 행동으로 실행하기'를 숙지하며 대화해야 할 것이다.

(7) 코칭역량

Coach란 Catch(잡다, 파악하다), Open(열다), Ask(질문하다), Act(행동하다), Check(점검하다), Habit(습관화하다)의 복합어로서, 일방적 리더십이 아니라 상호존중에 기초한 쌍방형 리더십을 의미하는 것이다. 즉, 코칭이란 영유아교사가 영유아의 잠재력을 발견하고, 영유아가 바람직한 방향으로 성장할 수 있도록 조력하고 훈련을 돕는다는 의미를 가지고 있다.

영유아 문제행동 상황에서의 감정코칭은 영유아가 감정을 포함한 자신의 문제에 대해 스스로 생각하고, 스스로 결정해서 자기주도적으로 문제를 해결할 수 있도록 돕는 것이다. 그러므로 감정코칭을 잘 하고자 하는 영유아교사는 문제행동을 한 영유아가 문제행동을 개선할 수 있는 잠재 역량도 함께 가지고 있다는 사실을 믿어야 한다. 영유아의 감정과 행동 변화에 필요한 모든 힘이 영유아의 내면에 있음을 믿어야 한다. 영유아는 영유아교사가 변화시켜야 하는 코칭의 대상이 아니라, 변화의 주체이기 때문이다.

영유아 문제행동 지도에 있어서 영유아교사의 코칭역량은 교사-유아 간 상호작용 역량, 즉 의사소통 역량과 밀접한 관련이 있다. 성공적인 영유아 코칭의 가장 중요한 전제는 공감적 경청과 사고를 격려하는 열린 질문이기 때문이다. 이를 통해 영유아는 미처 알지 못했던 자신의 감정과 문제를 잘 인식하게 될 뿐 아니라, 자신의 마음과 행동까지 자발적으로 바꾸게 된다.

따라서 영유아 문제행동을 제대로 이해하고, 코칭을 통하여 이를 효과적으로 지도하고자 하는 영유아교사들은 먼저 문제행동 영유아와 영유아 문제행동에 대한 자신의 감정을 객관적으로 점검하고, 코칭의 궁극적인 목적인 '영유아 주도의 문제행동 개선'이 이루어질 수 있도록 자신의 코칭역량을 강화해 나가야 할 것이다.

2) 영유아 문제행동 지도에 영향을 주는 영유아교사의 정서 관련 요인

(1) 민감성

영유아교사의 민감성은 영유아교사가 기관에서의 일상생활과 영유아와의 관계 속에서 영유아가 보이는 다양한 요구를 신속하고도 정확하게 파악하여 적절히 반응하고, 긍정적이고 따스하며 친밀한 태도로 영유아를 대하는 태도를 의미한다. 즉, 영유아교사의 민감성이란 영유아교사가 영유아의 표정과 몸짓에서 감지되는 비언어적인 정서적·신체적 표현과 다양한 수준의 언어적 표현에 대해 즉각적으로 적절하게 반응하는 것을 의미한다.

영유아교사의 민감성은 영유아교사와 영유아가 긍정적인 관계를 형성하도록 할 뿐 아니라, 영유아 발달을 효과적으로 지원하게 하는 주요 교사 변인이다. 민감성이 높은 교사는 평소 영유아의 행동을 세밀하게 관찰하고 있기 때문에 개별 영유아의 행동특성에 대한 이해가 많아서 영유아의 개별적 발달수준에 적합한 기대를 가지고 있다.

특히 영유아 문제행동 지도와 관련하여, 민감성이 높은 영유아교사는 세심한 행동관찰에 근거하여 긍정적이고 적극적인 방식으로 영유아 문제행동을 지도하기 때문에 이를 효과적으로 개선할 수 있다. 영유아교사가 영유아의 문제행동을 긍정적이고 온정적인 태도로 지도하면, 영유아는 긍정적인 자기정체성을 가지고 자기주도적으로 문제행동을 점차 개선해 나갈 수 있다.

따라서 영유아 문제행동을 제대로 이해하고 이를 효과적으로 지도하고자 하는 영유아교사들은 자신의 민감성 수준을 객관적으로 평가해 보고, 자신이 상대적으로 덜 민감하였던 영역에 대한 이해와 이를 개선하기 위한 노력을 지속적으로 할 필요가 있다.

(영유아교사 민감성 평가 척도는 5장에 소개되어 있다.)

(2) 정서조절능력

영유아교사의 정서조절능력이란 영유아교사가 특정 상황에서 자신의 긍정적인 정서와 부정적인 정서를 조절하여 상황에 적합하게 반응하고 대처하여 적응하는 능력을 의미하는 것으로서, 일반적으로 정서조절능력이란 불쾌한 정서를 감소시키기 위한 다양한 노력을 지칭하는 경우가 많다.

따라서 정서조절능력이 높은 영유아교사는 일상의 삶 속에서 자신의 부정적인 정서를 감소시키려고 노력할 뿐 아니라, 자신이 긍정적인 정서를 갖도록 하는 다양한 전략을 사용하는 특징을 나타낸다. 그 결과 정서조절능력이 높은 영유아교사는 다양한 업무를 수행하는 교직 수행과정에서 일어나는 부정적인 정서를 잘 관리하여 스트레스나 심리적인 소진감을 줄일 수 있게 된다.

영유아교사의 정서조절능력은 영유아 문제행동 상황으로 인한 영유아교사의 스트레스와 무력감을 예방하고 극복할 수 있도록 도울 뿐 아니라, 영유아 문제행동을 효과적으로 지도할 수 있도록 한다. 즉, 평소에 자신의 부정적 정서를 적절하게 감소시키고, 긍정적 정서를 증진시키면서 정서관리를 하는 영유아교사는 영유아 문제행동상황에서도 자기감정조절을 잘 할 수 있기 때문에 평정심을 유지하면서 영유아와 긍정적인 상호작용을 할 수 있고, 그 결과 바람직한 행동변화를 이끌어 낼 수 있다.

따라서 영유아 문제행동을 제대로 이해하고 이를 효과적으로 지도하고자 하는 영유아교사들은 먼저 자신의 정서조절능력 수준을 파악하고, 정서조절에서 어려움이 있는 영역을 찾아 이를 보완하기 위해 구체적으로 노력할 필요가 있다.

(3) 자아탄력성

영유아교사의 자아탄력성이란 영유아교사가 유아교육기관에서의 일상의 삶 속에서 자신이 당면하게 되는 다양한 문제 상황에 대해, 유연하고도 유능하게 대처하여 긍정적으로 적응해가는 성격적 특성을 의미하는 것이다. 즉, 영유아교사의 자아탄력성은 영유아교사가 영유아, 동료 및 상사, 학부모와의 우호적이고 협력적인 관계 속에서 자신을 이해하고 스스로를 성장시키는 능력으로서, 환경적인 변화에 대한 적응능력이라 할 수 있으며, 인지, 사회, 개인과 관련된 다양한 영역에서의 융통성 있는 문제해결 능력을 의미한다.

영유아교사의 자아탄력성 수준은 자신감, 대인관계 효율성, 낙관적 태도, 분노조절의 정도를 통해 평가되어지는데, 자아탄력성의 수준이 높은 영유아교사는 영유아 문제행동을 지도할 때에 긍정적인 반응전략들을 많이 사용하는 경향을 보이며, 그 결과 영유아의 문제행동 개선에 기여하게 된다.

따라서 영유아 문제행동을 제대로 이해하고 이를 효과적으로 지도하고자 하는 영유아교사들은 자신의 자아탄력성에 대해 관심을 가지고, 이를 잘 관리할 필요가 있다.

(4) 회복탄력성

영유아교사의 회복탄력성은 마음의 힘으로서, 다양한 문제 상황이나 어려움을 자기 성숙과 발전을 위한 긍정적인 기회로 해석함으로써 스트레스 상황에 과도하게 몰입하지 않고 빠르게 평정심을 회복하여 어려운 대인관계나 문제 상황에서 매우 유연하게 대처하는 능력을 의미한다(허미애, 맹선미, 2021).

영유아교사의 회복탄력성은 여러 가지 변화가 많은 상황에 대한 적응력이며 힘든 환경 속에서도 자신의 역량을 발휘하게 하는 능력이기 때문에, 성공적인 학급운영과 교직이탈 방지를 위해 반드시 필요한 요인으로 알려져 있다. 즉, 회복탄력성은 역경과 어려움을 딛고 다시 빠른 회복을 보이는 능력의 정도를 의미하기 때문에, 직무스트레스를 예방하거나 감소하는 데 도움을 주는 매우 긍정적인 자원이라 할 수 있다.

영유아교사의 회복탄력성은 교사 개인의 신체적 · 정신적 건강과 안정적인 적응을 통해 교사행복감을 증진하고, 영유아와의 긍정적인 상호작용과 교사의 민감성을 증진함으로써 영유아교사의 역할수행에 의미 있는 영향력을 미친다. 특히 영유아교사의 회복탄력성은 영유아의 문제행동에 대한 교수 전략을 설명하는 가장 중요한 요인으로서, 영유아 문제행동에 대한 긍정적인 예방전략과 반응전략 수립에 결정적인 영향을 준다.

따라서 영유아 문제행동을 제대로 이해하고 이를 효과적으로 지도하고자 하는 영유아교사들은 자신의 회복탄력성을 객관적으로 진단하고, 이를 지속적으로 관리할 필요가 있다.

(영유아교사 회복탄력성 평가 척도는 5장에 소개되어 있다.)

(5) 심리적 소진

영유아교사의 심리적 소진이란 영유아교사가 교사생활을 통해 부정적인 정서를 경험하게 되는 순간에, 이에 대해 성공적으로 대처하지 못하고 부정적인 정서를 계속 방치하며 만성적으로 경험하게 될 때 나타나는 것으로서, 에너지가 전부 소진되어 교사의 직무와 관련된 열정을 모두 잃어버린 상태를 의미한다.

영유아교사의 심리적 소진은 부정적 정서와 이직 의도를 높이며, 교사로서의 역할 수행과 교수효능감에 부정적인 영향을 미칠 뿐 아니라, 교사-영유아 간 상호작용의 질과 교육의 질에도 부정적인 영향을 미치는 요인이 된다. 특히 영유아교사는 영유아의 문제행동을 지도하면서 심리적 소진을 경험하는 경우가 많은데, 그 이유는 영유아 문제행동 지도 관련 전문지식과 경험의 부족과 자신의 노력에도 불구하고 여전히 개선되지 않는 영유아의 문제행동에 대한 무력감과 어려움, 영유아의 문제행동에 대한 학부모와의 인식 차이로 인한 어려움 때문이었다.

영유아교사의 심리적 소진과 영유아 문제행동은 상호 부정적인 영향을 미치면서 악순환을 하게 된다. 영유아교사의 심리적 소진은 영유아 문제행동을 효과적으로 지도하지 못하게 만드는 결정적인 요인이 되며, 개선되지 않고 반복되는 영유아의 문제행동은 영유아교사의 심리적 소진을 더욱 심화시키는 요인이 되기 때문이다. 즉, 영유아교사들은 영유아 문제행동 지도 과정에서 심리적 소진을 경험하고 있으며, 이러한 심리적 소진은 문제행동 지도 효능감에 부정적인 영향을 주고 있다.

따라서 영유아 문제행동을 제대로 이해하고 이를 효과적으로 지도하고자 하는 영유아교사들은 자신의 심리적 소진 수준에 관심을 가지고 이를 관리할 수 있어야 한다.

(6) 공감능력

영유아교사의 공감능력이란 영유아교사가 자신이 직접 경험해 보지 않은 문제 상황에서, 자신의 감정을 이입하여 영유아, 학부모, 동료교사 및 상사의 감정을 이해하고 공유하는 능력을 의미한다.

영유아교사의 공감능력은 영유아 문제행동 지도에 긍정적인 영향을 미친다. 공감은 마치 자신이 상대방인 것처럼 상대방의 심리상태와 감정을 지각하는 것이기 때문에, 공감을 잘하는 영유아교사는 문제행동을 한 영유아에게 선생님이 자신의 마음을 잘 이해하고 있으며, 비록 자신이 잘못된 행동을 했을지라도 선생님은 자신을 있는 모습 그대로 수용하고 사랑한다는 안도감과 신뢰감을 준다.

영유아교사는 영유아 문제행동 지도 시 "○○가 참 속상한 마음이구나!"와 같은 정서적 공감, "○○가 그래서 그랬던 거로구나!"와 같은 인지적 공감, "그래서 선생님이 무엇을 도와주면 좋겠니?"와 같은 행동적 공감을 전달하는 상호작용을 통하여 문제행동을 한 영유아가 부정적인 정서를 풀어내고 긍정적인 정서를 회복할 수 있도록 지원하여야 한다.

따라서 영유아 문제행동을 제대로 이해하고 이를 효과적으로 지도하고자 하는 영유아교사들은 자신의 공감능력 수준을 파악하고 이를 더욱 증진할 수 있도록 노력하여야 한다.

(영유아교사 공감능력 평가 척도는 5장에 소개되어 있다.)

(7) 직장 내 사회적 지지와 영유아교사가 인식한 조직 문화

영유아교사의 직장 내 사회적 지지란 영유아교사가 자신이 재직

하는 영유아교육기관에서 영유아, 학부모, 동료 및 상사로부터 사랑
받고 존중받는다는 확신, 자신이 속한 기관에 꼭 필요한 가치 있는
사람이라는 긍정적인 자기인식, 직장 공동체 구성원으로서의 소속
감과 안정감을 갖는 것을 의미한다. 즉, 사회적 지지란 영유아교사
개인이 영유아교육기관 내의 다양한 대인관계로부터 받을 수 있는
긍정적인 도움을 총체적으로 지칭하는 것이라 할 수 있다.

영유아교사의 직장 내 사회적 지지는 영유아교사의 심리적 소진
과 밀접한 관련이 있다. 평소 동료교사나 상사로부터 지원을 받고
있다고 생각하거나, 언제든지 자신이 원하면 필요한 지원을 받을 수
있다고 생각하는 영유아교사는 심리적 소진을 상대적으로 적게 경
험한다. 즉, 동료나 상사로부터 평소에 인정을 받고, 문제발생 시 해
결에 필요한 정보와 자원을 적기에 제공받는 영유아교사는 그렇지
못한 영유아교사에 비해 스트레스와 심리적 소진을 적게 경험하거
나 이를 쉽게 극복할 수 있다.

특히 영유아 문제행동 지도 교수효능감이나 민감성이 낮은 영유
아교사와 초보 영유아교사에게 있어서, 직장 내 사회적 지지와 상호
개방적이며 우호적인 조직문화는 그들이 효과적인 영유아 문제행동
지도전략을 수립하고 이를 실행하기 위한 소중한 자원이 되어 준다.
조직문화란 교육공동체 구성원들이 공유하고 있는 가치와 신념, 규
범이므로, 영유아교사가 속한 기관의 조직문화는 영유아 문제행동
에 대한 영유아교사의 관점과 지도전략 수립에 지대한 영향을 미치
게 될 것이다.

따라서 영유아 문제행동을 제대로 이해하고 이를 효과적으로 지

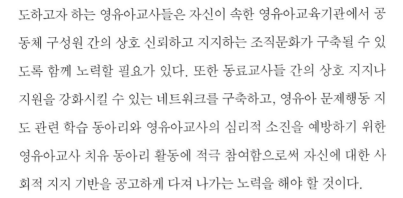

도하고자 하는 영유아교사들은 자신이 속한 영유아교육기관에서 공동체 구성원 간의 상호 신뢰하고 지지하는 조직문화가 구축될 수 있도록 함께 노력할 필요가 있다. 또한 동료교사들 간의 상호 지지나 지원을 강화시킬 수 있는 네트워크를 구축하고, 영유아 문제행동 지도 관련 학습 동아리와 영유아교사의 심리적 소진을 예방하기 위한 영유아교사 치유 동아리 활동에 적극 참여함으로써 자신에 대한 사회적 지지 기반을 공고하게 다져 나가는 노력을 해야 할 것이다.

제**2**장

영유아의 단순 부적응 문제행동
이해 및 지도의 실제

1. 영유아의 단순 부적응 문제행동 판단 기준

영유아의 단순 부적응 문제행동을 다룰 때에는 먼저 무엇을 단순한 부적응 문제로 볼 것인가에 대한 합의가 필요하다. 일반적으로 영유아에게 훈육이 필요한 단순 부적응 문제행동은 다음의 세 가지 조건 중 하나에 해당되는 행동이어야 한다.

첫째, 영유아의 행동이 다른 사람(또래…)에게 피해를 주는 행동인가?

둘째, 영유아의 행동이 영유아 자신 또는 다른 사람의 안전을 위태롭게 하는 행동인가?

셋째, 영유아의 행동이 자신의 연령과 발달 수준에 부합되지 않는 행동인가?

사실 영유아의 행동이 다른 사람에게 피해를 주는 행동이거나 안전을 위협하는 행동인지를 판단하는 것은 그리 어려운 일이 아니다. 그러나 영유아의 행동이 그들의 연령과 발달수준에 부합되지 않는 행동인지의 여부를 판단하는 것은 다소 어려울 수 있다.

영유아는 어릴수록 발달에 있어서 개인차를 보이는데 만 0~3세까지는 월령에 따른 개인차가 더욱 크게 나타나기 때문이다. 더욱이 영유아교실은 1년을 단위로 하여 학급편성이 되기 때문에, 1월생과 12월생 사이에는 늘 11개월이라는 월령 차와 이로 인한 영유아 간

발달의 개인차가 존재하게 된다.

따라서 영유아교사는 자신이 담임한 학급의 연령이 어릴수록 영
유아의 연령뿐 아니라, 월령과 그에 따른 발달의 미세한 차이에 대
해서도 잘 알아야 하며, 영유아 발달 관련 지식을 영유아 문제행동
지도에 반영할 수 있어야 한다.

한편, '영유아의 단순 부적응 문제행동을 누구의 관점에서 보는
가?'는 문제의 실체를 파악하는 데 있어서 매우 중요한 단서를 제공
한다. 영유아의 문제는 영유아의 관점에서 문제를 바라보았을 때에야
비로소 제대로 파악될 수 있다.

그러나 영유아교사들은 시공간의 제한으로 인해 때때로 다소 성
급하게 영유아의 문제행동에 대해 판단하고, 교사인 자신의 관점과
이해만을 고집하며 영유아의 문제를 다루다가, 교사-영유아 간 기
본적인 신뢰관계를 깨뜨리는 잘못을 범하는 경우가 있다.

그 결과 문제도 아닌 문제가 만들어지기도 하고 극히 정상적인
모습의 영유아가 문제행동 영유아로 낙인찍히기도 한다. 그러므
로 영유아교사는 영유아의 관점에서 문제 상황을 바라보고, 영유아
의 마음을 읽고 공감하며 영유아와 대화할 수 있도록 노력할 필요가
있다.

예를 들어, 한 영아교사는 13개월 영아인 수현이가 주변의 여러
물건을 집어서 세게 내던지는 행동을 자주 한다는 사실을 관찰했
다. 던지는 행동이 영아와 또래의 안전에 위협이 될 수 있다고 생각
한 영아교사는 이 행동에 대해 부모님과 상담을 하였다. 그 결과 운
동을 좋아했던 영아의 아버지가 영아와 공놀이를 자주 하면서 "던

져! 슛! 골인!! 박수~"라고 하였고, 그 이후에 사물을 던지는 행동이 나온 것 같다는 이야기를 전해들을 수 있었다. 영아교사는 수현이가 물건을 던지는 행동은 문제 행동이 아니라, 하나의 놀이행위였던 것을 알게 되었다.

이후 영아교사는 부모와 더불어 일관성 있게 "아하! 이것도 공처럼 던지고 싶었구나! 그런데 이것은 던지면 안 된대…… ~~하기 때문이지. 그 대신 이 공은 마음껏 던져도 되지……"라고 반복적으로 상호작용하였다. 영아교사와 부모가 던져도 되는 놀잇감과 던지면 안 되는 놀잇감을 구분하며 놀이할 수 있도록 일관성 있게 격려하기 시작하자, 영아의 던지는 문제행동은 자연스럽게 해결되었다.

2. 영유아의 단순 부적응 문제행동 지도를 위한 기본 원리

영유아의 단순 부적응 문제행동을 지도하기 위한 영유아–교사 간 바람직한 소통의 가장 중요한 조건은 '영유아가 말하고 싶도록 들어주고, 영유아가 듣고 싶은 마음이 들도록 말하는 것'이다. 영유아–교사 간 바람직한 소통의 절차와 이에 따른 기본원리는 다음과 같다.

1) 영유아에 대한 사랑을 구체적인 말과 표정으로 표현한다.
(예: 선생님이 사랑하는 준영이가 우니까, 선생님도 참 속상하다…….)

2) 지금 현재 일어난 일에만 집중한다.

(예: 지금 무슨 일이 있니? (○)/또 무슨 일이야? (×))

3) 정직하고 개방적인 의사소통을 한다.

(예: 무슨 일이 있었는지 사실대로 이야기해 주겠니?)

이때 영유아교사는 사실대로 정직하게 이야기한 영유아를 혼내는 일이 없도록 주의해야 한다.

4) 일어난 문제 상황에 대한 영유아의 생각과 감정을 잘 읽어 주며 공감적 경청을 한다.

(예: 친구가 ~~하니까 준영이 마음이 어땠어? 선생님이 준영이었어도 참 속상했겠다!)

5) 영유아가 자신의 감정과 문제를 잘 인식할 수 있도록 격려하는 질문을 한다.

(예: 처음에는 속상했는데, 점점 화가 났던 거야? 그래서 어떻게 했어? 친구는 준영이가 자기 때문에 속상하고 화가 났다는 사실을 알고 있을까?)

6) 영유아가 스스로 바람직한 해결책을 찾아 나갈 수 있도록 격려한다.

(예: 친구에게 준영이의 속상하고 화나는 마음을 전할 수 있는 방법이 무엇일까? 만약 친구에게 이야기했는데도 친구가 싫은 행동을 계속하면, 누구에게 도움을 요청할 수 있을까?)

7) 영유아의 삶을 주의 깊게 지속적으로 관찰하여, 영유아의 문제와 문제의 원인을 정확하게 통찰하고, 영유아의 미세한 변화를 격려하며 일관성 있게 영유아의 변화를 이끌어 낸다.

(예: 준영이가 ~하지 않으려고 노력하는 모습을 보니 참 기쁘다.)

☞ **영유아가 영유아교사의 말을 듣지 않는 진짜 이유는……**

영유아교사의 말이 옳지 않거나, 자신에게 해로운 말을 하기 때문이 아니라(훈육하는 말의 내용을 이해하지 못해서가 아니라), 영유아가 듣고 싶지 않게 말하기 때문이다. 즉, 영유아가 문제 상황에서 자신이 영유아교사로부터 이해받거나 존중받지 못한 다고 느끼게 만드는 훈육태도 때문인 것이다.

사람은 누구나 '언제나 나에게 일방적으로 부정적인 이야기를 하는 사람'과의 대화를 회피한다. 아무리 자신을 위해 하는 이야기라 하더라도 정답만 이야기해 주는 사람과의 대화는 늘 불편한 마음을 줄 뿐 안전감, 안정감, 행복감을 주지 못한다. 따라서 효과적인 훈육을 하고자 하는 영유아교사는 영유아를 존중하는 마음을 담아, 진정성 있는 소통을 할 수 있어야 한다.

☞ **영유아교사가 영유아와의 관계를 해치지 않으면서, 진정성 있는 소통과 성공적인 훈육을 할 수 있는 가장 좋은 방법은……**

영유아가 영유아교사와의 대화 속에서 바른 행동이 무엇인지를 스스로 깨달아, 영유아 스스로 바른 행동을 선택하여 실천하고 싶 은 의지를 기를 수 있도록 안내하는 것이다.

만약 영유아가 영유아교사의 훈육을 통해 교사를 신뢰하고 존경하는 마음을 가지게 되었다면, 영유아교사는 성공적인 훈육을 넘어서 행복한 선생님이 된 것이라 할 수 있다.

3. 영유아의 단순 부적응 문제행동 다루기
–일상에서의 다양한 문제 상황에서 영유아의 마음을 읽으며 지도하기–

- 영유아교육기관 등원을 거부하는 영유아
- 영유아교육기관에서 혼자서만 노는 영유아
- 선생님하고만 놀고 싶어 하는 영유아
- 거짓말을 하는 영유아
- 고자질이 심한 영유아
- 친구의 놀잇감을 빼앗거나 집에 가져가는 영유아
- 폭력적인 언어를 사용하는 유아
- 성적 놀이를 즐거워하는 영유아
- 선택적 대화 거부행동을 보이는 영유아
- 또래에게 공격성을 보이는 영유아
- 지나치게 고집을 부리는 영유아
- 늘 교사의 눈치를 살피는 영유아
- 부모와 교사에게 지나치게 의존적인 영유아
- 손가락을 빨거나 손톱을 물어뜯는 영유아

1) 영유아교육기관 등원을 거부하는 영유아

영유아가 때때로 등원거부를 해서, 부모님과 교사를 참 난처하게 한다. 특히 학기 초 기관 적응기간이나 질병과 여행 등의 이유로 장기 결석을 한 직후에는 등원거부 행동이 더 많이 나타난다. 이럴 때 교사인 나는 '내가 뭐가 부족한 교사인가? 어린이집(유치원)이 재미없나?' 등 왠지 민망한 마음을 가지게 된다. 이런 영유아는 어떻게 도와야 할까?

영유아가 등원거부 행동을 할 때 보이는 모습은 참 다양하다. 영유아는 집에서부터 등원을 거부하며 아예 집 밖으로 나가지 않으려하거나, 영유아교육기관 문 앞까지는 잘 왔으나 어머니와 떨어지기를 싫어하며 갑자기 입실을 거부하거나, 교실에 들어와서도 엄마를 찾으며 계속 울기도 한다. 이렇게 등원거부 행동의 모습이 다양하게나타나는 것은 그만큼 등원거부 행동의 이유도 다양할 수 있음을 보여 주는 것이다.

영유아 등원거부 행동의 주요 원인
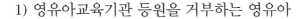

- 새로운 환경에 대한 일시적인 낯설음과 두려움이 있다.
- 어머니의 과잉보호로 인한 지나친 부모의존과 분리불안이 있다.
- 어머니와 선생님의 관심 끌기/자신의 힘을 과시하여 요구를 관철하고자 하는 마음이 있다.
- 과거에 있었던 어머니와의 부정적인 격리 불안 경험이 있다.
- 어머니와 함께 집에 남아 있는 어린 동생에 대한 부러움과 질투

심이 있다.

- 장기 출장 후 귀가한 어머니와 함께 있고 싶은 마음이 있다.
- 늦은 취침 시간, 부족한 수면 시간으로 인한 아침 기상의 어려움이 있다.
- 또래 친구나 선생님과의 인간관계 갈등이 있다.
- 부모의 불화로 인한 두려움과 불안감이 있다.

등원거부 영유아를 위한 교육적 대응 방안

- 영유아의 낯설음을 익숙함으로 바꾸어 주기 위한 노력을 영유아교사와 부모가 함께한다.
- 등원하는 영유아의 이름을 부르면서, 약간 높은 톤으로 맑고 밝은 분위기를 연출하며, 언제나 반갑게 환영하는 인사말을 건넨다. 이때 손을 맞잡아 주거나 꼭 안아 주는 등의 스킨십도 필요하다.
- 영유아의 이름표 뒤에 어머니의 사진을 붙여 주어, 영유아가 수시로 볼 수 있게 한다.
- 영유아의 애착대물을 영유아교육기관에 가지고 올 수 있도록 허용한다.
- 교실 한쪽 벽면에 가족사진을 전시해 두고, 영유아가 원할 때는 일과 중에 언제든지 부모님 사진을 보면서 안정감을 가질 수 있도록 돕는다.
- 정상적인 수준의 분리불안은 당연한 것이므로 적응기간 동안 영유아를 신뢰하며 기다린다.

- 분리불안이 매우 심할 경우에는 학부모와 의논하여, 단계적으로 분리를 시도해 본다.
  * 1단계: 어머니와 함께 교실에 들어와 함께 머물기
  * 2단계: 영유아는 교실, 어머니는 복도 앞 의자에 앉아 있다가, 영유아가 원할 경우에는 잠깐 복도로 나가서 어머니를 만나고 돌아오기
  * 3단계: 영유아교육기관 현관 앞에서 어머니와 헤어지기
  * 4단계: 스쿨버스 정거장에서 어머니에게 인사하고 헤어지기
- 만약 단순히 부모와 선생님의 관심을 끌기 위해 등원거부를 하는 경우에는 영유아교사와 학부모가 '영유아교육기관은 가기 싫으면 안 가도 되는 곳이 아니라, 일정한 나이가 되면 모두 반드시 가야 하는 곳이며, 오늘도 꼭 가야 하는 곳'임을 언제나 일관성 있게 이야기한다.
- 학부모교육을 통하여, 영유아에게 등원을 조건으로 하여 무엇을 사 주겠다거나 해 주겠다는 거래를 하지 않도록 안내한다.
- 어머니 자신이 자녀에 대한 불안감을 해소하고, 영유아의 기관 적응력을 신뢰하도록 격려하고, 각 가정에서 "영유아교육기관에는 엄마 같은 선생님이 계셔서 사랑으로 잘 돌보아주실 거야."라고 이야기해 주어, 선생님에 대한 신뢰감과 안정감을 갖도록 도와 달라고 요청한다.
- 영유아교육기관 적응과 관련된 그림책을 들려주어, 영유아가 기관에서 경험하게 될 일들을 예측하고, 주인공과의 공감을 통해 안전감과 안정감을 느낄 수 있도록 지원한다.

- 하원할 때, 영유아와 정서적인 교감을 위한 대화를 나눈다.

  예 오늘도 즐거웠니? 선생님도 은영이가 씩씩하게, 재미있게 잘 놀고 돌아가는 모습을 보니 너무 행복해….

2) 영유아교육기관에서 혼자서만 노는 영유아

> 친구와 함께 놀려는 의지를 전혀 보이지 않고 언제나 혼자서 노는 영유아가 있다. 부모참여수업을 통해 영유아가 혼자 노는 것을 관찰한 부모님이 영유아가 혼자 노는 이유를 궁금해하며, 영유아가 친구와 잘 어울려 놀 수 있도록 도와 달라고 요청한다. 이런 상황에서 영유아를 어떻게 도울 수 있을까?

영유아의 혼자놀이가 모두 부정적인 놀이인 것은 아니다. 영유아가 혼자놀이를 하는 이유는 다양하며, 어떤 경우에는 혼자놀이를 하는 것이 권장되어야 할 수도 있다. 따라서 영유아교사는 관찰을 통해 영유아가 혼자놀이를 즐기는 이유를 정확하게 파악하고 이에 따라 개인차를 고려한 도움을 적절하게 제공하여야 한다.

영유아가 혼자서만 놀이하는 주요 원인

- 만 2~3세 영아인 경우에는 아직 또래와 함께 하는 협동놀이나 협력놀이를 즐길 수 있을 정도로 사회성이 발달되지 않았다.
- 만 5세 유아의 경우, 혼자놀이를 선택하여 독립적으로 사고하고, 자신의 의도대로 문제해결하는 것을 즐기려는 의도를 가질

수 있다.

- 영유아의 성격과 기질이 지나치게 내성적이거나 수줍음이 많고 정적인 성향이어서, 또래와 함께 시끌벅적 하게 노는 것을 선호하지 않는다.
- 또래 친구와의 관계에서 지속적으로 놀이갈등이 발생되어, 친구를 회피하고자 한다.
- 또래와의 관계보다 성인과의 관계를 더 편안하게 여기고 좋아한다.
- 친구와 관계 맺고 함께 놀이하는 데 필요한 사회적 기술이 부족하다.

혼자서만 놀이하는 영유아를 위한 교육적 대응 방안

- 영아인 경우에는 너무 조급한 마음을 가지지 말고, 일상생활 속에서 또래의 존재를 인식하고 상호작용할 수 있는 경험을 자주 제공한다.

     노래를 부르며 옆 친구 안아 주기/친구에게 ~~을 가져다 주라는 심부름하기/친구와 손잡고 게임하기 등

- 성향이 비슷한 영유아끼리 단짝 친구를 이루어 놀이해 보는 경험을 제공하는 것부터 시작해 본다.
- 친구 사귀기에 필요한 사회적 기술(기다리기, 양보하기, 함께 놀기, 나누어 사용하기)을 즐겁게 경험해 보는 기회를 제공한다.
- 사회생활에 필요한 기본적인 관계 언어(고마워! 미안해. 우리 같이 놀까? 나도 같이 놀아도 돼? 나 좀 빌려 줄래? ……)를 반복하여

연습하도록 돕는다.

- 내성적인 성향이 강한 영유아의 경우에는 친구와 함께 놀기를 강요하기보다, 영유아가 친구와 노는 것도 즐거운 것임을 지속 적으로 경험하도록 천천히 안내한다.
- 영유아가 가장 좋아하고 가장 잘하는 놀이를 친구들과 함께 하 며 놀이리더가 되어 보는 경험을 제공하여서, 또래가 혼자놀이 를 했던 영유아의 존재감을 의미 있게 인식하도록 돕는다.
- 무엇보다 인내심을 가지고 영유아가 함께 놀이하는 것을 스스 로 선택할 수 있음을 믿고 기다려 준다. 부모의 바람보다는 영 유아의 놀이 성향과 자유놀이 욕구가 먼저 충족되어야 하는 것 이기 때문이다.

3) 선생님하고만 놀고 싶어 하는 영유아

자유놀이 시간 내내 영유아교사의 손을 독점하며, 영유아교사만 따라다 니는 영유아가 있다. 영유아교사는 다른 영유아도 돌보아야 하기 때문에 이 상황이 참 힘들게 느껴진다. 함께 놀이를 해 주면 계속해서 또 다른 놀이를 더 하자고 요구하기 때문에 놀이를 적극적으로 함께 해 줄 수도, 놀이를 하지 않을 수도 어려운 상황이다. 이런 영유아는 어떻게 도와야 할까?

대부분의 영유아는 가정에서 부모님의 관심과 세심한 돌봄을 독 차지 한다. 그러나 영유아는 영유아교육기관에서 다수의 또래와 더불어 선생님의 관심과 돌봄을 공유할 수밖에 없는 상황에 놓인 것이다. 영유아교사가 아무리 노력을 하여도 이러한 교육 상황은 영유아에게 부족함과 다소의 불안함을 준다. 특히 정서적으로 예민한 성향을 지닌 영유아의 불안감은 영유아교사에 대한 집착으로 나타날 수 있다. 반면에 영재아와 같이 인지발달이 크게 차이가 나는 경우에도 또래와의 놀이를 시시해하며 교사와의 놀이만을 원할 수 있다. 따라서 영유아교사는 지속적인 관찰을 통하여 영유아가 선생님하고만 놀려 하는 이유를 제대로 파악하고, 영유아의 마음을 읽어 가며 영유아의 발달적 요구에 기반하여 적절한 도움을 주어야 한다.

선생님하고만 놀고 싶어 하는 영유아행동의 주요 원인
- 정서적 불안감이 있다.
- 혼자서 놀이하거나, 또래와 함께 놀이해 본 경험이 부족하다.
- 선생님의 관심을 끌거나, 선생님을 독차지하고 싶은 마음이 크다.
- 또래보다는 선생님과 놀이하는 것이 더 재미있다고 생각한다.
- 또래에 비해 인지 발달이 빠른 편이어서, 또래와의 상호작용을 시시하게 생각한다.

선생님하고만 놀고 싶어 하는 영유아를 위한 교육적 대응 방안
- 정서적 불안감을 가지고 있는 영유아를 억지로 떼어 내려 하면 영유아가 교사에 대한 신뢰감을 형성하기 어려울 수 있으므로, 영유아가 정서적 안정감을 가지게 될 때까지는 최선을 다해 개별적으로 상호작용하는 시간을 갖도록 한다.

- 선생님과의 놀이만을 재미있어 하는 영유아인 경우에는 1:1 놀이로 시작하여 셋 이상의 사람이 함께 하는 놀이에 참여하게 함으로써 교사뿐 아니라, 친구와의 놀이도 재미있음을 조금씩 경험하도록 안내한다.

- 영유아가 독립적인 놀이가 가능함에도 불구하고, 선생님의 관심을 끌기 위해 선생님만 따라다니는 경우에는, 영유아를 크게 의식하지 않으면서 다른 영유아와 상호작용하고 영유아가 혼자 또는 또래와 함께 잘 놀이하는 장면이 나왔을 때 크게 반응하며 격려하는 말을 해 준다.

  예 우리 ○○이가 혼자서도 ~~을 참 잘 했구나! 이젠 정말 형님이 되었는걸!

- 인지 수준이 높아서 또래와의 놀이가 시시한 유아에게는 비슷한 수준의 또래 친구를 짝지어 주고 그들의 수준에 맞는 교구를 제공해 주어, 보다 역동적인 놀이가 이루어질 수 있도록 개별화 교육 방안을 모색한다.

- 영유아가 속한 학급 안에 좀 더 발달이 빠른 또래가 없을 경우에는 일과시간 중에 한 살 더 많은 영유아로 구성된 학급의 영유아와 함께 놀이하는 시간을 편성해 보도록 한다.

- 영유아가 영재아로 판정이 난 경우에는 학부모와의 협의를 통하여 혼합연령반으로 편성하거나, 전문가와의 협의를 통해 월반이나 조기 입학을 권할 수도 있다.

4) 거짓말을 하는 영유아

영유아교육기관에서 아주 잘 적응하고 잘 놀이하는 유아다. 그런데 주말을 지낸 이야기와 같이 자신의 경험을 이야기하는 상황에서는 사실이 아닌 이야기를 사실처럼 꾸며서 발표하는 경우가 많고, 귀가해서는 영유아교육기관에서 있지 않았던 일을 사실처럼 부모에게 전하는 일이 자주 발생하여 어려운 상황이 벌어지곤 한다. 이런 상황에서 어떻게 도와야 할까?

영유아가 가끔씩 하는 거짓말은 성인이 하는 거짓말과는 전혀 다른 것이다.

영유아는 다른 사람을 속임으로써 자신의 유익을 추구하려는 의도로 거짓말을 하지 않는다. 영유아의 거짓말은 단지 현실과 상상의 세계를 명확하게 구분하지 못하는 것에서 기인하는 경우가 많다. 따라서 영유아가 거짓말을 하였을 때, "그건 사실이 아니잖아? 너 왜 자꾸 거짓말을 하니? 거짓말은 나쁜 거야."라고 반응하는 것은 바람직하지 않다. 그러나 영유아의 거짓말이 지나치게 자주 반복되어지고, 그로 인해 대인관계에 오해와 갈등이 야기되는 일이 일어나지 않도록 주의하는 것은 필요하다.

영유아 거짓말 행동의 주요 원인

- 영유아는 현실과 상상의 세계를 혼동하여, 자신이 상상한 것을 실제인 것처럼 이야기하는 경우가 있다.
- 영유아는 자신이 무언가를 가지고 싶은 마음이 강렬할 때 이를

거짓말로 표현할 수 있다.

> 예 우리 집에도 요괴워치 있어.

- 영유아는 친구의 이야기를 들으며, 자신도 친구와 같은 경험을 하고 싶거나, 과거에 그와 비슷한 경험을 한 적이 있을 때, 시제(과거, 현재, 미래)를 넘나들면서 경험을 섞어서 이야기할 수 있다.

> 예 나도 주말에(사실은…… 작년에) 엄마랑 아빠랑 에버랜드 갔다 왔어.

- 영유아는 자신의 행동을 합리화하는 과정에서 거짓말을 방어 기제로 사용할 수 있다.

> 예 (약속을) 몰라서 그랬어요. 내가 일부러 그런 것이 아니라…….

- 교사나 부모가 자신의 거짓말에 크게 반응하거나 호응할 때 거짓말을 하게 된다.

> 예 정말 엄마 아빠가 싸워서 엄마가 집을 나가셨어?

거짓말하는 영유아를 위한 교육적 대응 방안

- 영유아가 상상과 현실을 구별하지 못할 경우에는, 영유아가 죄의식 없이 현실과 사실을 인식할 수 있도록 자연스럽게 대화를 이어 나간다.

> 예 그래서 ○○이는 어떻게 했어? 선생님이 어머니께 영유아교육기관에 오셔서 친구들에게도 그 이야기를 들려주시라고 부탁드려 볼까?

- 영유아가 거짓말을 하게 되는 원인이 부러움에 있음을 파악했

다면, 유아의 마음을 이해하려고 노력하면서, 사실을 완곡하게
이야기해 준다.

[예] 음~ 그건 ○○이도 ~~을 갖고 싶었다는 이야기인 거지?

• 영유아가 시제(과거, 현재, 미래)를 혼돈하여 한 이야기가 거짓말
처럼 된 경우에는 시제와 관련된 단어를 적절하게 사용하여 자
신의 경험을 이야기할 수 있도록 돕는다.

[예] 그것은 ~~했었다는 이야기니? 아니면, ~~하지는 않았지
만 앞으로 ~~하고 싶다는(하게 될 것이라는) 이야기니?

[예] 영유아가 교사의 반응과 호응으로 인해 가정에서 있었던 일
을 거짓으로 과장하여 이야기하는 경향이 있다고 판단되면,
영유아의 거짓말에 대해 무심한 듯 반응하지 말고, 영유아
가 한 이야기의 사실여부를 부모님께 즉시 확인하고 영유아
가 이야기할 때 "아! 그렇게 되었으면 참 좋았겠다는 이야기
지?"라고 반응한다.

• 영유아가 자신의 실수나 잘못을 합리화하거나 감추기 위해서
거짓말을 한 경우에는 누구나 실수 할 수 있으며, 가장 빨리 문
제를 해결할 수 있는 방법은 언제나 사실대로 이야기하고 용서
를 구하는 것임을 알게 한다.

[예] 누구나 실수할 수 있어. 그럴 때는 "솔직하게 제가 그랬어요.
미안해요" "친구야, 미안해! 용서해 줄래?"라고 말하면 된
단다.

5) 고자질이 심한 영유아

다른 영유아의 부적절한 행동을 수시로 교사에게 고자질하는 영유아가 있다. 고자질은 자유놀이 시간에 제일 빈번하게 이루어지지만, 집단활동 시간에도 계속된다. 이 영유아는 놀이보다도 고자질을 더 좋아하는 것처럼 여겨질 정도이다. 이런 영유아는 어떻게 도울 수 있을까?

영유아의 고자질 행동은 만 4~5세 유아에게서 많이 나타난다. 특히 영유아의 고자질은 자유놀이 시간에 폭발적으로 증가한다. 자유놀이 시간은 자기주도적인 경험이 이루어지는 시간이기 때문에 다양한 놀이갈등 상황이 일어나게 되기 때문이다. 영유아가 고자질을 하는 이유는 매우 다양하다. 때때로 영유아는 교사가 미처 보지 못한 상황에 대한 정보를 전달하기 위해 고자질을 하기도 한다. 그래서 어떤 이들은 고자질을 '정보 전하기'라는 말로 바꾸어 표현하기도 한다.

영유아 고자질 행동의 주요 원인
- 교사나 부모에게 자신이 착한 아이임을 인정받거나 칭찬받고자 하는 의도(○○이는 잘못했지만, 나는 그러지 않았음을 알리려는 의도)가 있다.
- 다른 사람의 관심을 받거나 주도권을 얻으려는 의도가 있다.
- 자신에게 상처나 손해를 입힌 또래에게 되갚음하려는 마음이 있다.

- 자신에게 불리한 상황을 모면하려는 마음이 있다.
- 규칙을 어긴 사람이나 상황을 교사에게 알리는 것이 도덕적인 일이라고 생각하기 때문이다.
- 교사나 부모의 도움을 받아 문제를 빨리 해결하려는 의도가 있다.
- 교사나 부모가 미처 파악하지 못한 정보를 전해 주려는 의도가 있다.
- 특별한 목적 없이 고자질을 하는 언어습관이 있다.

고자질이 심한 영유아를 위한 교육적 대응 방안

- 고자질하는 영유아의 억양과 어조에 의존하여 상황을 즉각적으로 판단하기보다는, 고자질의 진짜 이유를 찾기 위해 지속적인 관찰을 유지한다.
- 관찰기록을 통해 영유아의 고자질 빈도, 고자질이 가장 많이 발생하는 시간대와 고자질의 주요 내용을 파악하여 개별적 상황에 따라 대응한다.
- 고자질 이유에 따라 대응방법이 달라져야 함을 꼭 기억한다.
- 고자질을 습관적으로 하는 유아의 경우에는 고자질 상황을 무심한 듯 넘기고, 고자질 상황에 대한 이해와 지도방안을 동료교사들과 모색해 본다.

  예 그런 일이 있었구나! 그래……(지나친 관심이나 즉각적인 반응을 지양해야 함).
- 고자질을 과다하게 하는 영유아에게는 선생님이 그 상황을 이

미 알고 있음을 이야기하여, 영유아가 굳이 사실을 전달할 필요가 없음을 알게 한다.

> 예 그걸 선생님이 모르고 계실까 봐 알려 준 거니? 그런데 선생님도 여기서 다 보고 듣고 있었어. 선생님은 그 친구가 스스로 문제를 해결해 볼 수 있도록 기다려 주고 있는 중이란다. 그러니까 ○○이는 더 이상 걱정하지 말고 재미있게 놀아도 돼.

- 교사가 잘 몰랐던 상황에 대해 영유아가 이야기를 할 때는 고자질한 영유아와 대화하며 공감하고 위로해 주되, 교사가 정보전달을 매우 고마워한다는 느낌은 주지 않도록 주의한다.
- 고자질의 내용이 교사의 개입 없이도 영유아 간에 해결할 수 있는 사안인 경우에는, 고자질한 영유아에게 교사에게 바라는 바와, 영유아가 할 수 있는 일에 대해 대화해 본다.

> 예 선생님에게 그 이야기를 전하는 이유를 말해 주겠니? 선생님에게 전하기 전에 그 상황을 본 너는 그 친구에게 뭐라고 이야기했니? 어떻게 하면 그 친구가 행동을 바꿀 것이라고 생각하니? 먼저 ○○이가 그 친구에게 도움을 주고, 그래도 해결이 안 될 때 선생님이 도와주는 것이 어떨까?

6) 친구의 놀잇감을 빼앗거나 집으로 가져가는 영유아

친구의 놀잇감을 함부로 빼앗아 놀이갈등 상황을 자주 일으키고, 때로는 자신이 좋아하는 놀잇감을 혼자 독점하고자 몰래 감추어 놓거나, 영유아 교육기관에서 가지고 놀았던 놀잇감을 허락 없이 몰래 집으로 가져가는 영유아가 있다. 어떻게 도와주어야 할까?

영유아는 아직 소유에 대한 개념을 명확하게 인식하지 못하기 때문에 나의 것과 너의 것, 우리의 것에 대한 구분이 어렵다. 따라서 영유아교사는 영유아가 또래가 가지고 놀고 있는 놀잇감을 빼앗으려 하거나 영유아교육기관의 놀잇감을 집으로 가져가는 모습을 발견하면, 영유아가 소유에 대한 개념과 놀잇감을 공유하기 위해 필요한 사회적 기술들을 잘 배울 수 있도록 도와야 한다.

친구의 놀잇감을 빼앗거나 영유아교육기관 놀잇감을 집으로 가져가는 영유아 행동의 주요 원인

- 놀잇감을 갖고 싶을 때, 자신의 요구를 말로 표현하는 방법을 배우지 못하였다.
- 다른 친구가 또래의 놀잇감을 빼앗는 모습을 보고 단순히 모방 행동을 한 것이다.
- 도덕성 발달수준 상, 아직까지는 내 것과 남의 것에 대한 명확한 구분을 못하기 때문이다.

- 자신의 힘을 과시하고자 또래와 세상을 공격적인 태도로 대하고 있는 것이다.
- 영유아에게는 아직 갖고 싶은 충동을 억제하는 힘이 부족하기 때문이다.
- 영유아가 부모나 교사에게 충분한 이해와 애정, 관심을 받지 못하거나, 부모에게 갖고 싶다고 말했을 때 자주 거절을 경험하면, 성인의 관심을 끌거나 욕구불만을 표시하기 위해 부정적인 방법을 선택하기도 한다.
- 부모가 영유아의 부적절한 행동에 대해 지나치게 놀라거나 과민 반응을 할 때, 부모와 교사의 관심 끌기와 같은 보상을 목적으로 이런 행동을 반복하기도 한다.
- 부모가 영유아가 원하는 것을 다 들어주면서 양육하였기 때문에 영유아가 인내와 절제를 배우지 못하고 충동적으로 행동하는 것일 수 있다.

친구의 장난감을 빼앗거나 영유아교육기관 놀잇감을 집으로 가져가는 영유아를 위한 교육적 대응 방안

- 영유아에게 내 것과 우리 것, 영유아교육기관 것을 구분해 보는 경험을 제공한다.

  예 ○○이가 이 놀잇감을 정말 좋아하는구나! 그런데 이 물건은 이곳에 두고 친구들 모두가 함께 사용하는 물건이기 때문에 집에 가져갈 수는 없단다. 만약 ○○이가 이것을 하루만 집에 가져가서 동생과 놀고 싶다면, 선생님이 먼저 우리 반 친구들

과 함께 이야기 나누고, 원장님 그리고 ○○이 어머니와도 의
논해서 빌려주실 수 있는지를 함께 결정해 볼게.

- 영유아가 놀잇감을 공유해야 할 때 사용해야 하는 언어를 가르
  쳐 준다.

  예 친구가 사용하고 있는 놀잇감을 나도 사용하고 싶을 때는 어
  떻게 하면 좋을까?-친구야! 나도 같이 놀아도 되니? 친구야
  이거 나 좀 빌려줄래?

- 영유아에게 할 수 있는 일과 해서는 안 되는 일을 반복적으로
  경험하게 한다.

  예 영유아교육기관에서 생활하면서 내 마음대로 할 수 있는 일
  은 무엇일까?

  내 마음대로 하면 안 되는 일도 있을까? 왜 내 마음대로 하
  면 안 되는 것일까?

- 영유아를 훈육하면서 도둑질, 경찰서 등과 같은 표현을 사용하
  여 영유아에게 죄책감을 주지 않도록 유의한다.

  예 남의 물건을 가져가는 것은 도둑질이야. CCTV가 다 보고 있
  어. 자꾸 이러면 경찰아저씨가 와서 잡아간대. (×)

- 만약 문제 행동의 원인이 부모에 대한 불만이 경우에는 영유아
  와의 정직한 대화와 부모 상담을 통하여 원인을 제거하도록 함
  께 노력한다.

- 과잉 보호형 양육태도 등, 부모 양육방식의 개선이 필요한 경우에
  는 부모교육을 병행하여, 가정과 함께 문제를 해결하도록 한다.

7) 폭력적인 언어를 사용하는 유아

유아 가운데 어른이나 청소년들이 사용하는 욕을 하거나 아주 거친 언어를 사용하는 유아가 있다. 유아가 왜 이렇게 저속한 언어와 폭력적인 언어를 사용하는지 잘 모르겠다. 이런 경우 어떻게 도와야 할까?

학교폭력 가운데 언어폭력의 피해가 심각한 사회문제로 대두되고 있는 상황에서, 유아교육기관에서도 유아의 폭력적인 언어와 욕과 말로 따돌림 등의 행동이 자주 관찰되고 있다. "저리 가! 난 너랑 안 놀아! 너는 얼굴이 까매서 미워! 바보야! 에그그 너는 그것도 못하냐?" 등의 말들이 그 대표적인 사례다.

유아에게서 관찰되는 폭력적 언어 행동의 주요 원인

- 손위 형제나 연령이 높은 아동과 함께하는 활동 경험을 통해 형들이 하는 욕이나 폭력적 언어에 노출되었다.
  [예] 방과후 교실이나 학원에서 경험한 형들의 언어생활
- 다른 사람의 관심을 받거나 주목을 받고 싶은 의도가 있다.
  [예] 동생의 출생, 이사로 인한 전학 등의 환경변화과정에서 자신의 존재를 성인에게 확인받고 싶어 함. 욕은 주로 자기 의사 표현 기술이 부족한 유아에게서 많이 나타남.
- 자신에게 상처나 손해를 입혔거나, 놀렸거나 시비를 건 대상에게 되갚음하려는 마음이 있기 때문이다.

- 화와 짜증이 났을 때, 자기 잘난 척하고 싶거나 열등감, 억압, 강한 스트레스 등의 부정적 감정을 해소하고자 일부러 과장된 언어를 사용하는 경우가 있다.
- 일상적인 언어를 사용했을 때보다는 욕을 하였을 때, 상대방이 긴장하고 놀라는 것을 알아채고, 이를 활용하는 것이다.
- 특별한 의도 없이 자신이 들었던 욕이나 폭력적 언어를 단순히 재생해 보는 것이다.
- 부모, 조부모, 형제 또는 TV에서 폭력적 언어를 사용하는 것을 보고 모방하는 것이다.

폭력적인 언어를 사용하는 유아를 위한 교육적 대응 방안

- 폭력적 언어를 사용하는 유아를 지속적으로 관찰하여 문제 행동의 이유를 제대로 진단해 본다.
- 가정과의 긴밀한 협조를 통해 폭력적 언어의 습득 경로를 확인하고 이를 차단하는 것이 중요하다.
- 유아가 폭력적 언어를 사용하는 이유가 교사와 부모 또래가 보이는 격한 반응을 즐기는 것이라고 판단될 경우에는 무관심한 척하며 무시한다.
- 유아가 폭력적 언어를 처음 사용하였을 때는, 놀라지 말고 유아를 꼭 안은 상태에서 온화한 목소리로 욕의 의미와 욕을 하면 안 되는 이유(말의 힘)를 차분하게 설명해 준다.
- 교사의 중재에도 불구하고 폭력적 언어를 사용하여 친구와 주변인에게 불편을 끼칠 경우에는 단호하고 일관성 있는 태도로

중지시킨다.

- 그림책이나 역할극을 활용하여 폭력적 언어가 관계와 삶에 어떤 어려움을 가져오는지 인식할 수 있도록 도와준다.
- 유아가 본받을 만한 역할모델의 언어를 관찰하게 하거나 이야기를 들려주어, 유아가 폭력적인 언어를 사용하고 싶은 상황에서 어떻게 자신의 감정과 언어를 통제할 수 있는지를 배우게 한다.

8) 성적 놀이를 즐거워하는 영유아

영유아가 자신의 성기를 만지거나, 친구의 성기를 만지는 것, 화장실 안을 엿보거나, 여아의 치마를 들추는 행동이 관찰된다. 이런 행동이 지속될 때는 어떻게 도와주어야 할까?

영유아의 성적 놀이는 매우 정상적인 행동이다. 그러나 때로는 영유아의 일시적인 성적 놀이가 서로의 알몸을 보여 주며 놀이하거나, 심한 경우 성인들의 성행위를 모방하는 놀이와 같이 불건전하거나 부적절한 성행위로 발전할 수도 있다. 따라서 영유아교사는 영유아의 성적 놀이에 대해 지속적인 관찰과 주의를 기울일 필요가 있다.

영유아 성적 놀이 행동의 주요 원인

- 이 시기에는 자위행동이나 호기심 행동이 자연스럽게 나타날 수 있다.

- 자신과 타인의 몸에 관심을 가지고 하는 일종의 탐색놀이일 수 있다.
- 영유아가 성기를 만지다가 우연히 쾌감을 경험하게 되어 이를 반복할 수 있다.
- 성기 부위가 청결하지 못해 피부병이 있거나, 옷이 너무 꼭 끼기 때문일 수 있다.
- 유아인 경우, 만 3~6세에 성적 관심이 크게 증가하기 때문이다.
- 특별한 죄의식 없이 단순한 몸 놀이로서 성적 놀이를 한다.
- 때로는 방임된 유아가 타인의 주의를 끌고자 성 관련 문제행동을 하기도 한다.
- 성적 놀이에 대한 또래 친구, 특히 여자아이들의 반응이 재미있기 때문에 반복놀이를 하는 것이다.
- 성적 자극과 노출이 많은 가정환경으로 인해, 성에 대한 흥미가 유난히 강한 경우도 있다.
- 부모의 성관계 장면이나 동영상을 보고 모방놀이를 하는 것이다.

성적 놀이를 즐거워하는 영유아를 위한 교육적 대응 방안

- 영유아의 자위행위가 반복/강화되지 않도록 유의한다.
- 자위행위가 나타난 순간, 즉시 다른 활동을 제안하여 관심을 돌려준다.
  이때 영유아가 에너지를 발산할 수 있고, 몰입할 수 있는 운동이나 놀이를 제안한다.

- 성기를 비롯한 신체의 청결을 유지하고, 활동에 용이한 옷을 입고 등원하도록 가정에 요청한다.
- 교사 주도의 체계적인 성교육을 통하여 성에 대한 정확하고 올바른 지식을 제공한다.
  * 성과 관련하여 유아가 궁금해하는 것에 대해 정직하고 편안하게 대화하는 시간을 가진다.
  * 자신의 몸이 소중하듯 친구의 몸도 소중하게 다루어야 함을 분명하게 교육한다.
- 친구가 치마 들추기 등의 부적절한 행동을 할 때의 대응 방법을 이야기나누기를 통해 공개적으로 다룬다.
- 위험한 수준의 성적 놀이가 지속되는 경우에는 문제의 원인을 정확하게 파악하기 위해, 가정과 정보를 공유하며 부모님과 적극적으로 대화하도록 한다.

9) 선택적 대화 거부행동을 보이는 영유아

> 언어발달이 정상적으로 이루어져서 말을 잘 할 수 있고, 평상시에는 대화를 잘 하면서도 특정한 문제 상황이 되면 입을 꼭 다물고 다른 사람의 말에 언어적인 반응을 전혀 보이지 않으면서 상호작용 자체를 거부하는 영유아가 있다. 어떻게 도와야 할까?

언어발달에 전혀 문제가 없는 영유아에게서 나타나는 선택적 대화 거부행동은 다분히 사회정서적인 문제와 관련이 있는 경우가 많다. 따라서 영유아교사는 지속적인 관찰을 통하여 선택적 대화 거부 행동이 나타나는 상황을 파악하고, 원인에 따라 도움을 주는 방법을 달리하여야 한다.

영유아가 보이는 선택적 대화 거부행동의 주요 원인

- 영유아가 내성적인 성격과 수줍어하는 기질을 가지고 있다.
- 영유아가 당황스러운 상황에 대한 두려움이 있다.
- 부모가 과잉 보호적이고 지시적인 양육태도를 가지고 있다.
- 영유아가 불안을 경험하는 상황과 스트레스로 인해 언어로 자신을 표현하거나 타인과 관계 맺는 상황을 스스로 회피하려고 하는 경우도 있다.
- 영유아가 낯선 상황과 타인에 대한 위축감을 느끼고 있다.

선택적 대화거부 행동을 하는 영유아를 위한 교육적 대응 방안

- 선택적 대화 거부행동이 나타나기 전에, 미리 영유아가 긴장감과 위축감을 덜 수 있도록 민감하게 반응하며 보살피는 것이 더욱 중요하다.
- 영유아가 편안함과 친숙함을 느낄 수 있는 상황을 제공하여 자연스럽게 스스로 말문을 열도록 돕는다.
- 사교적이고 언어적 표현이 많은 또래와 놀이할 수 있는 기회를 제공해 주어, 영유아가 사회적인 언어를 보고 배울 수 있도록 돕는다.
- 가정과 연계하여 가족 간에 대화하며 즐겁게 생활하는 장면을

녹화하여 보내 달라고 요청한 다음, 나 소개하기 시간에 친구들과 동영상을 공유한다.

이러한 경험은 또래가 "○○는 말 못해요."라는 오해를 하지 않게 할 것이다.

- 친구들의 질문에 대해 예/아니오 게임으로 답하는 놀이를 함께 해 보는 시간을 제공한다. (처음에는 ○/× 표시판 들기로 말하기를 대신하고, 점차 단답식 대답하기로 진행해 본다.)

- 영유아가 자신의 책임을 회피하기 위한 목적으로 선택적 대화 거부행동을 하는 경우에는 말을 하지 않았을 때의 불이익을 스스로 느낄 수 있도록 이야기 나눈다.

  예 선생님은 ○○이의 이야기로 들어 보고 싶어. 그런데 ○○이가 말을 해 주지 않으면, 선생님은 ○○이가 하는 말만 듣고서 이건 ○○이가 잘못한 건가 보다 하고 생각할 수밖에 없어. 그걸 네가 원하는 거니?

10) 또래에게 공격성을 보이는 영유아

별 이유 없이 친구를 발로 차거나 때리고 다른 사람을 통제하기 위해 힘을 사용하거나, 게임에서 지면 상대 영유아에게 화풀이를 하고, 특정 영유아를 거명하며 놀지 말라고 강요하며 친구관계를 통제하려고 하는 영유아가 있다. 어떻게 도와주어야 할까?

영유아가 보이는 공격성은 크게 신체를 사용하는 공격성과 언어를 사용하는 공격성으로 나누어 볼 수 있다. 둘의 공통점은 자신의 힘을 사용하여 상대 영유아 또는 상대 영유아의 대인관계를 통제하려는 경향을 보인다는 것에 있다. 그러나 영유아는 공격적인 언행이 아니라 대등한 인격체로서 또래 관계 맺기와 바람직한 의사소통을 통해 자신의 생각과 감정을 전하는 방법을 배울 수 있어야 한다.

또래에게 다양한 형태의 공격성을 보이는 영유아행동의 주요 원인

- 영유아가 기질적으로 까다롭고 민감한 정서를 가지고 있다.
- 영유아의 주의력과 참을성이 다소 부족하다.
- 영유아에게 다른 사람의 의도를 이해하는 능력이 부족하다.
- 영유아가 어린 시절에 부모로부터 체벌이나 위협적인 언어를 자주 경험하였다.
- 부모의 지나친 방임적 양육태도로 인해, 영유아가 공격적인 행동이 하지 말아야 하는 행동임을 배우지 못하였다.
- 영유아가 부모의 지속적인 갈등과 다툼과 상호 공격적인 행동을 보고 자랐다.
- 영유아가 신체적 공격성을 자극하는 TV 프로그램과 게임에 지나치게 많은 시간 동안 노출되었다.
- 영유아가 공격적인 행동을 하는 형제자매 또는 또래 친구와 함께 하는 시간이 많다.

또래에게 공격성을 보이는 영유아를 위한 교육적 대응 방안

- 영유아의 공격성이 표출되는 상황을 지속적으로 관찰하여 문제행동의 이유를 정확하게 분석한다.
- 규칙을 최소화하여 좌절감을 줄여 주고, 공격적 행동이 일어날 수 있는 상황을 줄이기 위해 노력한다.
- 공격적인 행동을 한 영유아가 보상을 경험하지 않도록, 공격을 한 영유아가 아니라 공격을 당한 영유아에게 먼저 관심을 보인다.
- 공격적인 행동을 보이는 영유아에게 체벌을 하지 않도록 유의한다(체벌은 영유아에게 힘이 있는 사람은 공격성을 사용할 수 있다는 오해를 갖게 하거나, 다른 유아를 은밀하게 공격하는 전략으로 발전하게 하는 역효과가 있다).
- 영유아가 공격성을 보일 때마다 매번 일관성 있게 조용하면서도 이성적으로 단호하게 대처하는 모습을 보인다(교사가 어떤 상황에서도 차분하게 논리적으로 영유아와 대화하는 모습을 통해, 영유아에게 공감 및 친 사회적 기술을 직접적으로 가르쳐 주어야 한다).
- 사람 대신 인형이나 샌드백 등을 활용하여 공격성을 표출하게 하는 등의 대치하기를 하지 않도록 주의한다(이 방법은 초기에 제안된 적이 있었으나, 이후에 자기보다 어리고 약한 사람이나 아무 상관이 없는 사람, 반려동물 등으로 공격의 대상을 바꾸게 할 뿐 궁극적인 자기 행동조절의 방안이 될 수 없다는 사실이 확인되었다).
- 교사 자신이 비공격적 행동의 모델을 영유아에게 보여 준다(영유아교사는 공격성을 보이는 영유아에게 인내심을 가지고 대화하면

서, 영유아가 자신의 감정과 요구를 공격적인 행동이 아닌 말로서 표현하는 방법을 경험하게 해야 한다).

11) 지나치게 고집을 부리는 영유아

자기 마음대로 되지 않으면 소리를 지르고 발길질을 하며 바닥에 드러누워 우는 영유아가 있다. 이런 영유아는 영유아교육기관에서는 놀이시간이 끝나도 더 놀겠다며 울고, 집에 갈 시간에는 안 간다고 떼를 쓰고, 다음 날 아침에는 영유아교육기관에 가지 않겠다고 떼를 쓴다. 지나치게 고집부리는 영유아를 어떻게 도와야 할까?

모든 사람에게는 자유의지가 있다. 자유의지란 자기주도적으로 의사결정을 하고 싶어 하는 마음이다. 교육 또는 훈육이란 영유아가 자신의 자유의지를 바람직한 방향으로 사용할 수 있도록 가르치고 안내하는 과정이라고 할 수도 있다. 따라서 영유아교사는 영유아가 지나친 고집으로 인해 혼나는 경험이 아니라, 자유의지를 바르게 사용하는 즐거움을 경험할 수 있도록 도와야 할 것이다.

영유아가 지나치게 고집부리는 행동의 주요 원인

- 만 2~3세가 되어 영유아의 자율성과 자기주장이 강해졌기 때문이다.
- 무언가를 혼자 힘으로 해 보아 자신감과 자부심이 생긴 영유아는 스스로 하고 싶은 욕구가 강하기 때문에 자기가 혼자 할 수

있음을 주변 성인들에게 보여 주고 싶어한다.

- 자기 욕구가 충족되지 못하고, 자주 좌절을 경험하게 되는 영유아는 고집을 부리게 된다.
- 영유아는 성인에 비해 인내심이 길게 유지되지 않기 때문에 너무 오래 기다리는 것이 힘든 경우에는 떼를 부릴 수 있다.
- 부모의 양육태도가 서로 상반되거나 일관되지 않은 경우, 부부 간에 불화가 많거나 체벌이 자주 일어나는 가정에서 자라는 경우에 많이 나타난다.
- 영유아가 장기간 부모와 떨어져 생활하는 불안정한 가정환경에 놓인 경우에 나타난다.
- 마음껏 뛰어놀 수 없는 환경, 집 안에서만 생활해야 하는 무료한 환경에 있는 경우에도 지나친 고집이 나타난다.

지나치게 고집을 부리는 영유아를 위한 교육적 대응 방안

- 기본적인 요구나 들어줘도 무방한 요구는 떼를 쓰기 전에 미리 적극적으로 들어 주고 존중하는 것이 중요하다.
- 영유아가 들어줄 수 없는 요구를 하는 경우에는 영유아의 마음에 공감을 표하되, 일관성 있게 안 되는 이유를 잘 설명해 준다.
- 일정 시간이 지난 다음에 들어줄 수 있는 요구를 할 경우에는 언제 들어줄 수 있는지를 구체적으로 약속하고, 약속된 날이 되면 약속을 상기시키며 약속을 지키는 모습을 보여 준다(이런 모습은 영유아가 기다림을 즐겁게 경험하는 데 도움이 된다).
- 영유아가 고집을 심하게 부릴 때는 2~3가지의 대안을 제시하

고 영유아에게 선택권을 준다(교육이란 영유아가 자신의 자유의지를 바람직한 의사결정을 위해 사용하는 것을 포함한다).

- 영유아가 습관적으로 타당한 이유 없이 고집을 부릴 때는 무관심한 척하고, 자연스럽게 화제를 다른 곳으로 돌린다.

- 영유아가 고집을 부리지 않고 자신이 원하는 바를 말로 이야기하는 등의 긍정적인 모습을 보일 경우에는 즉시 그 태도에 대해 칭찬하며, 영유아의 요구를 기쁘게 수용한다.

- 영유아의 고집을 견디기 힘들다고 교사와 부모가 먼저 지쳐서 요구를 들어주는 일이 없도록 유의한다(영유아는 교사와 부모의 권위에 순종하는 법도 배워야 하며, 이것은 중요한 사회적 기술이다).

- 영유아가 스트레스와 불만을 고집으로 표현한 경우에는 영유아가 자신의 부정적인 감정과 스트레스를 야외활동이나 놀이를 통해 풀 수 있도록 하여, 불필요한 고집을 예방하도록 한다.

12) 늘 교사의 눈치를 살피는 영유아

영유아교육기관에서 생활하면서, 자신의 생각과 요구를 자연스럽게 이야기하지 못하고 매사에 교사의 눈치를 살피는 영유아가 있다. 나는 권위를 내세우는 교사는 아니라고 생각하는데, 이런 영유아는 어떻게 도와야 할까?

눈치를 본다는 것은 외부인들의 반응을 참조하여 자신의 감정과 언행을 조절하는 사회적 기술인 것이다. 그러나 다른 사람의 눈치를

보는 행동이 지나치면 대등한 인격체로서의 건전한 대인관계가 아
닌 종속적인 관계에 대해 무방비 상태로 노출되거나 자존감이 매우
낮은 사람이 될 수 있다. 따라서 영유아교사는 영유아가 교사의 눈
치를 살피는 원인이 무엇인지를 잘 파악하여 문제를 예방할 필요가
있다.

교사의 눈치를 지나치게 살피는 영유아 행동의 주요 원인

- 영유아가 기질적으로 완벽주의 성향을 가지고 있어서 실수에
  대한 두려움이 많기 때문이다.
- 영유아가 교사와 주변 성인으로부터 인정받고자 하는 욕구가
  강하기 때문인 경우도 있다.
- 영 유아 주변의 성인들이 영유아의 사소한 실수에 대해 민감하
  게 반응하며 혼내기를 하며 양육을 하였기 때문이다.

교사의 눈치를 지나치게 살피는 영유아를 위한 교육적 대응 방안

- 언제나 놀이나 활동의 결과 보다는 과정에 대해 집중하며 긍정
  적으로 상호작용한다.
- 실수에 대한 지적이 아닌, 실수를 한 이유와 실수를 통한 배움
  의 가치에 대해 이야기를 나눔으로써 영유아가 실수를 두려워
  하지 않도록 한다.
- 교사의 어릴 적 실수사례를 자주 들려주어, 영유아가 안전감과
  안정감을 누리게 한다.
  예 선생님도 유치원에 다닐 때, 열심히 놀다가 화장실 가는 시

간을 놓치는 바람에 옷에다 오줌을 싼 적이 있었어…….

- 교사가 일상생활에서 실수하는 모습을 가끔 보여 주면서, 실수에 대한 긍정적인 삶의 자세와 대응방법을 모델로 보여 준다.

  예 에고! 선생님이 깜빡 잊어버렸네! 선생님이 잘못 그렸네! 좀 잘못 그렸으면 어때? 나는 이렇게 찍~ 잘못 그려진 빨간 줄을 이용하여 변신하게 할 거다! 여기 끝에 동그라미를 그리면~~~ 짜잔! 빨간 풍선이 되었구나!

- 영유아가 눈치 보는 상황을 관찰기록 하되, 영유아가 이를 눈치 차리지 못하게 함으로써, 영유아가 눈치 보는 행동을 통해 교사의 관심을 끌려 하지 않도록 주의한다.

13) 부모와 교사에게 지나치게 의존적인 영유아

영유아교육기관에서 매사에 "난 못 해요. 도와주세요! 힘들어요!"라는 말을 달고 사는 영유아가 있다. 자주성이 매우 부족해 보이는 영유아가 자기주도적이고 독립적인 영유아가 되게 하려면 어떻게 도와야 할까?

영유아교육기관에는 일상생활에서의 소소한 문제에서부터 시작하여 자기주도적인 놀이와 학급에서의 중요한 의사결정에 이르기까지 항상 모든 결정을 선생님이 대신해 달라고 요구하며 지나치게 의존적인 모습을 보이는 영유아가 많이 있다. 영유아교사는 영유아가 자신이 할 수 있는 일은 스스로 하는 것을 즐기는 유능한 사람, 자주적인 사람으로 성장할 수 있도록 도와야 한다.

교사와 부모에게 지나치게 의존적인 영유아 행동의 주요 원인

- 영유아의 부모가 과잉 보호적 양육태도를 가지고 있어서, 영유아가 요구나 자기주장을 하기 전에 모든 것이 미리 공급됨을 누적적으로 경험하였기 때문이다.
- 영유아의 부모가 지나치게 자녀의 일거수일투족을 간섭하여 영유아가 자주성을 기르지 못한 경우도 있다.
- 혼자서 문제를 해결해 본 경험이 부족하여 매사에 자신감이 없다.
- 상황파악과 그에 따른 의사결정에 많은 시간이 소요되어, 또래와 함께 역동적으로 놀이하는 것이 어렵다.
- 영유아가 기질적으로 완벽주의 성향을 가지고 있다.
- 영유아의 부모가 완벽주의 성향을 가지고 있어서, 영유아가 실수를 통해 배우도록 기다려 주지 못하고, 영유아가 할 수 있는 일을 대신해 주고 있는 경우가 많다.

교사와 부모에게 지나치게 의존적인 영유아를 위한 교육적 대응 방안

- 문제행동의 원인을 파악하여, 문제의 원인에 따라 다른 접근을 적용한다.
- 부모의 과잉 보호적 양육태도로 인해 의존성이 강해진 경우에는 학부모 상담을 통하여 문제를 공유하고, 부모와 교사가 영유아가 필요와 요구를 구체적인 말로 표현하기 전에 먼저 과잉 공급하는 일이 없도록 개입행동을 조절해 나가는 노력을 함께 한다.

- 영유아가 자신이 혼자 할 수 있는 일과 도움이 필요한 일에 대해 생각해 볼 수 있는 다양한 활동경험을 제공한다.

  예 이야기 나누기, 역할극, 그림책 감상…….

- 영유아가 혼자 할 수 있는 일임을 알게 된 일들은 영유아가 스스로 할 수 있도록 충분한 시간을 확보하여 기다려 준다.

- 실수를 두려워하여 혼자서 하지 않으려 하는 영유아의 경우에는 실수는 누구나 하는 것임을 일깨우는 그림책을 들려주며 상호작용한다.

- 자주적으로 놀이하는 영유아를 놀이짝꿍으로 만들어 주어, 또래의 모습을 통해 자주성과 자율성을 배울 수 있도록 격려한다.

14) 손가락을 빨거나 손톱을 물어뜯는 영유아

> 만 3세 반 입학 초기와 만 4세와 5세 반으로 승급하는 학기 초에는 한 달에서 길게는 여섯 달까지 손가락을 빨거나 손톱을 물어뜯는 영유아가 있다. 이런 행동을 하는 영유아를 어떻게 도와야 할까?

영유아가 자신의 손가락을 빨거나 손톱을 집요하게 물어뜯는 행동은 정서적인 문제가 있음을 보여 주는 것이다. 따라서 영유아교사는 지속적인 관찰을 통하여 영유아가 이러한 행동을 하는 상황을 파악하고, 영유아의 정서적 불안감이 경감될 수 있도록 도와야 할 것이다.

손가락을 빨고 손톱을 물어뜯는 영유아 행동의 주요 원인

- 영유아가 정서적으로 불안하기 때문이다.
- 갑작스런 환경변화에서 오는 심리적인 긴장을 해소하여 안정감을 찾고자 하기 때문이다.

  예 동생이 태어나 자신을 향한 부모의 사랑이 동생에게로 옮겨갔다는 심리적 불안감이 있음. 이사로 인해 주거 환경이 변화하였고, 유아교육기관도 전학하게 되어 낯선 환경에 대한 불안감을 느낌.

- 영유아가 욕구불만을 표현하는 통로일 수 있다.
- 동생이나 또래의 행동을 단순하게 모방하는 것일 수도 있다.

손가락을 빨거나 손톱을 물어뜯는 영유아를 위한 교육적 대응 방안

- 가정과 연계하여 문제 행동의 원인을 정확하게 규명한다.
- 교사가 발견한 원인과 부모가 설명한 원인 간의 공통점과 차이점을 확인하고 이를 공유하며 함께 해결방안을 모색해 본다.
- 심리적 긴장이 원인인 경우에는 긴장을 해소할 수 있는 방안을 찾아 적용해 본다.

  예 부모 및 교사와의 스킨십을 강화하고, 변함없는 사랑을 말로써 확인해 주기

- 손가락을 빨거나 손톱을 물어뜯는 행동이 관찰된 순간, 손을 활용한 재미있는 놀이나 활동을 제안하여 영유아의 관심을 돌려 본다.
- 영유아의 욕구불만이 주원인인 경우에는 기본적인 욕구가 충

실하게 채워지도록 부모와 함께 노력한다.

- 친구의 행동을 단순하게 모방한 경우에는 그냥 무심하게 넘기면서 기다려 준다.
- 영유아의 손가락 빨기와 손톱 물어뜯기 행동이 완전히 없어질 때까지는 영유아의 손톱상황을 주기적으로 확인하고, 위생관리를 더욱 철저하게 한다.

제3장

교실 내 발달장애 영유아 문제행동 이해 및 지도

1. 영유아교사와 먼저 나누고픈 이야기

1) 발달장애 영유아가 버겁기만 했던 유아교사 이야기

유아교사로서 발달장애전문치료기관에서의 근무를 시작한 첫해, 내가 만난 다섯 명의 유아 중 지민이는 순식간에 정말 많은 움직임을 보이던 친구였다.

교실에 들어오는 순간부터 걷는 법 없이 언제나 달려 들어오던 지민이는, 책상 위로 뛰어오른 후 냉장고 위 물건들을 집어 던졌다. 그리고 바로 다시 뛰어내려 옆에 있던 세면대에서 물을 틀고 저지레를 했다. 말릴 틈도 없이 교구장으로 이동한 다음에는 선반 놀잇감들을 한 팔로 쓸어 바닥으로 던져 버린 뒤 트램펄린 위로 올라가 뛰며 상의 하의 할 것 없이 옷을 모두 벗어 버리곤 했다. 이 모든 것이 한꺼번에 일어나는 일이었다. 가뜩이나 행동이 빠르지 못한 나는 순식간에 벌어지는 광경에 어찌할 바를 모르고 막막하기만 했다. 지민이를 비롯해 다섯 명의 발달장애 영유아들을 주 5일 매일 6시간씩 함께 하던 나에게 있어서 하루하루는 도전의 연속이었다.

그러던 어느 날 점심식사 지도를 하는데 그날따라 지민이는 정말 밥이 먹기 싫었던 것 같다. 식사 자리에 앉자마자 자신의 숟가락을 식판 위로 던졌다. 내가 아이의 숟가락을 손에 쥐어 주며 '밥 먹자.'라고 말하자 지민이는 이전보다 더 세게 숟가락을 던졌다. 다시 쥐어 주며 "밥 먹는 시간이야."라고 했지만 이제는 자신의 책상을 맞은편의 내 쪽으로 밀어 버렸다. 책상 위치를 바로 잡으며 재차 "밥 먹고 놀이하자."라고 했더니 지민이는 급기야 식판을 통째로 던져 버렸다. 우당탕탕 큰 소리와 함께 국과 밥, 반찬들이 교실 바닥에 쏟아지는 순간, 나도 모르게 아이의 등을 내리쳤다. 나도 아이도 서로 바라보며 이 상황이 무엇인지 파악이 되지 않은 듯, 그대로 멈춰 있었다. 손이 떨려 왔다. 내가 지금 무슨 짓을 한 건가. 아이 몸에 손을 대다니. 모든 판단이 멈추고 숨이 가쁘고 눈물이 차올랐다. 옆에서 함께 식사 지도를 도와주던 선생님이 잠시 쉬고 오라며 아이들을 맡아 주시고 나는 빈 방으로 이동했다. 조금 있다가 다른 선임 선생님이 소식을 듣고 찾아왔고, 나는 이 일은 내게 맞지 않는 것 같다며 펑펑 울었다.

정말이지 내가 너무 형편없는 존재처럼 느껴졌다.

(1) 아이들의 행동에는 그들만의 이야기가 담겨 있다

영유아교육에서 강조하는 것 중 하나는 열린 발문을 통한 영유아의 사고력 확장, 자기조절력 신장에 있다. 나 또한 학부시절 관련 내용을 공부하며 교사로서의 꿈을 키웠다. 영유아와 눈을 맞추고 서로 질문할 때 그들의 세계관이 확장하고 정립된다는 것이 참 멋지게 다가왔었다.

그러나 교육 현장에서 만난 장애가 있는 영유아들은 대부분 언어 발달에 어려움이 있었고 교사가 하는 말을 이해하는 것과 자신의 의사를 분명하게 표현하는 것이 모두 어려웠다. 막막했다. 영유아와 교사인 나의 세계가 단절되어 서로의 감정과 생각을 주고받는 것이 불가능해 보였다. 그러다 어느 순간, 장애를 가진 영유아들은 행동을 통해 이미 자신의 이야기를 들려주고 있다는 것을 깨닫게 되었다.

앞서 소개한 지민이는 ADHD가 공존하는 자폐스펙트럼장애 유아였다. 모든 일에 빠르고 거침없어 보이는 지민이었지만, 누구보다 혼란스럽고 두려움이 크다는 것을 나중에 알게 되었다. 매일같이 교실에서 동물에 관심을 보이기에 동물원 소풍을 계획하며, 지민이가 정말 좋아할 것이라고 기대했는데 막상 동물원에 갔을 때, 지민이는 동물들은 쳐다보지도 못하고 나에게 안겨 두려움을 표현하였다.

이후 각 장애 특성에 대해 공부하고 장애영유아를 관찰하며 발달장애 영유아가 만나는 세상이 조금씩 보이기 시작했다. 장애영유아의 움직임에는 현재 그들이 가진 모든 것이 담겨 있었다. 장애영유아의 행동을 먼저 이해하고 나서야, 비로소 장애영유아가 이해할 수 있는 방법으로 교육하는 것이 가능하다.

(2) 장애영유아는 지금 발달 중이다

치료계는 분명한 병리적 관점을 바탕으로 한 전문성이 강조되는 분야다. 그러나 장애영유아들과 함께할 때는 장애에 대한 병리적 관점도 중요하지만 이들이 현재 저마다 꾸준히 발달과 성장을 거듭하고 있는 존재라는 발달적 관점을 함께 지녀야 한다. 장애영유아이기 전에 한 명의 영유아임을 인식하고 영유아 특유의 독자적인 세계관과 특성에 대한 이해를 바탕으로 접근해야 한다. 교육과 치료의 출발은 영유아를 중심으로 서로의 언어를 조율하고 눈높이를 맞춰 소통 창구를 찾는 것에서부터 시작해야 한다.

일반 학급의 영유아교사와 비장애자녀를 양육하는 학부모는 정상발달에 대한 기준을 바탕으로 장애영유아의 현재 발달 정도의 위치를 가늠할 수 있을 것이다. 시작 위치가 파악된다면 이후 나아갈 바에 대한 방향성 또한 내다볼 수 있다. 영유아교사의 비장애영유아에 대한 풍부한 교육 경험은 장애영유아를 이해하고 지도하는 것에 긍정적으로 기여할 수 있다.

최근 교육 현장에서는 발달지연 또는 발달장애가 보고된 혹은 의심되는 영유아들이 눈에 띄게 늘고 있다거나 교실에서 함께 교육하는 것이 정말 고민이 된다는 목소리가 크게 들려온다. 사람들의 인식이 달라짐으로 기존의 존재하던 장애요인이 새롭게 부각되고 있는 것인지, 각종 환경 호르몬 또는 전염병으로 인한 일상 형태 변화 등의 영향으로 장애영유아가 늘고 있는 것인지는 여전히 연구가 진행 중이고 그 원인도 아직 분명하지는 않지만, 장애영유아의 최적의 발달을 위해 다양한 분야가 함께 협력하는 것이 중요하다는 사실에는 이의가 없는 듯하다.

교육, 가정, 진단을 대변하는 의료, 치료, 지역사회가 한명의 영유아를 중심으로 일관되고 꾸준한 개입과 협력을 함께할 때 비로소 우리는 장애영유아에게서 의미 있는 발달을 확인할 수 있을 것이다.

100명의 아이가 있다면 100개가 넘는 요구와 방법이 필요하겠지만, 더불어 함께 한 걸음 한 걸음 나아가기를 기대해 본다.

2. 발달장애 영유아와 함께 살아가는 교실 이야기

1) 발달지연과 발달장애에 대한 이해

(1) 발달지연

발달지연이란 영유아의 기본 발달 영역인 대근육/소근육 운동 · 언어 · 사회성 · 기본생활행동 · 인지 영역 가운데, 2개 이상의 영역에서 뚜렷한 지연 소견을 보이는 것으로서, 초기 발달 단계에서 나타나기 시작해 만 2세 이전에도 임상적 특징이 확인될 수 있다.

발달지연은 영유아기에 가장 많이 진단되는 것으로서, 이후의 지적장애, 자폐, 언어장애와 같은 발달장애의 진단과도 연관되어 있다. 발달지연이라는 표현에는 영유아들이 아직 발달과정 중에 있음을 반영하여, 장애진단을 유예하고 좀 더 신중하게 접근하고자 하는 의미가 담겨 있기도 하다.

영유아시기에 발달지연을 보이는 경우, 이후 성장과정에서 행동문제로 이어질 확률이 높은 것으로 보고되는데, 어렸을 적 발달지연 진단과 함께 문제행동을 보인 영유아는 청소년기가 되었을 때, 학업 부진, 사회 고립과 같은 부적응 행동, 공격성과 비행 등의 정서적 문제행동으로 이어진다고 한다. 따라서 영유아교사와 부모가 영유아의 발달지연을 조기에 발견하고 개입하는 것은 매우 중요하다.

(2) 발달장애

현재 우리나라 발달장애인법(발달장애인 권리보장 및 지원에 관한 법률)에 근거한 '발달장애인'의 정의는 자폐성 장애인과 지적 장애인이 주가 되는 것으로서, 정상발달과 비교했을 때 적절한 시점에 나타나야 하는 발달이 확인되지 않거나 크게 지연되어 일상생활이나 사회생활에 상당한 제약을 받는 사람을 의미한다.

DSM-5(2024년 DSM-5-TR, 수정판이 출간되었다)라고 불리는 정신질환의 진단 및 통계편람에 의하면, 신경발달장애라는 표현과 함께 발달기에 시작되는 장애들, 즉 지적장애, 의사소통장애, 자폐스펙트럼장애, 주의력결핍 과잉행동장애, 특정학습장애, 운동장애를 총칭하는 것을 의미하기도 한다.

이들은 진단명이 다르듯 각 특성들이 분명 구분되지만, 서로 상당 부분 연결되어 있기도 하다. 특히 교육 현장에서 자주 언급되고 있는 자폐스펙트럼장애와 주의력결핍 과잉행동장애는 동반되어 보고되는 경우가 많다.

① 자폐스펙트럼장애(Autism Spectrum Disorder: ASD)

자폐스펙트럼장애의 가장 두드러지는 특징은 다양한 상황에 걸쳐 나타나는 사회적 의사소통 및 사회적 상호작용의 지속적인 결함이다. 다시 말해, 누군가에게 접근하거나 대화를 유지하는 것, 상대와 흥미나 감정을 공유하는 것, 상호작용을 시작하거나 타인에게 반응하는 것에서의 분명한 어려움을 의미한다.

또한 언어적이든 비언어적이든 일반적으로 사회에서 통용되는 방법을 사용하는 것이 어렵다거나(예: 눈을 맞추고 의사를 전달하거나 상대의 표현과 제스처를 이해하고 사용하는 것의 어려움, 얼굴 표정 구현 또는 이해의 어려움……), 누군가와의 관계를 발전하고 유지하는 것이 어렵고, 관계에 대한 이해 자체가 결함되어 있다.

이 밖에 손을 퍼덕거리듯 흔들거나 놀잇감을 일렬로 세우는 등과 같이 제한적이고 반복적인 행동이나 흥미, 활동 등이 관찰된다.

작은 변화에도 큰 불편감을 나타내며 자신이 알고 있는 것에 대해 고집하듯 주장하기도 하고 융통성 없는 집착, 감각 정보들에 대해 과잉 또는 과소하게 반응하는 등 다양한 자극추구 행동들을 보이기도 한다. 결론적으로 자폐성장애는 언어를 포함한 의사소통 및 사회성 발달의 어려움, 감각처리의 이상 행동이 관찰된다.

자폐성장애영유아를 위한 약물들이 있지만 현재 자폐 자체를 치료하는 약물은 존재하지 않는다. 보통은 학령기 이후부터 약물치료가 병행되지만, 정도에 따라 미취학연령 영유아들 중에도 약을 복용하는 경우가 있다. 이러한 약물치료는 영유아가 주변 자극에 대해 과민하게 반응하는 것을 경감시켜 주거나, 주의집중에 도움을 줄 수 있다. 그러나 약물치료가 시작되어도 교육과 다른 영역의 치료는 함께 진행되어야 한다.

② 주의력결핍 과잉행동장애(Attention-Deficit/Hyperactivity Disorder: ADHD)

ADHD는 부주의로 표현되는 주의력결핍 측면, 과잉행동 측면, 충동성 측면을 함께 살펴야 한다.

　　주의력결핍은 주변 자극에 쉽게 방해를 받거나 과제나 놀이 활동에서 주의를 유지하기 어렵고, 사람들이 말하는 것을 듣지 않는 것처럼 보일 때가 있으며, 잘 잃어버리고, 잦은 부주의한 실수들, 정리의 어려움, 지속적인 노력이 필요한 과제를 싫어하고 회피하는 행동으로 관찰된다.

　　과잉행동에는 착석을 유지해야 하는 상황에서 쉽게 탈석하거나 조용히 즐기는 것을 어려워하고 지나칠 정도로 뛰고 돌아다니며, 손발 등을 가만두지 못하고 자리에서 몸을 꿈틀거리기, 모터가 달린 것처럼 보이는 행동, 지나치게 수다스러운 행동으로 관찰된다.

　　끝으로 **충동성**은 순서를 기다리는 것을 어려워하고, 질문에 대한 답이 완성되기도 전에 먼저 말해 버리거나 다른 사람에게 자주 참견하고 방해하며 기다려야 하는 상황을 어려워하는 행동으로 관찰된다.

　　ADHD는 언급된 모습들 중 요구되는 기준 수만큼(구분별로 6개 이상) 어렸을 때부터 최소 6개월 이상 나타나야 한다. 그리고 양상에 따라 주의력결핍 우세형, 과잉행동-충동 우세형, 모든 특성이 함께 있는 혼합형으로 나뉘기도 한다(ADHD 평가 척도는 5장에 소개되어 있다).

　　ADHD 영유아는 부주의한 특성들로 인해 상황 이해가 분명하지 않은 경우가 많다. 다시 말해, 자신들이 부지불식간에 저지른 일들에 대해서는 인식하지 못한 채 주변으로부터 지적이나 훈육을 경험하는 상황이 자주 발생하는데, 이로 인해 과도하게 죄책감을 갖거나 혹은 억울함을 반복해서 경험할 수 있다(ADHD 특성으로 좌절에 대한

낮은 내성과 불안정한 기분 특성이 함께 언급되기도 한다).

이런 여러 상황들이 맞물려 ADHD 영유아는 이후 성장 과정에서 우울, 학습, 품행, 반항, 불안 장애 등이 동반될 수 있다.

따라서 ADHD 영유아들에 대한 이해를 바탕으로 한 접근 방법이 요구된다. 벌어진 결과에 대해 바로 지적하거나 혼내는 것이 아닌, 이전 과정을 되짚어 가며 영유아 스스로 판단하고 수정할 수 있는 기회를 제공해야 한다.

ADHD는 약물치료의 예후가 좋은 편에 속하는 진단명으로 알려져 있다. 그러나 가장 좋은 약물은 없으며, 처방 초기일수록 영유아에 따라 잘 맞는 효과적인 약을 찾는 것이 필요하다. 미취학 영유아가 약물을 복용하는 경우는 드물지만, 만약 영유아교육현장에서 만나는 영유아가 이미 약물을 복용하고 있다면, 이해를 바탕으로 적극적으로 관찰하고(예: 복용 시간 또는 약물 종류에 따른 영유아의 행동 변화), 학부모와 협력하여 지원하는 것이 필요하다.

(3) '뚝딱!' 마법 같은 방법은 없다

영유아교육에서는 영유아의 '전인적 발달'을 강조한다. 영유아의 성장과 발달을 거듭하는 특성, 즉 완성이 아닌 성장 과정 중인 현시점을 중요하게 들여다보아야 하기 때문이다. 발달장애가 확인된 영유아들도 마찬가지다. 현재 확인된 어떤 약물도 발달장애 영유아들의 다양한 필요를 충족시키지 못한다. 대단히 뛰어난 유일한 이론이나 방법이 존재하는 것도 아니다.

같은 진단명 안에도 영유아의 필요는 저마다 다르다. 따라서 영유아교사와 부모는 최선을 다해 다방면의 전문가들과 협력해야 하며, 다양한 관점들이 각자의 위치에서 영유아의 현재 발달지점을 확인하고 이를 종합적으로 평가하여, 영유아의 필요가 있는 곳에서부터 교육과 지원이 출발해야 한다.

(4) 멀리, 오래가기 위해서는 협력이 중요하다

때로는 쉽지 않고 더디게만 보이는 여정일 수 있다. 정상발달이라면 누가 알려 주지도 않은 것 같은데 어느새 아이들은 자라 있고 '언제 이런 것까지 배웠지?'라는 감탄을 하게 되지만, 발달장애 영유아들과 함께 하다 보면 '이런 것까지 배워야 하는구나! 이것도 알려 줘야 하는구나!'라는 막막함에 현실이 무겁게 여겨질 때가 많다.

그러나 영유아는 누구나 성장하고 발달한다. 저마다의 속도 차이는 있지만 영유아를 둘러싼 환경이 멈추지 않는다면 영유아의 성장과 발달도 멈추지 않는다.

오랜 길을 가야 하기에 더욱 협력이 중요하다. 아프리카 속담에도 '빨리 가려면 혼자 가고, 멀리 가려면 함께 가라.'라는 말이 있다. 멀리 가기 위해 교육계, 치료계, 가정 그리고 지역사회가 적극적으로 협력하며 함께해야 한다.

2) 발달장애 영유아에 대한 이해

만약 교실에 발달지연 또는 장애 영유아가 있다면, 가장 먼저 해야 할 일은 장애영유아가 영유아교사와 교실, 그리고 친구들을 친밀한 대상으로 받아들이게 하는 것이다. 이를 '라포 형성'이라고 한다. 장애영유아와의 라포 형성은 일반 학급의 담임교사나 장애영유아를 1:1로 긴밀하게 지도하는 특수교사 모두에게 중요하다.

그러나 비장애영유아를 위한 초기 라포 형성 방법으로 장애영유아가 쉽게 마음을 열고 익숙해지기를 기대한다는 것은 어려운 일이다.

(1) 불시착한 비행기에서 내린 여행객과 같은 장애영유아

어느 날 비행기가 불시착하여 여행객들을 낯선 땅에 내려주었다고 상상해 보자! 여행객들은 그 땅의 언어와 문화를 전혀 모른다. 처음 보는 사람들이 지나다니고 있고 사용하는 물건들은 모두 낯설기만 하다. 그러다 자신이 사용했던 물건과 비슷한 것이 보이면 조심히 (또는 반갑게) 접근해 살펴보기 시작한다. 누군가 갑자기 다가와 자신의 몸에 손을 대거나 말을 건다면 너무 낯설어서 잔뜩 겁부터 날지도 모른다.

앞서 설명했듯이 발달장애 영유아는 크게 두 가지 영역, 사회성과 언어 발달에 분명한 어려움이 있다. 사회성과 언어발달은 새로운 환경에서 타인과 관계를 맺고 적응하는 과정에 가장 중요하게 요구되는 발달영역이다. 따라서 이 두 가지 영역에서 발달장애가 있는 영유아가 느끼고 경험하는 어려움은 우리의 상상을 뛰어넘는 수준일 수 있다.

장애영유아 대부분은 불시착한 여행객처럼 사전 예고 없이, 어느 날 갑자기 부모의 손에 이끌려 낯선 교실에 들어왔을지도 모른다. 만약 부모가 미리 입학에 대해 이야기해 주었다 하더라도 장애영유아는 그 의미를 이해하지 못한 채 왔기에 그 당혹감의 수준은 비슷한 것일 수 있다. 그러므로 장애영유아를 위한 기관 적응 준비는 더욱 철저하고 정교해야 한다.

(2) 장애영유아 맞이준비

만약 정식 등원 전 장애영유아 정보가 확인되고 개별 연락을 할 수 있다면, 영유아교육기관에서는 기관과 교실 풍경(화장실 포함), 장난감 사진, 담임교사의 간단한 인사 동영상 등을 미리 가정에 전달할 필요가 있다. 장애영유아가 해당 자료들을 먼저 보고 기관에 온다면, 입실 과정에서 좀 더 편안하게 적응할 수 있을 것이다.

그리고 기관 역시 보호자로부터 영유아가 좋아하는 것(놀잇감, 간식, 노래, 특정 사물 등)을 미리 확인하고 비치해 놓는다면 효과적인 사전준비가 될 수 있다. 또한 가정으로부터 사전에 확인된 의료기관의 평가서 또는 외부 이용 치료기관 등에서 받은 보고서 등을 공유받을 수 있는지 물어보는 것도 필요하다.

대부분의 교육기관에서 학기 초 '협력의뢰서'를 이용하고 있을 것이다. 하지만 교육계와 치료계에서 사용하는 용어에 차이가 있어서 내용을 분명하게 파악하는 것이 쉽지 않을 수 있다. 모호한 부분이 있다면 학부모에게 적극 확인하거나 학부모의 동의를 받아, 영유아가 이용 중인 치료기관의 담당자와 직접 정보를 공유하는 것이 유익하다.

(3) 적응기간 동안의 장애영유아 관찰

가정으로부터 영유아의 선호를 확인했어도, 막상 영유아교육기관에서 영유아가 보이는 선호는 다를 수 있다. 환경 자체가 가정과 교육기관은 다르고(예: 놀잇감 종류 등) 발생하는 상황 또한 같지 않기 때문이다. 실제로 분명 부모님으로부터 영유아가 매우 좋아한다고 언급된 사물이나 놀잇감을 제시했지만 반응이 뚜렷하지 않을 때가 있다.

영유아의 선호를 확인하는 것은 이후 교육을 진행할 때 필수적이다(선호자극평가 체크리스트는 5장에 제시되어 있다).

정상발달 하는 영유아들이라면 대부분의 상황에서 자신의 관심과 흥밋거리를 스스로 찾아내며, 적극적인 반복 놀이를 통해 자연스러운 학습을 경험하겠지만, 발달지연 또는 장애가 있는 영유아들의 경우 관심사 자체가 상당히 제한적이어서 일반적인 교육 방법으로 학습 효과를 기대하기에는 어려움이 있다.

따라서 영유아가 분명하게 좋아하는 것을 최대한 다양하고 많이 찾아 놓는 것이 도움이 된다(교육과정에 참여하고 시간이 지나며 좋아하는 것들이 더 개발되고 많아질 수 있다). 이후 다양한 학습 상황에 참여를 독려하기 위해 영유아가 좋아하는 것들을 일시적으로 사용할 수 있다(이것을 강화물 사용이라고 한다. 자세한 내용은 뒤에서 이어진다). 또는 활동을 구성할 때 장애영유아가 좋아하는 것들을 소재로 이용하여 준비한다면, 영유아의 관심을 끌며 참여를 높이는 것에 도움이 될 수 있다.

따라서 영유아교사의 발달장애 영유아와 더불어 살아가기는 자유

놀이 시간에 영유아가 주로 접근하는 놀잇감 또는 인물, 장소는 무엇인지, 영유아가 웃는 상황은 어떤 순간인지를 관찰하는 것부터 시작해야 한다.

동시에 많은 놀잇감들이 노출된 장소에서 영유아가 보이는 행동에는 제한이 있을 수 있다(발달장애 영유아들은 한꺼번에 다양한 자극들을 변별하고 처리하는 것에 어려움이 있다). 때로는 영유아와 1:1로 조용한 곳에서 놀잇감들을 하나씩 제시하며 영유아의 반응(바로 밀쳐 내며 거부하는가? 바로 손을 뻗으며 접근하는가? 손을 뻗지는 않지만 쳐다보며 살펴보는? 웃음 반응을 보이는가? 등)을 살펴보는 것도 도움이 된다. 분명 평소에 교실에 있었지만 관심을 보이지 않던 놀잇감이었는데, 따로 제시했을 때는 흥미를 보이며 접근할 수 있다.

이 밖에도 간식이나 점심을 먹을 때의 영유아의 선호, 바깥 놀이 상황에서 영유아의 움직임 정도 또는 오랜 시간 머무는 곳, 의미 있게 반응하는 사람 등을 살피며 지속적으로 관찰하는 것이 도움이 된다.

(4) 발달장애 영유아가 배우고 이해하기 어려운 주제 '마음'

영유아들이 가장 먼저 환경을 이해하고 무언가를 학습하기 위해 사용하는 기술에 '모방'이 있다. 모방을 기술이라고 표현하는 것이 어색하게 들릴지도 모른다. 워낙 대부분의 영유아들은 누가 특별하게 가르치지 않아도 자연스럽게 사용하고 있어서 크게 주목하지 않을 수 있지만, 모방은 자신과 타인에 대한 인식을 바탕으로 모든 학습의 기초가 되는 발달의 핵심 기술이다.

대부분의 사람들은 신생아시절부터 상대의 표정에 반응하고 모방을 시작한다. 그러나 발달장애, 특히 자폐성장애가 있는 영유아들의 경우 모방 기술이 결여되어 있는 경우가 많다. 아직 그 원인이 명확하게 밝혀지지는 않았지만 '거울 뉴런(mirror neuron)'이 상대의 표정을 인식하고 모방에 관여한다고 알려지기 시작하면서 이와 관련한 요인이 있을 것으로 짐작한다.

발달장애 영유아들에게는 '모방' 또한 배워서 익혀야 하는 학습 영역이 된다. 단계를 나눠 오랜 시간이 걸리는 여정이다.

한편, 모방을 시작으로 다양한 학습을 반복하며 형성해야 하는 과제들이 있는데 특히 발달장애 영유아들에게 아주 오랜 시간이 걸리면서도 어려운 주제는 자신의 정서 인식 및 표현, 타인의 정서 인식 및 이해다. 이는 결국 '사회성'과도 연결되는데 자폐성장애영유아들에게 사회성 증진은 아직도 가야 하는 길이 멀고 먼 주제다.

일반적으로 사회성은 사회정서와 사회기술로 나눌 수 있는데, 두 가지 모두 추상적인 개념이 많고 변수가 다양하기 때문에 상황을 종합적으로 파악할 수 있어야 이해가 가능한 영역들이다. 그래서 현장에서 만나는 일반 영유아들에게는 참 쉽고 자연스러운 공동주의(joint attention) 반응(예: 누군가가 무언가를 가리키며 '와! 저것 좀 봐!'라고 했을 때 동일하게 관심을 보이며 반응하거나 자신의 것을 상대에게 내밀어 보여 줌.)이나 선생님의 전체 지시를 따르는 것(물론 여기에는 언어 및 인지 발달 수준도 영향을 미친다.)에 있어서 발달장애 영유아들은 어려움을 보인다.

아마도 이해하기 어려운 장애영유아 문제행동 상황에서 어떻게든 영유아의 마음을 읽어 주고자 애쓰며, '지금 마음이 어때?' 또는 '너가 이랬을 때 친구 마음이 어떨 것 같아?'라는 질문을 통해 발달장애 영유아들과 소통하고자 노력하는 영유아교사가 많을 것이다. 그러나 **발달장애 영유아들에게 '마음'이라는 말은 이해가 무척 어려워서 가급적 피하고 싶은 내용이 될 수 있다.**

그러나 자신의 정서를 인식하고 명명하며 개인의 경험과 연결 짓는 과정은 영유아기 발달에 있어 매우 중요한 영역이고, 이는 발달장애가 있더라도 마찬가지다. 실제로 영유아 중에는 자신의 정서를 분명하게 인식하고 명명하지 못해서 문제행동을 보이는 경우가 적지 않다. 예를 들어, 문제행동을 보이는 영유아에게 그때 상황에 짐작되는 상태 '싫어요.' '졸려요.' '심심해요.' '힘들어요.' 등의 표현을 대신 말해 주면 문제행동을 멈추고 의미 있게 반응을 보이는 경우가 있다. 자신의 상태가 인식되는 것만으로도 행동을 조정하는 것에 영향을 미친다.

정서와 사회 기술에 대해 발달장애 영유아들에게 알려 주고 싶다면 영유아가 눈으로 확인할 수 있는 방법으로 내용을 재구성하는 것이 필요하다. 예를 들어, '기쁘다'라는 한 단어와 함께 활짝 웃는 표정을 제시하고 영유아가 직접 경험한 상황과 관련한 시각자료(예: 생일파티, 소풍, 놀이터 놀이 등)를 일관되게 묶어 '기쁘다'라는 동일한 표현과 함께 제시하는 방법으로 접근할 수 있다. 좀 더 자세한 내용은 책 후반부 사례에서 살펴보도록 한다.

(5) 발달장애 영유아들도 배울 수 있다

꾸준하고 일관된 참여와 학습은 발달장애 영유아들에게도 효과적인 접근 방법이다. 물론 비장애영유아들에 비해 목표와 단계가 더욱 세분화되고, 각 단계 단계마다 오랜 시간이 걸리지만 장애가 있다 하여 학습 자체가 불가능한 것은 아니다.

발달장애 영유아를 위한 효과적인 학습의 시작은 1:1 대응 개념부터 출발한다. 예를 들어, 특정 그림과 소리가 같다는 것을 배우고, 소리와 글자가 같다는 것을 배우면 그림과 글자가 같다는 것도 알아 가며 인식을 조금씩 넓혀 갈 수 있다. 즉, 실제 사과를 먹어 본 경험이 있어서 사과가 무엇인지는 알지만 '사과' 글자를 알지 못하는 발달장애 영유아에게 먼저 사과 그림을 보여 주며 해당 그림이 '사과'라는 소리와 같다는 것을 알려 주고, 다시 '사과'라는 글자를 제시해서 같다는 것을 익히면 '사과' 그림을 보고 '사과' 글자를 고를 수 있다.

Sidman(1971)이라는 학자는 이와 같은 원리를 '자극동등성'으로 확인하였다. A와 B가 같다는 것을 배우고, B와 C가 같다는 것을 배우면 배우지 않은 A와 C가 같다는 것 또한 알게 된다는 내용이다. 발달장애 영유아는 이렇게 작은 것부터 차근차근 쌓아 올리며 궁극적인 개념형성에 도달할 수 있다.

이런 의미에서 일반 교육 현장은 장애영유아들에게도 훌륭한 학습의 장이 될 수 있다. 풍부하고 다양한 자극과 상황은 일반영유아뿐 아니라 장애영유아에게도 필수적인 학습 환경이다. 다만, 너무 많은 자극들은 때때로 장애영유아에게는 아무 자극도 없는 것과 같은 결과를 낼 수 있으므로 영유아 수준에 따라 앞서 언급한 단계별 접근으로 자극의 양을 점진적으로 조절하는 것이 필요하다. 치료실들은 대부분 특정 목표에 집중할 수 있도록 단순화하고 구조화되어 있다. 이는 발달장애가 있는 영유아에게 효과적인 학습환경이지만, 사회문화적 맥락이 반영된 대부분의 시간을 보내야 하는 일상적인 환경에서의 학습경험 또한 매우 중요하다.

3) 발달장애 영유아의 참여를 독려하는 방법

(1) 새로움은 즐거움이 아닌 두려움일 수 있다

영유아들은 새로운 교재교구나 낯선 환경에 노출되었을 때 저마다의 방법으로 탐색의 과정을 거쳐 자신만의 선호를 결정한다. 그러나 즐거움을 경험하기까지 걸리는 시간과 방법은 영유아마다 개인차가 크다. 애착형성을 바탕으로 한 안정감의 정도, 기질적 특성, 발달 단계 등 정상발달 중인 비장애영유아들 역시 다양한 이유로 인해 새로움을 경험한다는 것이 그들의 발달시기 특성상 마냥 즐겁기만한 일이 아닐 때가 많다.

발달장애가 의심되거나 보고되는 영유아들은 이와 같은 영유아기 특징 이외에도 감각처리의 특이점으로 인해 새로움에 노출되는 것이 더 어려울 때가 많이 있다. 교사가 고민하며 적지 않은 시간과 노력을 들여 준비한 과제물을 밀쳐 버리거나 자리를 이탈하고 참여 자체를 거부할 때도 많이 있다. 이런 행동의 원인과 지도방법에 대해서는 뒤에 이어지는 내용에서 다시 살펴볼 것이다.

　발달장애 영유아들이 보이는 거부 행동은 보통 분명하고 때로는 정말 괴로워 보이기까지 해서 많은 부모, 영유아교사, 치료전문가들은 얼른 해당 환경으로의 노출을 멈추거나 대상물을 제거하고는 한다. 이런 과정을 통해 본의 아니게 영유아의 거부 행동을 강화시키기도 한다(예를 들어, '아! 내가 이렇게 소리를 지르니까 선생님이 가위질을 더이상 하라고 안 하네.'를 배운다는 뜻이다). 하지만 발달장애가 있는 영유아 역시 반복 노출되는 과정을 통해 적응하고 참여할 수 있다. 그리고 나아가 궁극적인 즐거움을 경험하기도 한다.

　그렇다고 무턱대고 거부가 분명한 영유아를 억지로 끌고 들어가거나 만져 보게 하라는 뜻은 절대 아니다(이는 오히려 역효과를 야기할 수 있다). 영유아들의 참여를 점진적으로 독려하는 것이 필요하며 각 단계를 세분화하고 단계마다의 시간을 넉넉하게 운영하여 접근하는 것이 필요하다.

　이때 시각적인 자료(사진이나 영상)를 적극적으로 사용하여 미리 예상할 수 있도록 한다면, 안정적인 기반을 마련하는 것에 도움이 된다.

　이미 영유아교사들은 영유아들에게 무언가를 소개할 때 성인과 또래의 모델링, 부분적으로 시도해 보기 등의 교수법을 사용하고 있을 것이다. 이것은 발달장애 영유아들에게도 도움이 된다. 이때 대그룹 형태의 전체 지시보다는 처음 설명은 1:1의 개별 지시가 도움이 될 수 있다. 영유아에 따라서 성인이나 또래의 모델링을 사전에 녹화된 비디오 영상을 통해 확인하는 방법은 좀 더 안정적이고 효과적일 수 있다. 예를 들어, 새로운 놀잇감을 제시할 때는 놀잇감 사용방법과 관련해 성인의 모델링을 미리 동영상으로 마련해 영유아와 함께 확인하고, 이후 다시 또래들이 해당 놀잇감을 이용해 놀이하는 모습 역시 비디오 영상을 통해 확인하면 도움이 된다. 그다음 실제 놀잇감을 제시하며, 조금씩 시도할 수 있도록 영상 속 놀이 방법을 차근차근 직접 보여 주는 것이다.

만약 영유아가 놀잇감 앞에서 거부 행동이나 불편감을 보이지는 않지만 그저 응시만 하고 있다면, 영유아의 손을 놀잇감에 살짝 올려놓는 것도 좋다. 만약 영유아가 자발적으로 조작을 시도했다면 즉시 분명한 칭찬을 제공함으로 놀잇감을 이용한 놀이 행동을 강화할 수 있다.

다른 예로 동물원으로의 야외 현장학습이 계획되어 있다면 먼저는 정돈된 공간에서 선생님과 1:1로 마주 보고 앉아 사진과 영상 등으로 해당 장소의 전체적인 분위기를 확인하고, 미리 준비된 시각 스케줄을 통해 당일 일정을 순서대로 짚어 본 후 다시 해당일에 필요한 '행동 약속(예: 버스에서 안전벨트를 해요, 선생님 손을 잡고 걸어요 등)'을 그림이나 사진으로 정리하면 좋다.

이후 대그룹 상황에서 동일한 자료를 가지고 학급 구성원과 함께 다시 확인하면서 또래의 반응(예: '와!' '신난다!' 등의 감탄사나 추가 질문 등 기대의 표현 등)을 함께 경험하는 것도 의미가 있다. 교실 내에서 몇 번 더 따로 확인한 후 현장학습 당일 동일한 자료를 이용해 실제 상황에서 짚어 가며 지금의 상황과 해야할 행동에 대해 설명해 준다면, 장애영유아들의 현장학습 이해와 참여에 큰 도움이 될 것이다.

이런 전체적인 큰 과정이 두 번 정도 더 경험되면, 이후에는 장애 영유아들도 야외현장학습을 기대하며, 반복되는 규칙(예: 안전벨트 하기, 이름표 차기, 도시락 먹기 등)에는 큰 불편감 없이 참여하는 모습을 볼 수 있다.

(2) 발달장애 영유아의 참여를 높이는 환경구성: 정보의 시각화

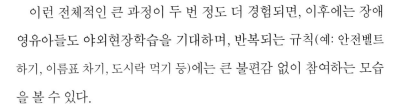

> 자폐성장애 진단을 받은 시영이는 교실 문이 열리자 눈을 감고 양손으로 자신의 귀를 막는다. 시영이 어머니는 귀를 막는 시영이 손을 내리게 하려고 아이 손을 잡아 보지만 시영이는 힘을 주어 더욱 세게 귀를 막는다.

발달장애 영유아, 특히 자폐성장애 영유아는 한꺼번에 여러 가지 감각정보를 파악하는 것에 어려움이 있다. 또한 전체를 파악하기보다는 부분적이고 세부적인 것에 강하게 집중하는 경향이 있다.

교실 문이 열리고 시영이 앞에 펼쳐진 모습은 많은 교구들과 그 사이를 예상하지 못하는 방법으로 움직이고 있는 여러 아이들, 그리고 그때마다 발생하는 다양한 소리 등 수많은 시각, 청각 정보들이 쏟아지는 상황으로 인식된다. 따라서 시영이는 압도당하듯 경험되는 자극들을 피하고자 순간적으로 눈과 귀를 차단하는 것이다.

만약 교육 현장에서 영유아가 이와 같은 모습을 보인다면 잠시 곁에서 차분하게 기다려 주는 것이 좋다. 아이와 선생님이 앉을 수 있는 의자를 놓는 것도 좋다. 영유아가 어느 정도 진정된 듯 손을 내리거나 눈을 떴을 때 영유아가 향하는 것을 부드럽게 대신 언급해 주는 것도 도움이 된다. '아! 여기는 햇살반이구나.' '오늘 채희는 빨간 옷을 입고 왔네.' 식으로 말이다.

발달장애 영유아들도 반복적으로 노출되는 장소나 상황에 대해서 적응할 수 있다. 다만 감각처리 및 일반화(이미 학습한 것을 장소나 대상이 달라져도 동일하게 적용할 수 있는 능력)의 어려움을 가지고 있는 발달장애 영유아들은 새로운 장소나 상황에 익숙해지기까지 정상 발달하는 영유아들에 비해 많은 시간이 필요하며 적응 과정에서 잘못된 개입이 발생하면 되레 부적응행동이 심해질 수 있다.

(3) 예상할 수 있는 일과 제시

영유아교육기관이라면 어디든 교실에 '일과표'가 게시되어 있을 것이다. 장애영유아에게 중요한 것도 예상할 수 있는 일과와 일관된 운영이다. 예상하지 못한 돌발 상황은 장애영유아를 불안하게 하고, 이는 거부 행동으로 이어지기가 쉽다.

따라서 영유아교사는 일과표를 적극 활용하는 것이 필요하다. 장애영유아들에게 효과적인 일과표는 주제가 분명하게 시각적으로 표현된 형태이다. 영유아에 따라서 선화나 일러스트보다는 실사나 실물에 가까운 그림이 도움이 될 수 있다.

일과표의 배경은 장애영유아가 주제에 집중할 수 있도록 가급적 흰색 바탕이 좋으며, 각 활동별로 시각 카드를 준비해 순서대로 배열해 놓았다가 한 가지 활동이 끝나면 해당 활동 카드를 떼어 제거함으로써 현재 진행 중인 내용과 남아 있는 일정 모두를 예상할 수

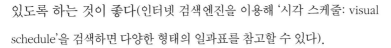

있도록 하는 것이 좋다(인터넷 검색엔진을 이용해 '시각 스케줄: visual schedule'을 검색하면 다양한 형태의 일과표를 참고할 수 있다).

장소나 상황이 달라지는 야외현장학습의 경우에도 사전 예고가 적극적으로 진행되어야 한다. 할 수 있다면 해당 장소의 간단한 영상으로 미리 어떤 분위기인지 확인하는 것이 좋다. 영상이 어렵다면 해당 장소의 사진을 이동 동선 흐름에 따라 배열하고 각 장소에서 어떤 활동들을 하는지 추가 그림과 함께 설명하면 도움이 된다.

시각 자료를 제시해도 처음에는 영유아가 큰 관심을 보이지 않을 수 있다. 초반에는 교사가 함께 하나씩 짚어 가며 개별적으로 영유아와 함께 살펴보는 시간이 필요하다. 그리고 해당 활동 또는 외부의 새로운 장소에서 교실에서 살폈던 동일한 자료를 이용해 다시 한번 설명이 필요하다. 이런 간단한 활동이 반복된다면 영유아는 이내 비슷한 형태의 시각 자료가 제시될 때 대략적으로 이해할 수 있고 이는 자발적인 참여 행동으로 이어질 수 있다.

(4) 기대하는 행동에 대한 시각 자료 게시

발달장애 영유아는 '문제행동'이 '무언가 잘못된 행동'임을 이해하기 어렵다. 그러나 자신의 필요에 의해 의사를 표현하는 경우가 대부분인 발달장애 영유아들도 사회가 기대하는 행동이 무엇인지를 알고, 나의 현재 필요를 전달하는 적절한 방법을 배운다면, 행동이 달라질 수 있다.

이를 위해 영유아교사는 하지 말아야 하는 행동과 할 수 있는 행동을 그림이나 사진 자료로 만들어, 영유아와 먼저 개별적으로 확인한 후 잘 보이는 곳에 게시하고 수시로 상기시키는 것이 필요하다.

예를 들어, 대그룹 활동 영역 앞에는 의자에 바르게 앉아 있는 영유아 그림, 교실 문 앞에는 친구들과 선생님께 인사하는 그림, 신발장 앞에는 신발을 바르게 정리해 놓은 그림 등 기대하는 행동에 대해 교실 전체를 대상으로 한 내용과 장애영유아에게 개별적으로 필요한 내용들을 게시하는 것이 필요하다.

말로만 전달하는 정보는 순식간에 지나가 버려 영유아가 기억하고 인식을 유지하기에는 어려움이 있다. 기대하는 행동에 대한 시각 자료들은 영유아가 이를 기억하고 인식할 수 있도록 도와준다.

4) 발달장애 영유아-영유아교사 간 언어적 상호작용

언어 발달은 발달장애 영유아에게 있어 어렵고도 중요한 주제다. 많은 부모들은 '말만 잘했으면 좋겠다.'고 호소한다. 아무래도 의사소통이 가능하다면 일단 사회 구성원으로서 적응하는 것이 가능하다 여기기 때문인 듯하다.

발달장애 영유아가 언어를 배우는 과정은 참 복잡하고 어렵다. 말을 곧잘 하게 되어도 상황에 따라 적당한 표현을 상대와 주고받는 것은 더 어렵다. 교육 현장에서 장애영유아들과 함께하다 보면, 이들이 모국어를 외국어처럼 익힌다는 생각이 든다.

발달장애 영유아에게 있어 언어발달은 풍부한 언어 자극 환경과 함께 구체적이고 체계적인 접근 방법이 제공될 때 의미 있게 확인될 수 있다.

(1) 언어는 목적이 아닌 수단이어야 한다

치료 현장에 있다 보면 언어의 중요성을 강조하다가 발달장애 영유아를 과하거나 부적절한 언어 자극 환경에 노출하는 것을 보게 된다. 울리면서까지 억지로 소리를 내게 하거나, 수험생이 공부하듯 강도 높은 학습 환경에 참여하게 하는 등의 경험은 영유아가 언어의 필요성을 깨닫기도 전에 말과 관련한 것들을 혐오스럽게 인식하게 만들어 버리는 안타까운 결과를 초래하기도 한다.

뇌가소성(plasticity, 생후 5년간 학습에 대한 특별한 능력, 빠르게 정보를 흡수하고 뇌 신경망 연결 활성화 및 발달이 이루어짐.)이 진행되는 어린 시절 하나라도 더 자극해서 자녀의 발달을 끌어올리고자 하는 부모들의 간절한 마음을 모르는 것은 아니지만, 언어는 영유아가 자신의 의사를 전달하고, 상대의 뜻을 이해하며 궁극적으로 한 명의 사회 구성원으로서 살아가는 것에 사용되는 좋은 도구가 되어야 한다. 평생에 걸쳐 사용해야 하는 도구의 사용방법을 자연스럽게 익히기도 전에, 혐오스럽게 여기기 시작한다면 결코 건강한 언어 발달로 이어지기 어렵다.

중요한 것은 언어의 필요성을 깨닫는 것이다. 상대를 인식하고, 상대와 공유하는 즐거움이 늘어나고, 상대에게 안정감을 느끼며, 나의 것을 전달하거나 무언가를 요청하고 싶다는 욕구가 먼저 전제되어야 한다. 그런 의미에서 영유아교육 현장은 장애영유아를 위한 바람직한 언어발달 학습의 장이 될 수 있다.

(2) 영유아가 좋아하거나 필요한 것은 언어를 배우기 가장 좋은 주제다

'배고파요.' '밥 주세요.' 또는 '먹고 싶어요.'를 배우기 가장 좋은 상황은 배가 고플 때다. 이때 상대에게 말로 요청하고, 자신의 언어 표현 이후 실제 음식을 먹는 과정을 통해 만족감을 경험하면, 그 표현은 의미 있게 학습되기 시작한다. 영유아는 이후 또 배가 고플 때, 같은 표현을 사용하기 위해 스스로 노력할 것이다.

영유아교사는 평소 영유아가 무엇을 선호하는지 또는 싫어하는지 꼼꼼하게 관찰하는 것이 중요하다. 장애영유아는 자신에게 의미가 분명한 주제들을 바탕으로 일상생활에서 실제로 요구하거나 거부하는 표현을 해 보고, 그 결과를 확인하는 과정을 반복 경험할 수 있어야 한다.

(3) 말하지 않아도 언어는 발달 중이다

신생아의 발달과정 중 확인되는 옹알이에도 언어발달의 의미가 있다. 의미 없게 들리던 옹알이 소리가 달라지기 시작하는 시기가 있는데, 이는 주변 소리를 듣기 시작했다는 것을 짐작하게 한다. 언어는 크게 상대의 의사를 듣고 이해하는 수용언어와 자신의 의사를 나타내는 표현언어로 옹알이 소리의 변화에는 수용언어가 발달하기 시작했다는 의미가 담겨 있다.

또한 울음소리를 시작으로 영유아들은 자신의 의사를 표현하며 언어를 익혀 간다. 보통 수용언어와 표현언어는 서로 비슷한 발달 정도를 보이거나 수용이 약간 앞서고 이후 표현이 뒤따르는 경향이 있지만 양육환경이나 장애 특성에 따라 다른 양상을 보이기도 한다 (초기 언어발달 체크리스트는 5장에 소개되어 있다).

아직 아무 말도 하지 않더라도 발달장애 영유아의 언어 발달 정도는 저마다 다른 위치에 있을 수 있다. 예를 들어, 목이 마를 때 어른을 끌어당기며 냉장고 앞으로 가거나, 필요한 것을 달라며 손바닥을 내밀어 보이는 등 말은 하지 않지만 누구나 이해할 수 있는 형태의 제스처로 자신의 의사를 전달하는 영유아가 있을 수 있고, 제스처 표현마저도 쉽지 않은 영유아가 있을 수 있다(참고로 제법 말을 해도 자폐성장애 영유아에게 제스처 표현은 잘 관찰되지 않는 행동일 수 있다).

말을 하지 않아도 언어를 배우고 사용할 수 있다. 보완대체의사소통(Augmentative and Alterative Communication: AAC)이라 불리는 말과 언어 표현 및 이해에 어려움이 있는 사람들을 위해 보완하거나 대체된 방법을 통한 의사소통 기회를 제공하는 방법이 있다.

이 안에는 말 대신 제스처, 사진이나 그림, 기호, 음성 산출 기계 등을 이용하는 다양한 형태가 있다. 이 책 후반부 사례 내용 중 잠깐 언급되는 PECS(Picture Exchange Communication System)도 AAC에 해당된다. 따라서 영유아교사가 현재 영유아의 언어 발달 정도를 알고, 일상생활 내에서 영유아의 선호 또는 필요를 반영해 의사소통 기회를 제공하는 것은 영유아 언어발달에 도움이 된다.

(4) 교사의 언어 사용은 영유아 표현에 '더하기 한 단어'가 좋다

같은 진단명이어도 영유아의 발달 정도는 저마다 다르다. 영유아에게 적합한 언어 표현은 그들이 표현하는 정도에서 한 단어 정도를 추가해 제시하는 것이다. 예를 들어, 아직 한 단어 표현이 어려운 영유아에게는 한 단어 수준으로, 두 단어를 연결해서 표현(예: 우유 주세요.)하는 영유아에게는 세 단어 정도(예: 컵에 우유를 줄까?)로 표현하는 것이 영유아의 이해를 도우면서도 그들의 언어 발달을 자극하는 효과적인 지원이 될 수 있다.

(5) 동사 및 형용사는 장애영유아에게 이해와 학습이 더욱 어려운 품사다

명사에 비해 동사와 형용사는 장애영유아 입장에서는 정형화되지 않은, 수많은 변수들을 담고 있는 것처럼 여겨질 수 있다. 실제로 용언과 어미에 따른 변화가 크다. 사실 일반적인 경우에서도 외국어를 배울 때 동사와 형용사는 시제나 주어의 따른 변화가 커서 상대적으로 학습이 어렵다. 따라서 동사나 형용사를 분명하게 이해하기보다는 같이 제시된 명사를 단서 삼아 어림짐작하는 영유아의 모습을 쉽게 관찰할 수 있다.

예를 들어, 한 영유아의 경우 매번 집에 가기 전 '신발 신자'라는 표현에 아주 자연스럽게 신발을 신는 행동을 보였는데, 평가 상황에서 동사 '신다'를 묻자 반응이 분명하지 않았다. '신발'이라는 명사 단서가 빠지자 영유아는 '신다'라는 동사를 파악하기 어려웠던 것이다. '신발 신자.'라는 표현은 대부분 신발 신는 곳 앞에서 사용된다. 영유아는 상황과 함께 연합하여 해당 표현을 기억하고 있었던 것이지 '신다' 본연의 의미를 배운 것은 아니었다.

익숙한 환경에서 자주 보는 사람들과 함께라면 이런 경우 크게 문제가 되지 않을지도 모르지만, 장소나 상황이 달라지고 낯선 대상과 함께 하면서 익숙하게 얻었던 단서에 변화가 생긴다면 영유아들은 혼란스러움을 나타내게 되며, 이는 부적응 행동처럼 보일 수 있다.

⑹ 지시 불순응? 동사와 이중지시 이해의 어려움!

교실에서 제시되는 대부분의 지시어들은 동사로 이루어져 있다. 지시 불순응 행동인 줄 알았는데 알고 보니 지시어 자체를 이해하지 못한 경우가 적지 않다. 따라서 궁극적으로는 동사와 형용사에 대한 개념 형성이 진행되어야 하겠지만 이러한 오해를 줄이고자 한다면, 교실에서 영유아에게 지시할 때는 시각적 단서를 함께 제시해 주는 것이 필요하다.

예를 들어, 단순히 '앉아요.'보다는 의자를 가리키거나 의자에 앉아 있는 그림 카드를 보여 주며 '의자에 앉아요.'라고 말하는 것이 효과적일 수 있다.

또한 두 가지 지시가 같이 제시되는 경우, 장애영유아에게는 이해가 어려운 표현이 될 수 있다. '놀잇감 정리하고 오세요.'에는 정리도 해야 하고 이동도 해야 한다는 두 가지 지시가 있다. 실제로 이렇게 표현했을 때 뒷부분에 있는 '오세요.'를 듣고 이동했는데, 영유아교사가 '놀잇감 정리해야지.'라고 다시 말하면 장애영유아는 혼란스러워하며 짜증을 내게 된다.

장애영유아에게는 '놀잇감 정리하세요.'와 '이리 오세요.'라는 구분된 지시가 더 분명할 수 있다. 이때 각 지시마다 수행 후 즉시 칭찬을 제공해야 한다. 즉, 놀잇감을 정리했을 때 잘했다고 칭찬하고, 이어 '이리 오세요.' 지시 후 영유아가 왔을 때를 각기 분리하여 칭찬하는 것이 효과적이다.

언어는 실제 상황 가운데 학습할 때 가장 효과적이다. 특히 동사와 형용사는 해당하는 상황이나 동작과 함께 배울 때 도움이 된다. 다양한 활동이 진행되는 교육 현장에서 영유아교사가 의성어, 의태어를 비롯해 필수 어휘들을 꾸준하게 제시해 준다면, 발달장애 영유아의 언어 발달에 교실만큼 좋은 환경은 없을 것이다.

5) 일반 · 장애 영유아 모두를 위한 장애인식 개선교육

장애인식개선교육 이후 쉬는 시간에 아이들이 서로를 "야 JJJ! 너 JJJ지?"라고 놀리는 거예요. 그게 무슨 말이냐고 물었더니 "정신지체 장애인이요~ 쟤 바보예요~."라고 하더군요. 순간 아찔해졌어요. 교육 내용을 아이들은 왜 그렇게 해석하게 되었을까? 특수교사로서 자괴감이 들더군요.

실제 교육 현장에서 만난 초등 특수교사로부터 들었던 내용이다. 학기 초 다양한 장애종류를 소개하고 각각의 특성을 설명하는 정보 중심 장애인식개선교육을 실시하였는데, 이후 이와 같은 아이들의 반응을 보며 크게 놀랐다 하였다.

☞ 2010년 10월 미국을 시작으로, 우리나라도 의료계에서 먼저, 그리고 현재 교육계까지 '정신지체(mental retardation)' 명칭은 '지적장애(intellectual disability)'로 변경되었다.

지체장애나 감각장애의 경우 영유아와 함께 가정된 상황(예: 시각 장애에 대한 이해 활동으로 눈을 가리고 이동해 보기)을 경험하며 해당 장애에 대한 이해를 돕는 것이 어느 정도 가능하지만, 발달장애는 설명도 이해도 쉽지 않다. 아무리 영유아교사가 완곡하게 '발달장애 영유아는 우리와 생각하는 방식이 다르다.' '우리는 생각주머니가 동그라미 모양이지만 이 친구는 네모 모양이라서 우리가 아는 것과 다르게 여길 수 있다.'는 식으로 열심히 설명해도 비장애 영유아들의 장애영유아에 대한 이해는 쉽게 증진되지 않는다.

　그럼에도 불구하고 영유아교사는 학급에 장애영유아가 있을 때, 장애인식개선교육을 준비하게 된다. 해당 교육을 준비하며, 영유아 교사들은 가장 먼저 장애영유아의 장애명을 살펴보고 관련한 정보들을 찾으며 장애 특성에 대한 이해를 바탕으로 한 교육 내용을 고민할 것이다.

　그러나 외형적인 차이가 뚜렷하지 않은 발달장애의 경우 정보제공 중심의 인식개선교육은 오히려 교사가 생각하지 못한 선입견이나 편견을 야기하는 경우가 있다. 특히 자신의 실제 경험을 바탕으로 한 새로운 정보에 대한 이해가 효과적인 영유아의 경우, 발달장애관련 정보 중심 설명은 자신이 직접 체험할 수 있는 것이 아니라는 생각에 매우 모호하고 어렵게 다가올 수 있다.

(1) 장애가 아닌 영유아 개인에게 집중하는 장애인식교육

　장애 특성이 아닌 한 명의 영유아 자체에 집중하는 것이 필요하다. 대상 영유아가 좋아하는 것, 잘하는 것, 불편해하는 것 등을 시청각자료들로 준비하여 영유아 수준에 맞춰 이야기나누기 형태로 살펴본다면 또래들로 하여금 자연스럽게 공감대를 형성하는 것을 도울 수 있다.

발달장애가 있는 영유아는 그들의 장애특성으로 인해 교실 상황에서 뚜렷하게 주목받지 못하거나, 아니면 과하고 특이해 보이는 행동 때문에 대부분의 사회적 상황으로부터 분리되어 또래들의 인식에는 경계해야 하는 대상으로 낙인찍혀 있을 수도 있다.

영유아 교육 현장에서 만나는 통합 상황의 영유아들에게 장애영유아의 이름을 말하며 '○○○ 하면 뭐가 떠올라?' 또는 '나는 ○○○랑 이런 놀이를 해 보았어요에 대해 말해 주겠니?'라는 질문을 통해 교육 전 영유아들의 인식 정도를 살펴보면, 응답이 분명하지 않는 경우가 대부분이다. 아무 대답이 없거나 혹은 '맨날 문을 열고 닫아요.' '자꾸 불을 꺼요.' 등의 자신과의 경험과 관련한 내용이 아닌 장애영유아의 행동에 대한 기억이 대부분이다.

영유아는 자신들의 관심과 흥미를 바탕으로 개인적인 경험이 생길 때 가장 큰 학습효과를 보인다. 이런 발달시기적 특성을 반영하여 장애영유아와 비장애영유아 간의 공통점을 찾고 공감대를 형성하는 것이 자연스러운 장애인식 개선 시작에 효과적일 수 있다. 앞서 언급한 시청각 자료들을 이용해 '어? 저 놀이는 나도 좋아하는 것인데?' '와! 저 친구가 저런 것도 할 수 있구나!'라며 대상 영유아에 대해 경계를 낮추고 관심을 유발한 후, 장애특성으로 인해 불편함을 느끼는 상황들을 영유아 수준에서 설명한다면, '아! 나도 그런 적이 있었는데, 알 것 같다!'라며 이해가 시작되는 것을 도울 수 있다.

이후 한두 회기 정도 추가로 장애영유아와 함께(장애영유아가 중심이 되는) 진행할 수 있는 신체게임을 구성하여 진행하는 것도 바람직하다. 영유아는 함께 놀면서 더 친해지기 때문이다. 다만 장애특성으로 인해 오히려 게임에서 배제되거나 낙오되는 상황이 발생하지 않도록 적절한 구조화가 필요하다. 발달장애 영유아에게 익숙하고 자신 있는 내용으로 구성하여 대상영유아가 모델링을 하고 게임을 완주한 또래들에게 칭찬 스티커 등을 부여 하는 등의 계획을 삽입하는 것도 좋은 방법이 될 수 있다.

영유아기의 장애인식개선교육의 목표는 장애특성 또는 정보에 대한 분명한 이해가 아니라 상대를 있는 모습 그대로 받아들이고 서로 함께하는 방법을 배우는 것에 있다.

(2) 장애인식개선교육을 통해 장애영유아의 소속감을 높일 수 있다

장애인식개선교육은 비장애영유아뿐 아니라 장애 영유아의 행동에도 변화를 가져온다. 처음 장애인식개선교육을 시작할 때는 장애영유아가 유치원 교실에 같이 있기는 하지만, 의미 있게 상호작용하는 친구 한 명 없이 그저 등하원만 반복하고 있는 상황이 안타까워서 비장애영유아의 인식에 변화를 꾀하고, 이들을 통한 또래 관계 형성 경험을 시도하는 것이 목적이었다.

그러나 교실에서 또래에게 관심도 없어 보이고 물과 기름처럼 섞이기 어려워하던 장애영유아가 같은 반 친구들이 모두 모여 자신의 사진과 영상을 보고, 반응하며 즐거워하는 것을 함께 경험하자 장애영유아 행동에도 변화가 관찰되었다.

평소 대그룹 이야기 나누기 시간마다 탈석이 빈번하던 장애영유아가 교육시간 내내 한 번도 이탈하지 않고 집중하던 모습, 자신 있게 교실 앞에 나와 들려주던 자신의 노래(이 모습에 같은 반 친구들은 '와! 나 ○○○ 말하는 것 처음 봐!'라고 반응하거나 자연스럽게 영유아의 노래를 함께 따라 부르기도 했다), 교육이 끝나고 자신을 중심으로 몰려든 또래들을 피하지 않고, 함께 머물러 그들의 접촉에도 곁을 내어 주며 반응하던 모습이 관찰되었다. 이후 부모를 통해서도 '자녀가 유치원 가는 것을 좋아한다.' '매일 같은 반 친구들이 오늘 아이에게 무슨 일이 있었는지 내게 말해 준다.' 등의 보고를 들을 수 있었다. 진정한 소속감을 경험한다는 내용들이었다.

특수교육에서는 장애와 비장애 영유아가 분리되지 않고 같은 공간에서 함께 같은 주제의 교육을 받고 사회관계를 형성하는 것을 통합(Inclusion)이라고 한다. 통합으로의 첫 걸음은 생각보다 멀리 있지 않을 수 있다. 어른들이 고민하는 것보다 이미 영유아들은 서로를 받아들일 준비를 하고 있을지도 모른다. 그 과정에 필요 이상의 선입견이나 오해가 생기지 않도록 영유아교사가 작은 교량 역할을 해 주고 물꼬를 터 준다면 영유아들은 통합교실 상황과 일상에서 장애영유아와 함께하기를 자연스럽게 경험할 수 있을 것이다.

3. 발달장애 영유아 학부모 이해와 상담

1) 발달장애 영유아 가족에 대한 이해

2019년 7월부터 장애등급을 1~6급으로 나누는 등급제가 폐지되었지만 등급이 있던 시절 발달장애, 특히 자폐스펙트럼장애의 경우 90%가 넘는 비율로 1급 또는 2급 판정이 내려졌다(지적장애의 경우 60% 이상).

1급 · 2급 중증이란 '장애인 스스로 독립적으로 생활하기가 어렵고, 누군가의 도움이 필요하다.'는 의미가 포함되어 있다. '몸이 천 냥이라면 눈은 구백 냥'이라는 옛 표현이 있을 정도로 사람이 살아가는 것에 있어 시각은 매우 중요하게 강조되는데, 시각장애의 경우 시각장애인의 10% 정도가 1급 또는 2급 판정을 받았던 것에 비교해 보면 상대적으로 발달장애의 중증 정도를 짐작해 볼 수 있다.

이는 다시 말해, 가족 중 누군가 발달장애 진단을 받는다면 나머지 가족들에게는 해당 가족원을 책임지기 위해 감당해야 하는 큰 어려움이 아주 오랜 시간 주어진다는 것을 의미한다.

(1) 장애진단 초기, 가족들이 보이는 그들만의 특성이 있다

영유아교사가 교육 현장에서 만나는 장애영유아의 가족들은 대부분 이제 막 어린 자녀의 장애를 확인한 경우일 것이다. 아마 진단을 받았더라도 2년이 채 지나지 않았을텐데, 장애영유아 가족들이 경험하는 어려움은 다양하고 복잡하다.

여전히 영유아의 장애를 인정하고 받아들이기 어려워서 현실을 부정·회피하거나, 혹은 자녀의 장애가 부모, 가족 때문인가 하는 자책감을 갖거나, 지금 치료를 열심히 한다면 아이가 조금 더 나아지지 않을까 하는 생각에 큰 에너지와 비용을 쏟으며 전력질주를 하고 있는지도 모른다.

이런 가족들에게는 영유아교사의 따뜻한 시선과 말 한마디가 정말 큰 힘이 될 수 있다. 설령 장애가 있다 하더라도 영유아의 강점을 찾아 언급해 주고, 영유아의 특성에 대한 이해를 바탕으로, 교육 현장에 함께 하겠다는 메시지를 전해 준다면, 장애영유아와 함께 어려운 길을 걸어야 하는 가족들에게는 더할 나위 없는 응원이 될 것이다.

2) 발달장애 영유아 학부모와의 상담

"최근 영유아가 특별한 환경 변화를 경험했나요?"

학부모와 상담하며 종종 묻게 되는 질문이다. 영유아가 하지 않던 행동을 어느 날 갑자기 보인다고 하면 일단 최근에 어떤 일이 있었는지를 묻는 것이 중요하다. 그러나 이 질문에 대한 학부모의 이해와 반응은 제각기 다를 수 있기 때문에, 영유아교사는 학부모와의 대화에서 보다 구체적으로 질문하는 법을 익혀야만 한다.

실제로 한 학부모는 위의 질문에 대해 "아니요, 없었어요."라고 반응했으나, 대화를 진행하다 보니 일주일 전쯤 집이 이사를 한 것이 확인되었다. 주거 공간의 변화는 환경 변화 적응에 취약한 발달장애 영유아에게는 매우 큰 변화일 수 있는데, 학부모는 이를 미처 생각하지 못하였던 것이다.

이와 같이 영유아교사가 질문에 담은 의도와 학부모가 이를 이해하는 정도에는 차이가 있을 수 있다. 따라서 상담을 할 때는 언제나 구체적으로 묻는 것이 도움이 된다.

(1) '아무 이유가 없어요.'

치료 현장에서 만나는 부모와 영유아교사로부터 자주 듣는 표현이다. 영유아가 보이는 이해되지 않는 행동이 아무 이유 없이 그냥 발생하는 것 같다는 것이다. 그러나 이유를 못 찾았을 뿐, 영유아의 이해되지 않는 행동 변화에는 분명한 나름의 이유가 있다.

영유아교사가 영유아와 24시간을 함께 생활하며, 일상 속 다양한 장면을 함께 살필 수 있다면 가장 좋겠지만 그럴 수 없으니, 영유아교사는 질문을 통해 길을 찾아야 한다. 질문은 구체적이고 자세할수록 도움이 된다. 몇 가지 간단하고도 바람직한 질문의 예는 다음과 같다.

- 행동을 구체적으로 말씀해 주시겠어요? (양상, 빈도, 강도 등)
- 그 행동이 언제 일어났나요?
- 그 행동이 무엇을 했을 때 일어났나요?
- 예전에도 비슷한 행동을 했나요? 처음 보는 행동인가요?
- 최근 건강상의 변화가 있었나요?

- 잠은 잘 잤나요? 배변은 어떤가요?
- 행동이 발생했을 때 주변에 누가 있었나요? 장소의 특이점이 있을까요?
- 행동 발생 후 누가 어떻게 개입했나요? (대처했나요?)
- 대처 이후 영유아 행동에 어떠한 변화가 있었나요?

한편, 학부모와의 상담 내용, 또는 영유아교사가 관찰한 영유아의 행동을 구체적이면서도 객관적으로 기록하는 것은 이후의 꾸준한 관찰 및 교육에 도움이 된다. 예를 들어, '떼 부리기 행동'보다는 '자신의 행동을 누군가 제지했을 때, 양발을 세게 구르며 소리를 크게 지름. 보통 발생하면 2분 정도 지속됨.'이라고 기록하는 것이 바람직하다.

상담 내용을 날짜와 함께 구체적으로 기록해 놓고, 일정 시간 이후 다시 영유아의 행동을 관찰하며 기록을 더해 간다면 영유아의 행동 변화 또는 성장 정도를 확인할 수 있다. 이는 영유아교사뿐 아니라 부모님에게도 현재 노력하고 있는 양육 또는 교육 방법에 대한 좋은 강화 및 동기가 될 수 있다.

매일 자녀와 함께 일상의 수많은 상황을 경험하는 학부모에게는 자녀의 변화가 잘 안 보일 수도 있다. 실제로 적지 않은 학부모들이 분명 몇 달 전에 고민이라고 언급했던 영유아의 행동이 수정되고 나아졌음에도 불구하고, 그저 저절로 좋아졌다라고 해석하거나 그때의 고민은 온데간데없고 다른 고민들이 더 문제라고 이야기하며, 걱정과 불안을 증폭시키는 삶을 살아간다.

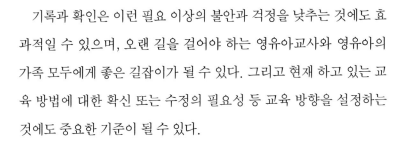

기록과 확인은 이런 필요 이상의 불안과 걱정을 낮추는 것에도 효과적일 수 있으며, 오랜 길을 걸어야 하는 영유아교사와 영유아의 가족 모두에게 좋은 길잡이가 될 수 있다. 그리고 현재 하고 있는 교육 방법에 대한 확신 또는 수정의 필요성 등 교육 방향을 설정하는 것에도 중요한 기준이 될 수 있다.

3) 발달장애 영유아를 위한 초등학교 진학 코칭

치료 현장에서 만나는 장애영유아와 가족들의 다양한 요구 중 초등학교 진학은 상당히 중요한 주제다. 특수교육에서도 '전환'이라는 표현과 함께(활동과 활동 사이 변화나 이동 같은 작은 단위에는 '전이'라는 표현을 사용한다.) 학령기로의 환경 변화에 대해 무게를 싣고 다룬다. 비장애영유아들이라면 비교적 큰 어려움 없이 새로운 교육 환경에 적응할 수 있겠으나, 변화에 취약한 장애 특성이 있고 개별화 교육에 익숙해져 있었던 장애영유아들에게 초등학교 입학은 큰 도전이 되는 상황이다.

장애영유아의 가족들은 학교라는 곳을 자녀가 사회구성원으로서 본격적으로 한 걸음을 내딛는 사회적 상황으로 인식하는 경향이 있다. 마치 내 아이가 이 사회에 적응해 한 명의 구성원으로서 살아갈 수 있느냐 없느냐를 판단하는 시험대처럼 여기기도 한다. 영유아교사는 장애영유아 가족들이 영유아의 초등학교 진학을 앞두고 경험하는 불안과 부담감이 매우 크다는 것을 이해해야 한다.

치료계에서는 장애영유아의 안정적인 전환을 지원하기 위해 다양한 프로그램을 개발하여 시행하고 있다. 영유아교육기관에서도 인근 초등학교 탐방 또는 이야기나누기 시간 주제 활동 등을 통해 해당 시기를 의미 있게 다루고 있다.

최근 초등학교 교사들의 이야기에 따르면 초등학교 역시 예전과 달리 1학년들에 대한 지원을 더욱 세분화하여 유아들이 좀 더 편안하고 안정적으로 적응할 수 있도록 돕고 있다고 한다. 마치 유치원과 같은 환경 구성, 유연성 있는 시간 운용 등 유아들의 전환 과정에 대해 폭넓은 이해를 바탕으로 접근하는 추세다.

그러나 치료 현장에서 성공적인 전환을 위해 주로 구성하는 내용은 학교 상황 및 환경을 가정하고 시뮬레이션을 경험하는 것에 제한되어 있는 실정이다. 물론 이는 필요하고 효과적인 방법이지만, 정작 초등학교 입장에서는 환경에 적응하고 규칙을 이해하는 것과 관련해서 학교에서도 이미 자세한 교육 내용으로 마련해 놓았으니, 이보다는 집단생활 적응과정을 더욱 안정적으로 도울 수 있도록 문제행동 다루기 또는 사회성 발달에 집중해 달라고 요청한다.

완전한 문제행동 소거 또는 사회성 발달까지는 아닐지라도 유아교육기관 재원 중에 영유아교사가 장애영유아의 문제행동의 종류와 이유(기능)를 확인하고, 대체행동 교육 방법을 개발하여 이를 초등 1학년 교사와 공유한다면, 이는 분명 장애영유아의 성공적인 통합과정을 돕는 주요한 지원이 될 것이다.

제4장

교실 내 발달장애 영유아 문제행동
이해 및 지도의 실제

1. 발달장애 영유아와의 소통을 위한 기본 원리

1) 행동에 대한 이해

영유아들의 행동에는 현재 그들의 이야기가 있다. 아직 상황을 분명하게 인지하고, 언어를 통해 자신의 의사를 명확하게 전달하는 것에 어려움이 있는 영유아들은 행동으로 표현한다. 발달장애 영유아 역시 다르지 않다. 다만 일반 영유아와 비교했을 때 사회적 상황 이해 및 표현의 어려움이 더 크고 분명하기 때문에 드러나는 장애영유아의 행동 양상 역시 때로는 당황스럽게 여길 수 있다.

발달장애 영유아의 문제행동을 나름대로 자신의 필요와 요구를 세상에 표현하고 이후 실제로 원하는 것을 얻는 상황을 경험하며 배워 온 과정으로 보는 관점이 필요하다. 따라서 영유아교사는 문제행동으로 나타나는 영유아의 소통 방법을 먼저 살핀 후, 사회적으로 용인될 수 있는 방법을 영유아에게 알려 줄 수 있어야 한다.

발달장애 영유아가 보이는 문제행동에는 해당 시점에서 영유아가 하고 싶은 이야기가 담겨 있다. '나 지금 심심해요.' '요즘 엄마 아빠 사이가 안 좋은 것 같아서 슬퍼요.' '친구들과 친해지는 방법을 모르겠어요.' '낯선 환경이 두려워요.' '어려워요. 선생님이 하는 말이 무슨 뜻인지 모르겠어요.' '요즘 몸이 아파요.' '목이 말라요.' '쉬고 싶은데 방법을 몰라요.' '선생님이 나를 좋아하는지 모르겠어요.' '화장실 가고 싶어요.' '이 놀잇감은 나만 가지고 놀고 싶어요.' '너무 더워요.' '너무 추워요.' '먹기 싫어요.' 등이다. 제법 언어를 구사하는 영유아조차, 자신의 필요나 원하는 바를 분명하게 표현하는 것에는 어려움이 있다.

때로는 성인이 듣고 싶어 하는 말을 자신의 진짜 마음과는 별개로 눈치를 보며 표현하기도 한다. 말과 행동이 달라 어른들을 곤란하게 하기도 한다. 영유아교사 또한 왜 이것을 해야 하는지를 장애영유아의 눈높이에 맞춰 설명하는 것에는 한계가 있다. 따라서 영유아교사는 끊임없이 장애영유아를 관찰하고 다각적으로 살펴야 한다. 장애영유아를 그들의 행동을 통해 이해하고, 이에 대한 영유아교사의 반응행동을 통해 영유아에게 필요한 사회적 규칙을 전달할 수 있기 때문이다.

(1) 응용행동분석(Applied Behavior Analysis: ABA)

응용행동분석이란, 작동행동이라고 불리는 의식적 반응으로 인한 행동을 관찰하고 분석함으로써, 현재 행동에 담긴 이유(기능)를 발견하여 행동을 증가 혹은 감소시키거나 새로운 행동을 형성할 수 있다고 생각하는 과학적 접근 방법이다.

학습을 통한 행동 변화에 대해 집중하며 정확한 측정 및 체계적인 중재 방법이 중요하다고 강조한다. 다방면에 적용할 수 있는 방법이지만, 특히 언어발달에 어려움이 있는 발달장애인들의 행동을 이해하고 새로운 학습 행동 형성을 위한 접근법으로 주목받고 있는 분야이다.

이후의 발달장애 영유아 문제행동 지도 실제에서는 이러한 관점과 내용들이 자주 언급될 것이다.

(2) 긍정적행동지원(Positive Behavior Supports: PBS)

응용행동분석을 이론적 바탕으로 한다. '배경사건-선행사건-행동-후속결과'라는 행동 발생 유관에 대한 이해가 필요하다. 행동을 중심으로 그 전에 행동의 발생 가능성을 유도하는 선행사건과 행동 이후 주변의 변화 혹은 사람들의 반응들로 인해 행동이 증가하거나 감소하는 등의 후속 결과를 분석한다. 또한 내포된 많은 정보를 얻을 수 있는 선행사건 전의 배경사건(예: 수면 불안정, 감기기운, 등원 전 엄마로부터 혼이 남 등)까지 함께 살핀다.

영유아를 둘러싼 생태학적 관점이 담겨 있다. 다시 말해, 행동이 일어나기 전 적극적으로 예방할 수 있는 방법을 찾아 마련하고, 영유아의 문제행동이 담고 있는 이유(기능)를 찾아 적절한 대체 행동을 알려 주고, 사회적으로 용인될 수 있는 대체 행동을 했을 때는 적극적으로 반응해서 더욱 행동을 하게 하고, 문제행동 이후에는 원하는 것에 대한 접근을 제한하거나 반응을 하지 않는 등 그 행동 이후 사람들의 반응을 바꾸어 문제행동이 반복해서 발생하지 않도록 개입하는 방법이다.

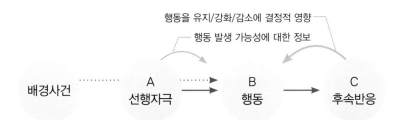

[그림 4-1] 행동 발생 유관

① 환경조작: 응용행동분석은 영유아가 보이는 문제행동의 원인을 '환경'에서 찾고 있다. 영유아의 내재적인 요인으로 접근하기 시작하면 영유아교사와 부모, 치료전문가가 할 수 있는 것들은 제한되고 '어쩔 수 없는 일'로 여겨질지도 모른다. 그러나 영유아를 둘러싼 환경에서 원인을 찾고 해당 환경을 조작할 수 있을 때는, 문제 행동을 예방하고 기대하는 행동의 발생 가능성을 증진할 수 있다.

아주 간단한 예로서 어떤 영유아가 특정 물건을 수시로 던지고 있다면 일단 해당 물건을 영유아의 시야에서 치워야 한다. 어떤 부모는 발달장애가 있는 자녀와 마트에 갈 때마다 걱정이 크다고 이야기하였다. 차에 잘 앉아 있던 영유아가 마트 입구 근처의 카트만 보이면 차가 멈추기도 전에 문을 열고 내려서 카트 쪽으로 달려간다는 것이다. 이 행동에 개입하며 가장 먼저 고려해야 하는 것은 무엇일까? 바로 카트가 보이지 않는 곳에 차를 세우는 것이다. 사실 카트는 대부분 매장 입구 근처에 있다. 장을 보고 짐을 싣기 위해 입구 가까운 곳에 차를 세우는 것이 좋겠지만, 영유아의 문제행동을 예방하려면, 대체 행동을 알려 주고 형성되기까지 문제행동을 유발하는 환경을 적극적으로 변화시키는 것이 필요하다.

다른 예로 놀이 시간이 끝나고 다른 활동으로 전이할 때마다 거부 행동이 큰 영유아가 있다면, 놀이를 시작하기 전에 시각 타이머 등을 이용하여 놀이 시간의 양을 짐작할 수 있도록 하고, 종료 10분 전부터 5분 단위로 이제 곧 놀이가 종료됨을 예고하며 영유아의 전이 행동을 유도할 수 있다.

영유아 행동의 변화를 기대한다면 우리는 행동이 발생하기 전 미

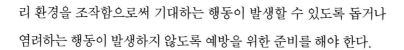

리 환경을 조작함으로써 기대하는 행동이 발생할 수 있도록 돕거나 염려하는 행동이 발생하지 않도록 예방을 위한 준비를 해야 한다.

② 대체행동 학습: 영유아의 행동에는 나름의 이유와 의미가 있다. 그리고 대부분의 문제행동들은 사회적으로 어떻게 표현해야 하는지 알지 못해 자신만의 방식으로 표현하다 스스로와 주변에 대한 어려움으로 발생한다. 따라서 영유아 행동의 이유(응용행동분석에서는 '기능'이라는 표현을 사용한다.)를 찾고 그 이유를 대신 담으면서도 사회적으로 용인될 수 있는 방법을 새롭게 알려 주어 해당 행동을 통해 표현할 수 있도록 도울 수 있다. 예를 들어, 구어 사용이 원활하지 못해 소리를 지르거나 옆사람을 때리는 것으로 자신의 요구를 표현하고 있다면, 말을 하지 않고도 상대에게 전달할 수 있는 방법을 찾아야 한다.

가장 많이 사용되는 방법으로는 '그림 카드' 이용이 있다. 자신의 필요를 담은 사진이나 그림이 있는 카드를 전달함으로써 상대에게 원하는 바를 전달하는 것이다. 대표적인 방법으로 'PECS(Picture Exchange Communication System)'가 있다. 물론 영유아의 장애 정도에 따라 그림 카드를 사용하는 방법 자체를 배우는 것에 오랜 시간과 단계가 필요하기도 하지만, 구어를 사용하지 않고도 상대와 소통함으로써 궁극적으로는 의사소통의 의미를 알 수 있는 효과적인 방법이다.

👉 그림 카드로 소통하다가 더 말하기를 싫어하면 어쩌지요?

그림 카드로 소통하다가 더 말을 하지 않으려고 하면 어쩌나라며 염려하는 분들이 있다. 그러나 이는 발달장애 영유아들의 구어 사용에 대한 오해에서 시작된 걱정이다. 그림 카드를 통한 의사소통은 상대와의 근본적인 소통의 개념을 경험하게 한다. 발달장애 영유아는 내가 표현하고 상대가 반응한다는 것에 대해 경험하며 구어 사용에 대한 기능도 알게 된다. 말을 하게 되면 더 이상 그림 카드를 찾지 않는다. 당장 내가 말하는 것이 더 빠르고 편리하기 때문이다. 굳이 그림 카드를 찾고 떼어 내미는 번거로운 과정을 거치지 않는다. 영유아가 여전히 그림 카드를 찾고 있다면 이는 구어 사용이 아직까지 더 어렵고 잘 모른다는 것을 의미한다.

③ **후속강화 제공:** 선행적으로 환경을 조작하고 훌륭한 대체행동을 학습하였다 하여도, 아이들의 행동 이후 수반되는 결과가 즉각적이지 않다면 행동은 안정적으로 형성되거나 증가하기 어렵다.

행동은 이후 경험되는 결과에 의해 증가할 수도 있고 감소할 수도 있다. 잠시 우리 자신의 행동 경험에 대해 생각해 보자. 예를 들어, 어릴 적 나의 글씨를 보고 누군가 글씨체가 예쁘다며 칭찬을 했고 그 뒤 더욱 노력해 정교한 글씨체를 갖게 되었다거나, 반면 용기를 내어 영어 회화 학원에 등록했는데, 내가 말하는 순간 누군가 발음이 이상하다며 비웃어 그 뒤로 더 이상 그 학원에 갈 수 없었다는 등 우리의 행동들도 행동 이후 경험한 결과에 의해 증가하거나 감소되어 오늘의 행동이 형성되었음을 알 수 있다. 이렇듯 영유아의 행동에 대해서 주변이 제공하는 반응은 영유아의 이후 행동에 큰 영향을 준다.

따라서 영유아에게 기대하는 행동이 발생했을 때, 이 순간을 놓치지 않고 즉각적으로(응용행동분석에서는 행동 형성 초반에는 0.5초 이내로 빠르게 반응하는 것이 행동 유관 형성에 효과적이라 한다.) 칭찬했을 때, 그 행동은 강화를 경험하기 시작한다. 그러나 이 또한 한두 번만으로 형성되는 것은 아니다. 행동이 안정적으로 표현될 때까지 꾸준한 관심과 개입이 필요하다. 안정적으로 형성된 이후에도 간헐적인 강화를 제공하는 것이 궁극적인 행동 형성에 필요하다.

☞ 칭찬, 장애영유아에게 가장 좋은 강화 방법!

하지 않던 행동을 하거나, 적게 하던 행동을 자주 하는 것을 '강화'라고 한다. 그 행동이 바람직한 행동이든 아니든 행동이 증가하였다면 모두 강화된 것이다. 우리는 영유아에게 바람직한 행동을 기대한다. 그러나 현재 그 행동을 하지 않거나 너무 적게 하고 있어서 적절한 모습이 확인되고 있지 않다면, 행동을 강화하는 방법이 필요하다. 무엇으로 행동을 강화할 수 있을까? 답은 '무엇이든'이다.

장애영유아가 좋아하거나 관심을 보이는 것은 모두 강화물이 될 수 있다. 예를 들어 작은 젤리, 사탕 같은 먹을 것으로부터 반짝거리는 스티커, 토큰, 비눗방울, 풍선 불기, 간지럼 태우기, 안고 돌려주기, 만화영화 보기, 컴퓨터 게임하기, 빈백에 누워 휴식하기 등이 있다. 어떤 영유아는 빨대 조각이나 물티슈 캡, 믹스커피 봉지를 정말 좋아해서 이런 것도 강화물로 사용한 적이 있다.

별로 좋아하는 것이 없어 보인다면, 다양한 사물을 제시해 보고 또 영유아를 관찰하며 강화물로써의 역할이 가능한 것들을 찾는 노력이 필요하다.

하지만 무엇보다 영유아 시기에 가장 좋은 강화 방법은 '칭찬'이다. 영유아가 기대하는 행동을 했을 때 즉각적으로 칭찬하는 것이 효과적이다.

이때 칭찬은 구체적이어야 한다. '와! 신발을 바르게 정리했구나! 정말 멋진데?'처럼 무엇 때문에 칭찬을 받는지 언급할 때 영유아는 자신의 행동을 인식하며 다시 반복하고자 하는 동기를 갖게 된다.

하지만 칭찬 표현이 너무 장황해지는 것은 지양해야 한다. 간결하고 구체적인 칭찬이 필요하다. 이때 가벼운 스킨십(예: 머리 쓰다듬기, 하이파이브 등)을 동반한다면 효과를 배가 시킬 수 있다. 밝고 긍정적으로 표현하며 때로는 공개적인 칭찬(예: 또래나 타인 앞에서)도 병행하는 것이 바람직하다.

칭찬은 부분적으로도 할 수 있다. 정리 정돈을 거부하던 영유아가 여전히 안정적인 정리 행동을 보이지는 않지만 작은 놀잇감 하나를 바구니에 넣었다면, 이는 분명 칭찬받을 만한 행동이다. 이렇게 부분적인 행동에 대해 칭찬하며 궁극적으로 기대하는 행동까지 확장을 진행할 수 있다.

이때 유의할 점은 강화 방법이란 반드시 행동 이후 수반되어야 한다는 것이다. 간혹 영유아의 행동을 기대한다면서 아이 앞에서 과자 봉지를 보이며 '너 그거 하면 이거 먹을 수 있어.'라든가 '손 씻고 와야 칭찬해 줄 거야.' 식의 표현은 강화 방법이 아닌 행동에 대한 뇌물 혹은 협

박이 될 수 있다.

영유아교사는 궁극적으로 별도의 강화 개입 없이도 영유아가 바람직한 행동을 독립적으로 할 수 있기를 기대한다. 행동 이후 제공하는 강화 방법들은 영유아로 하여금 방금 한 행동에 대해 인식하게 한다. 하지만 행동 전에 뇌물처럼 사용하는 방법은 행동이 아닌 그 먹을 것이나 대상자에 주목하게 한다. 결국 뇌물이 제공되지 않은 상황에서는 더욱 행동을 하지 않거나 행동 본연의 방법을 배우는 것이 어려울 수 있다.

④ 행동 기능: 응용행동분석 분야에서는 많은 행동의 이유(이후로는 기능이라고 표현함.)를 크게 5가지 정도로 나눠 볼 수 있다고 설명한다.

원하는 것을 얻기 위해 행동을 반복하는 '요구 기능', 하기 싫은 것을 지연 또는 피하기 위한 '회피 기능', 사람의 관심을 얻음으로 인해 반복하는 '관심 끌기 기능', 스스로 자극 행동을 통해 강화를 생성하는 '자극추구 기능' 그리고 적지 않게 발달장애인들에게서 관찰되는 '강박(규칙) 및 통제기능'이 그것이다.

해당 기능은 여러 평가를 통해서도 확인하지만 영유아 행동에 대한 꾸준한 관찰로도 짐작해 볼 수 있다. 목표 행동 전에는 어떤 일이 있었는지 그리고 그 행동 직후에는 어떤 결과가 있었는지를 일관되게 관찰하고 기록함으로써 행동의 기능을 파악한다(5장의 ABC 관찰 기록지를 참고할 수 있다).

> ☞ ABC 관찰
>
> A(Antecedent event, 선행사건), B(Behavior, 행동), C (Consequence, 결과)에 따라 영유아의 행동을 직접적이고 연속적으로 관찰할 때 사용할 수 있는 관찰 기록법이다. 문제행동의 정보를 얻을 수 있고 행동에 영향을 미치는 요인을 찾을 수 있다('ABC 관찰 기록지'는 5장에 소개되어 있다).

한 가지 행동에 여러 기능들이 함께 있을 수 있다. 예를 들어, 처음에는 그저 자극추구 기능으로 발생한 행동이 하다 보니 과제 상황에서 배제됨으로써 '아! 이 행동을 하면 어려운 과제를 안 할 수 있구나!'를 학습하게 되며 '회피 기능'이 더해질 수 있고, 해당 행동을 하다 보면 어른들이 다가와서 말을 걸거나 주의를 주기도 하는 것을 경험하며 '관심 끌기' 기능이 더해질 수도 있다. 하지만 이 중에서도 주가 되는 기능을 확인하는 것이 필요하다.

여러 기능에 따라 영유아교사는 다른 환경 조작 및 대체 행동 학습 그리고 후속 결과를 제공해야 한다. 똑같은 행동도 영유아에 따라 기능이 다를 수 있으며 기능에 따라 행동에 대한 대처 방법 또한 달라진다. 예를 들어, 여기 두 명의 영유아가 있다. 두 명 모두 바닥에 누워 발버둥치며 우는 행동을 했다. 그런데 한 명은 점심식사 시간 중 브로콜리를 먹으라고 지시했을 때 울었고, 다른 한 명은 교실 놀이 시간 중 선생님이 자신이 아닌 같은 반 또래를 살필 때 울었다. 그리고 이후 후속결과를 살펴보았더니 브로콜리를 먹으라고 했을 때 우는 경우, 생각하는 의자에 앉아 반성하는 시간을 갖고 있고, 교

실 놀이시간 중 울 때는 선생님이 즉각적으로 다가와서 무슨 일이
있는 것인지를 살피고 있다.

두 행동의 기능은 각각 무엇일까? 브로콜리 영유아는 자신이 먹기
싫은 것이 있을 때 울면 식사 시간이 지연되면서 잠시 해당 상황에
서 배제된다는 것을 학습하고 있다. 즉, 회피 기능으로서 바닥에 누
워 우는 행동을 보인 것이다. 교실 놀이 상황에서의 영유아는 자신
이 울면 선생님이 바로 다가와서 관심을 준다는 것을 알게 되었다.
관심 끌기 기능으로서 우는 행동이 지속된 것이다. 이처럼 같아 보
이는 행동이지만 안에 담긴 기능은 서로 다르다.

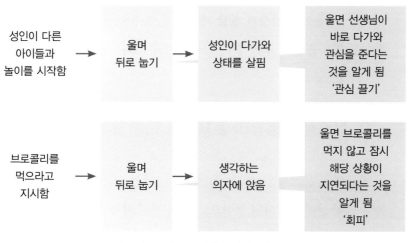

[그림 4-2] 같은 행동 다른 기능

이런 경우 지도 방법 또한 달라져야 한다. 회피 기능으로서 행동
이 반복되고 있다면 일단 회피하지 않아도 되게끔 사전 지시를 변경
할 수 있다. 예를 들어, 브로콜리를 꼭 먹지 않고 탐색(냄새 맡기 또는

만져 보기 등) 활동으로 대체해서 제시하거나(아직 불편감이 심한 경우 브로콜리를 당분간 제공하지 않는 것도 방법이 될 수 있다.) 아주 조금만 먹기를 시작해 볼 수 있다. 그렇게 영유아 수준에 맞게 조정했음에도 영유아가 회피 행동을 보인다면 이후에는 일관된 재지시로 독려할 수 있다(이때 화를 내거나 윽박질러서는 안된다).

또한 관심 끌기 기능으로 울기 행동을 보이고 있다면 일단 울지 않고 잘 놀고 있을 때 충분한 관심을 주어야 한다. 그 후 울기행동을 할 때는 오히려 울지 않고 잘 노는 다른 영유아와 더욱 긍정적인 상호작용 모습을 보여 주며 기대하는 행동이 무엇인지에 대해 정확하게 전달해야 한다. 말처럼 쉽지도 하루아침에 이루어지는 과정도 아니지만, 영유아의 성장과 발달 과정에 분명 유익이 되고 세상과 소통하는 방법을 알려 주는 좋은 도구가 될 수 있다.

2. 발달장애 영유아 문제행동 다루기

최근에는 '문제행동'이라는 용어가 비장애인 또는 성인 중심의 일방적인 관점에서 정의된 것이므로, '도전적인 행동' '어려운 행동' 등 대체 표현을 사용하자는 견해가 있으나, 아직은 '문제행동'이라는 표현이 일반적으로 사용되고 있다.

> ☞ 장애영역 내에서는 지속적으로 강도 높게 확인되는 자타해 행동은 별도의 전문적인 개입과 함께 '위기행동(Crisis Behavior)'이라는 용어로 구분하여 사용하기도 한다.

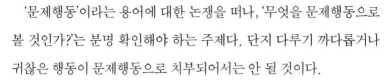

'문제행동'이라는 용어에 대한 논쟁을 떠나, '무엇을 문제행동으로 볼 것인가?'는 분명 확인해야 하는 주제다. 단지 다루기 까다롭거나 귀찮은 행동이 문제행동으로 치부되어서는 안 될 것이다.

'문제행동'에는 할 줄 아는 것 같은데 잘 안해서 염려가 되는 행동, 행동 자체는 문제가 없지만 다만 너무 과하게 표현되는 행동, 자신과 타인에 대한 공격과 같은 반사회적 및 비도덕적 행동, 비변별적인 행동(예: 조용히 해야 하는 공연장에서 쉬지 않고 떠들기), 또는 그 연령에서 확인되어야 하는 행동이 나타나지 않는 결손 행동(예: 눈 맞춤 결여, 이름 불렀을 때 대답하기 등) 같은 것들이 있다. 이는 또한 불안, 우울, 정서적 반응성, 신체적 불편, 위축과 같은 내재화 행동과 공격성, 주의집중문제 같은 겉으로 드러나 확인되는 외현화 행동으로 구분할 수도 있다.

결론적으로 '문제행동'이란 영유아가 현재 있는 환경에서 함께 생활하는 비슷한 연령의 또래들이 보이는 전형적인 행동과는 다른, 타인에게 부정적인 영향을 주거나 자신의 발달에도 저해 염려가 있는 행동이라고 정의할 수 있다.

(1) 문제행동의 기준은 반드시 '발달'이 되어야 한다

예를 들어, 영아들이 보이는 사물을 입에 넣는 탐색행동이나 만 2~3세 유아의 떼쓰기 행동은 해당 시점에서의 정상발달 과정으로서 문제행동이라고 할 수 없다. 그러나 언급된 행동들이 시간이 지나도 오래 지속된다면 문제행동으로 여겨질 수 있다. 만약 발달과정에서의 자연스러운 행동들이 문제행동으로 쉽게 낙인찍히고 강도

높은 중재 개입으로 강조될 경우, 치료든 교육이든 이는 오히려 영
유아 성장에 저해 요인이 될 수 있다.

같은 맥락에서 발달장애 영유아들의 경우 생물학적 연령과 발달연
령을 구분하여 살피는 것이 필요하다. 영유아교사는 영유아의 발달
연령 기준을 통해 지금 보이는 행동의 발달적 시점과 의미를 살피
고, 이후 학습해야 하는 내용과 행동을 결정할 수 있어야 한다. 예
를 들어, 생물학적 연령, 즉 생활 연령이 6세여도 발달연령이 24개
월 정도로 보고되었다면 해당 영유아에게 소근육 발달을 위한 곡선
가위질을 목표로 설정하는 것은 적합하지 않은 어려운 과제가 될 수
있다. 우선 개입은 대근육 사용(예: 뜀뛰기 등)이 될 것이며 소근육 사
용을 위해서 점토 등을 이용한 주무르기, 누르기, 찍기 활동부터 시
작해야 할 것이다. 따라서 영유아교사들은 '현재 발달연령을 바탕으
로 했을 때, 영유아의 지금 이 행동은 자연스러운가?' '배워야 하는 다
음 발달단계의 행동에는 무엇이 있는가?' 등을 고민하며 영유아의 행
동을 관찰하고 평가하여야 한다.

더불어 사회 구성원으로서 다른 사람과 함께 살아가는 것에 있어
서 지금 영유아의 행동이 지니는 의미가 무엇인가가 문제행동을 결
정하는 것에 중요한 방향이 된다.

자해 또는 타해 행동은 분명 즉시 개입해야 하는 문제행동이다. 이
는 장애인이든 비장애인이든 사회 안에서 구성원으로서 살아가는
것에 심각하게 해가 되는 행동이다.

하지만 한 자폐 영유아가 상동행동(뚜렷한 사회적 의미를 가지지 않
는 행동을 반복적으로 되풀이하는 신체 움직임으로서 주로 자폐인에게서

관찰되는 행동)으로서 자유 놀이 시간 교실 한 구석에서 무언가에 집중하며 제자리 뜀뛰기를 하고 있다면 이 행동이 일반적인 발달과정에서 흔히 볼 수 없는 행동이라고 해서 문제행동으로 볼 것인가에 대해서는 고민이 필요하다. 물론 해당 행동에 대한 몰입 정도가 너무 커서 학습을 거부하고 다른 발달의 잠재적인 저해 요소로 관찰되고 있다면야 개입이 필요하겠지만 아이 나름 잠시의 자유시간을 이용해 스스로 긴장을 풀고 즐기는 시간으로 사용하고 있다면 우리는 해당 행동을 어느 정도는 존중해야 할 것이다(때로는 구분해 개입할 수 있다. 예를 들어, 학습시간에는 상동행동을 멈추기를 지도하고 놀이시간에는 공식적인 허용 시간 또는 공간을 마련하는 것이다).

장애 또는 발달지연이 있더라도 문제행동의 이유와 표현 형태의 시작은 일반 영유아들과 크게 다르지 않다. 다만, 감각정보처리 이상과 언어발달지연 등의 이유로 일반적인 경우에 비해 강도나 빈도가 더 세거나 높을 수 있고 성인의 지도를 전달하는 방식에도 별도의 방법이 필요할 수 있다.

또한 전형적인 발달을 보이는 일반 영유아들은 사회화 과정에서 타인의 눈치를 보고 상황을 파악하며 스스로를 조절하고 행동을 수정하지만, 발달장애가 있는 영유아의 경우 사회적 상황에 의한 자기조절이 어려워 자신의 행동 이후 달라지는 환경변화들로 인해 문제행동이 줄어들지 않고 강화될 수 있다.

따라서 행동의 이유에 따라 바른 대체 행동을 알려 주고 문제행동이 발생했을 때에는 그 행동으로 원하는 것을 얻기 어렵다는 것을 알려 주어야 한다.

(2) 이해가 부족할 때 완력을 사용하게 된다

경험이 부족한 영유아교사는 돌발적인 발달장애 영유아의 행동을 더욱 낯설어하고, 그 행동이 안전사고로 이어질 것을 염려하기 때문에, 여유를 갖고 장애영유아를 바라 볼 여력이 없다.

이로 인해 발달장애 영유아와 이동할 때, 손이 아닌 손목을 꽉 쥐고, 한꺼번에 여러 아이들을 살펴야 하는데 혹시 아이가 갑자기 달려 나갈까 불안해한다. 그런데 어떤 경우 장애영유아는 살며시 자신의 손목을 빼내어 교사의 손을 제대로 잡는 행동을 하기도 한다.

정말 위급한 상황이 아닌 이상, 영유아의 손목을 잡지 않는 것, 이것은 작은 행위이지만 영유아를 향한 이해와 존중의 표시가 될 수 있다.

영유아에 대한 이해가 부족할수록 영유아교사는 자신도 모르게 목소리를 높이거나 힘을 쓰게 된다. 하지만 안전과 관련한 시급한 상황을 제외하고 가급적 영유아와의 상황에서 완력 사용은 경계하고 지양해야 한다.

영유아교사는 영유아보다 큰 힘을 가지고 있다. 따라서 영유아의 입장에서 자신이 어쩔 수 없는 일방적인 위력을 경험하며 지시에 순응하는 것을 배운다면, 예를 들어 무섭게 말하거나 억지로 잡아 끄는 사람의 말을 잘 듣는다면, 잠시 효과적인 개입처럼 보여도 장기적으로는 더 큰 부작용을 낳는 결과일 수 있다. 필요 이상의 불안 또는 분노 정서를 경험하거나, 모방 효과로서 성인에게 배운 완력 사용을 또래나 타인에게 표현하기, 더 큰 완력이 개입하지 않는다면 순응하지 않는 행동대비 효과 등의 모습으로 말이다.

이전에 교육 현장에서 만났던 한 아버지는 자녀가 자신의 말은 아주 잘 듣는다고 자랑스럽게 말하면서, 교사에게도 좀 엄하게 대해 달라 부탁(?)하였다. 그런데 안타깝게도 그 영유아는 작은 일에도 쉽게 짜증을 내고, 주변 사람들을 때리는 이중 행동을 보이고 있었다.

시간이 흐를수록 영유아는 성장하며 힘이 세지고, 반대로 성인은 힘이 약해지는 시점이 오게 된다. 만약 이 시점까지도 완력 사용 없이 안정적으로 사회에 참여하는 것을 배우지 못한 채 성장한다면, 우리 사회는 더 이상 돌이킬 수 없는 결과를 마주하게 될지도 모른다.

지금부터는 영유아교육현장에서 만날 수 있는 발달장애 영유아들의 문제행동에 대한 이해와 구체적인 대응 방안을 살펴보게 될 것이다.

아무리 훌륭한 이론과 방법이 있다 하더라도 결국 영유아에 대한 믿음과 존중을 바탕으로 세심하게 관찰하고, 하나하나 직접 적용하는 노력이 필요하다.

영유아교사가 먼저 진실하고 정직하게 영유아에게 다가갈 때, 교육 현장에서 만나는 발달장애 영유아들은 분명 자신의 세상을 열고, 함께 살아갈 동력을 얻게 될 것이다.

1) 자리 이탈이 빈번한 영유아

'잠시도 자리에 가만히 앉아 있지 않아요.'

대그룹 시간 유독 움직임이 많거나 틈만 나면 의자에서 이탈하는 영유아들이 있다. 머릿속에 오늘의 수업 흐름을 담고 어떻게든 아이들의 반응을 읽으며 수업을 진행하는 교사 입장에서는 이런 영유아가 학급에 있으면 착석 지도를 하다 시간이 다 가 버리고 만다. '내가 대체 무엇을 했나?'라는 자괴감과 정신이 하나도 없는 듯한 번잡함에 큰 어려움을 경험할 수 있다. 이런 영유아를 어떻게 도울 수 있을까?

발달장애 영유아가 자리 이탈이 빈번한 이유

● 감각 조절이 어려운 경우

발달장애가 의심되는 혹은 진단받은 영유아들에게는 감각통합(Sensory intergration) 및 조절과 관련한 어려움이 있다. 감각통합 영역에서는 환경으로부터의 외부 감각과 영유아 몸 안의 내부 감각이 서로 받아들이고, 조직화하여 반응함으로 자신이 속한 환경을 이해하고 설명한다. 이때 몸 안의 내부 감각으로서 '전정감각'과 '고유수용성 감각'이라는 비장애인들에게는 조금 생소한 개념의 감각을 강조한다. 이는 자신의 근육의 위치와 움직임을 민감하게 인지하고 조절하는 감각을 말한다. 시각, 청각의 정보 등 외부로부터의 자극을 입력한 후 전정 및 고유수용성 감각과의 통합 과정을 거쳐 '아! 지금은 모두 모여 집중해야 하는 시간이구나!' 식의 환경을 이해하며 이후 '자리에 앉아서 착석을 유지해야겠다.'는 적응행동으로 이어져야 하는데 발달장애가 있는 영유아들은 이 통합 과정이 어려울 수 있다.

• 주의 집중이 어려운 경우

주의 집중이 어려운 이유는 신경학적·양육환경적·정서적 요인 등 다양하다. 그중 장애영유아들의 경우에는 뇌신경학적 요인이 주가 된다. 뇌에서는 주의 집중에 관여하는 신경전달물질이 분비되고 있다. 그러나 해당 신경전달물질의 분비량이 적거나 제대로 주의 집중에 기능하는 곳으로 분비되지 못한다면 주의 집중에 어려움을 경험할 수 있다. 신경발달장애가 보고된 영유아들의 상당수는 뇌 형질 이상과 더불어 이와 같은 신경학적 어려움이 있다. 유독 약한 부분을 치료제나 보조도구 등으로 도움을 받듯, 주의 집중이 어려운 영유아들 또한 주의 집중에 도움이 되는 환경 구성이 필요하다(때로는 전문의의 진단과 함께 약물치료가 병행되어야 한다).

• 내용 이해가 어려운 경우

발달장애 영유아들의 대부분은 '언어발달'에 지연 또는 장애가 있다. 이와 같은 영유아의 입장을 이해하기 위해, 영어가 익숙하지 않은 한국인이 영어로 진행되는 많은 인원이 참여하는 대학 수업에 참여한다면 어떨지 떠올려 보면 어떨까? 아무리 집중하려 해도 이해가 어려우니 자연스럽게 다른 생각이 들고 사람들의 반응만 살피다 강의실 구석구석만 쳐다보게 된다. 성인들이야 그럼에도 다른 사람들의 눈치를 보고 이 수업 시간이 끝나기를 지루해도 버텨 보겠지만 영유아들에게는 재미도 없고 이해도 어려운 상황에서, 무조건 가만히 앉아서 기다리는 것은 매우 어려운 일일 수 있다.

자리 이탈이 빈번한 발달장애 영유아를 위한 교육적 대응 방안

- 감각조절의 어려움이 있는 경우, 의자 다리에 운동밴드 같은 탄성이 있는 줄을 묶어 놓고 그 위에 영유아가 발을 올려놓고 가볍게 움직인다든가, 의자 대신 짐볼 위에 앉기, 에어방석 등을 이용해 가벼운 움직임을 발생하는 것을 통한 착석 유지 방법을 활용할 수 있다.

- 영유아가 착석을 유지하며 진행되는 활동에 집중할 수 있도록 영유아 시야에 들어오는 주변 환경 등을 정리해 주는 것도 도움이 된다. 예를 들어, 앉아 있는 영유아 정면 또는 측면에 놀잇감들이 있는 교구장이 보인다면, 해당 놀잇감에 접근하고자 자리를 이탈할 수 있다. 따라서 교구장을 돌려놓거나 천 등을 이용해 잠시 가려 두는 것도 해결 방법이 될 수 있다.

- 당일 진행 내용을 사진 또는 그림 등으로 구성한 영유아만의 '안내서'를 만들어 준다. 말로만 전달되는 청각정보는 빠르게 지나가 기억을 유지하기 어려운 자극이다. 이를 시각적으로 표현한다면 정보에 주의를 기울이고 인식하는 것에 도움을 받을 수 있다. 주제와 관련한 사진을 이름과 함께 분명하게 제시하고 순서에 따라 포인트되는 내용들을 함께 구성하여 손으로 짚어가며 현재 무엇이 진행되고 있는지를 알려 준다면 많은 영유아들이 착석을 유지하며 참여하는 것에 도움이 될 수 있다.

- 간혹 진행 중인 과제 혹은 활동에 대한 이해가 어렵고 흥미도 낮

은데 주변 사람들이 보여 주는 반응이 영유아에게 동기가 될 때가 있다. 다시 말해, 자신이 일어나면 누군가가 다가와 앉아야 한다고 말도 해 주고 등도 쓰다듬어 주고 손을 잡아 주는 등의 스킨십도 제공해 주는 것이 어려운 과제 상황에 있는 것보다 더 큰 즐거움이 되는 것이다. 이로 인해 영유아는 주의 집중이 어렵거나 지루하게 느껴질 때, 자리에서 일어남으로써 다른 사람들의 반응을 구하는 행동을 보일 수 있다. 이를 '관심 끌기' 기능행동이라고도 한다. 이럴 경우 영유아가 '착석을 유지하고 있을 때' 가벼운 스킨십 등을 함께 제공(예: 머리 쓰다듬기, 등 토닥이기 등)하며 작은 목소리로 칭찬(예: 우와! 멋지게 앉아 있다.)을 한다면 착석 행동 자체를 강화할 수 있다. 하지만 일단 탈석이 발생한 이후에는 언급이나 관심을 제공하는 것은 하지 말아야 한다.

• 착석 시간을 늘리는 교육을 하고 싶다면, 착석 행동을 형성하기 위해 평균적으로 유지 가능한 착석 시간을 살펴볼 필요가 있다. 스톱워치 같은 타이머를 이용해 영유아가 앉는 순간부터 일어날 때까지 시간의 양을 기록해 본다. 그리고 앉아 있는 시간의 총 양을 관찰한 횟수로 나눠 평균 시간을 확인한다(예: 7초, 5초, 9초, 10초, 3초 → 34초/5회=6.8초). 확인된 평균시간 직전에 영유아에게 잘 앉아 있었다고 칭찬하며 일어나도 된다 허용해 주는 방법을 사용한다. 해당 방법을 시작으로 조금씩 시간을 늘려 가며 착석 유지 시간을 증가시킬 수 있다.

하지만 교사 한 명 혹은 두 명이 많은 영유아를 지도해야 하는 교실 환경에서는 언급한 타이머를 가지고 진행하는 교육은 어려울 수 있다. 이런 경우 특정 활동 중 탈석의 횟수(빈도)를 관찰한 후 활동 전체 시간에 횟수로 나누어 대략의 평균 시간을 확인할 수 있다. 예를 들어, 이야기나누기 시간을 시작하며 미리 교사가 주머니에 작은 계수기를 넣고 있다가, 영유아가 탈석할 때마다 주머니에 손을 넣고 계수기를 조작한다. 그리고 활동이 끝난 후 전체 진행 시간을 계수기의 빈도수로 나누어 평균 시간을 확인해 본다.

대략의 착석 유지 시간이 확인되었다면 교사는 평균 시간 즈음 영유아의 착석 상태를 칭찬하며 자연스럽게 탈석 기회를 줄 수도 있다(예: 와, 지훈이가 정말 멋지게 앉아 있네. 지훈아, 선생님한테 저기 교실 뒤에 있는 색연필을 갖다 줄래?). 이런 방법은 또래 사이에서 불필요한 낙인이 생기지 않도록 관리하면서도, 영유아 행동에 의미 있는 강화 접근이 될 수 있다.

2) 물건을 던지는 영유아

> 오늘도 재희는 자유 놀이 시간 놀이는 하지 않고 놀잇감들을 던지기 시작한다. 교사가 그때마다 안 된다고 알려 주고 친구들이 다칠 수도 있다, 물건을 소중하게 해야 한다 설명해 주지만 별로 소용이 없는 것 같다. 세민이는 색종이 접기 시간 책상 위에 있는 색종이 또는 근처에 있는 가위까지 모두 들어 책상 아래로 던져 버린다. 이때마다 교사는 세민이와 함께 던진 물건들을 직접 치우며 교육적으로 접근해 보려 하지만 세민이의 행동에는 큰 변화가 없는 것 같다.

발달지연 또는 장애가 있는 영유아들이 물건을 던지는 이유

- 놀이기술 발달의 지연: 영유아들의 놀이는 현재 영유아의 발달 정도를 그대로 담고 있다. 운동기능, 언어, 사회성, 인지 발달에 따라 아이들의 놀이 형태도 변형 · 확장된다. 하지만 발달장애, 특히 자폐성 장애가 확인된 영유아들에게 놀이는 매우 어려운 주제다. 자발적 탐색 및 개시 행동 자체가 현저히 적은 발달장애 영유아들에게는 자유 놀이 시간이 가장 어려운 시간이 될 수 있다. 어떻게 놀아야 하는지 모르기 때문이다. 무엇을 하고 놀아야 하는지를 모르는 영유아는 놀잇감을 무분별하게 던질 수 있다.

- 올바른 변별학습의 부재: 무언가를 던진다는 행위 자체가 잘못되었다기보다는, 무엇을 어디서 던지느냐의 변별의 개념으로 접근해야 할 때가 있다. 운동장 또는 유희실에서 던지는 공은 즐거운 놀이가 될 수 있다. 하지만 교실에서 또래들이 저마다 놀이를 진행하고 있는데 무겁거나 딱딱한, 혹은 깨지기 쉬운 놀잇감을 던진다면 위험한 상황이 발생할 수 있다. 발달장애 영유아에게 해당 상황을 변별할 수 있도록 돕는 교육이나 훈련이 부족했다면 영유아는 놀이처럼 어디서든 물건을 던질 수도 있다.

- 주변으로부터 관심을 받기 위해: 딱히 할 것이 없어 무심코 근처에 있는, 손에 잡히는 물건을 던졌는데 놀란 성인들이 다른 일을 하다가도 달려오는 상황이 발생했다면, 영유아 입장에서는 자신한테 무심해 보이는 주변의 반응을 얻기 위해 해당 행동을 반복할 수 있다.

- 어려운 과제를 회피하기 위해: 발달장애 영유아들에게 있어 언어 이해도 어렵지만, 소근육 발달과 관련해서도 지연 특성이 보고되고 있다. 따라서 일반적으로 영유아들이 즐겁게 참여하는 만들기 등의 미술 활동 시간도 장애영유아들에게는 피하고 싶은 어려운 시간일 수 있다. 앞선 예시의 세민이도 가위질 과제가 어려워서 보이는 '과제회피기능'의 행동으로 짐작된다. 이렇듯 장애영유아는 어렵게 여겨지는 활동에 대한 참여를 거부하며 제시된 과제물을 던질 수 있다.

물건을 던지는 발달장애 영유아를 위한 교육적 대응 방안

- 장기적으로는 궁극적인 놀이기술 학습이 필요하다. 일단 영유아가 관심을 보이고 간단하게 할 수 있는 놀잇감(예: 팝업 놀잇감, 슬링키 등)을 제공하고 교사의 도움을 받아 조작법을 경험한 후 영유아가 스스로 이용할 때마다 적극적으로 칭찬을 하며 조금씩 놀잇감과 놀이 방법을 늘려 가도록 한다.
- 던질 수 있는 물건과 던질 수 없는 물건을 구분하여 던질 수 있는 놀잇감 및 영역을 제한해 주는 것이 효과적일 수 있다. 이때 영유아 중 간혹 '안 돼.'라는 표현을 자신의 행동에 대한 제지가 아니라 마치 자신이 거부당한 것으로 인식하는 경우도 있다. 따라서 '던지면 안 돼.' 보다는 '이것을 여기서 던질 수 있어.'라는 긍정적인 언어 표현과 함께 대체물을 제공하는 것이 필요하다. 영유아가 이해할 수 있는 시각자료 등을 이용하여 평소 적극적으로 교육하고 잘 보이는 곳에 게시하며 인식할 수 있도록 도

와야 한다(예: 놀이시간 전에는 항상 해당 약속 그림을 보며 짚어 주기). 그리고 약속대로 바람직한 행동이 발생했을 때에는 즉시 강력하게 칭찬을 제공해야 한다. 반면, 제지된 행동을 했을 때에는 바로 해당 물건을 회수하여 접근을 제한해야 한다.

• 주변의 관심을 얻기 위해 물건을 던지고 있다면, 우선은 물건을 던지지 않을 때 적극적으로 관심을 주고 곁에 머물러야 한다. 그리고 물건을 던질 때에는 즉시 영유아 곁으로부터 이동해 다른 일에 관심을 보이며 전략적으로 영유아의 부적절한 행동에 대해서는 관심을 보이지 않는 방법을 사용한다. 또한 평소 상대에게 관심을 요구하는 사회적으로 용인된 방법(예: 선생님 부르기, 선생님 손을 잡고 끌기, '같이 놀아요' 그림 카드를 떼어와 내밀기 등)을 학습하는 것이 필요하다.

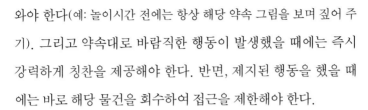

👉 일시적인 '소거폭발'

관심 끌기 기능이 큰 영유아에게 문제행동이 발생했을 때 전략적으로 관심을 주지 않는 방법을 사용했을 경우, 초반에는 영유아의 문제행동이 심해지는 것처럼 보일 수 있다. 이것을 소거폭발(extinction burst)이라고 한다. 예를 들어, 동전을 넣고 버튼을 누르면 언제나 음료수가 나오던 자판기에 어느 날 동전을 넣고 버튼을 눌렀음에도 음료수가 나오지 않는다면 사람들은 어떻게 할까? 상당수의 사람들이 즉각적으로 자판기를 주먹으로 치거나 과격한 행동을 보일 것이다.

소거폭발이란 이와 같이 자신의 행동 뒤에 익숙하게 주어지던 결과가 갑자기 중단되면 중단 초기 일시적으로 문제행동이 과격해지는 것을 말한다. 영유아도 처음에는 울기 행동만 보였지만, 주변이 무관심할 경우 강도 높게 소리 지르기, 주변의 물건 던지기 등의 행동까지 나타낼 수 있다. 영유아교사는 이런 현상이 있을 수 있다는 것을 미리 예상하고 소거폭발 중에도 위험하지 않도록 환경이나 상황을 정리할 필요가 있다.

또한 우리의 목적은 영유아에게 관심을 받기 위해 할 수 있는 적절한 행동을 가르치는 것에 있다는 것을 분명하게 기억하며 어떤 행동을 했을 때 관심을 줄 것인가를 명확하게 해야 한다. 즉, 소거폭발은 영유아의 행동이 더 나빠지는 것을 의미하는 것이 아님을 알고 영유아의 행동이 잠잠해질 때까지 평정심을 유지하며 기다리는 것이 필요하다.

- 과제가 어려워 회피하기 위해 물건을 던지고 있다면, 먼저는 과제 난이도를 조정해야 한다. 예를 들어, 소근육 발달의 어려움으로 종이 접기를 힘들어한다면, 거의 다 접은 종이를 제공해 마지막 단계만 도움을 받아 접기, 마지막 단계를 도움 없이 접기, 완성 전 두 단계 스스로 접기처럼 점진적으로 단계를 늘려 가며 종이 접기 행동을 학습할 수 있다. 과제 난이도를 충분히 조정했음에도 영유아가 회피를 목적으로 물건을 던졌을 때에는 해당 상황에 변화(예: 물건 주우러 이동하기 등)를 주지 않고 계속 과제에 참여하도록 일관된 지시가 필요할 수 있다.

3) 친구들을 꼬집는 영유아

오늘도 자유놀이 시간이 되면 은정 선생님은 남모르게 긴장한다. 경희가 근처에 있는 친구를 또 꼬집으면 어쩌나라는 걱정 때문이다. 그렇다고 무턱대고 경희를 친구들로부터 분리할 수도 없고…. 이럴 때는 어떻게 도와야 할까?

발달지연 또는 장애가 있는 영유아가 친구들을 꼬집는 이유

- 마음에 들지 않는 상황을 거부하기 위해서: 감각적 예민함이 있는 장애영유아들은 근처에 있는 또래가 갑자기 큰 소리를 내거나 또는 재채기를 하거나 아니면 울음 반응을 보였을 때 이에 대한 불편감을 표현하기 위해 해당 또래를 꼬집거나 때릴 수 있다.

- 원하는 것을 얻기 위해서: 놀이 중 자신에게 필요한 놀잇감이나 재료를 다른 또래가 가지고 있을 때 이를 요구하기 위한 방법으로 언어가 아닌 꼬집기 행동을 보일 수 있다.

- 영유아교사의 관심을 얻기 위해서: 딱히 무엇을 해야 할지 모르는 상황에서 성인들이 모두 다른 영유아들에게 관심을 보이거나 바빠 보일 때 또래를 꼬집으면 또래가 반응을 보이고 이에 따라 영유아교사도 하던 일을 멈추고 달려와 꼬집은 영유아에게 상호작용을 시도(훈계하거나 이유를 묻는 과정 또한 관심을 받는다 여길 수 있다.)하게 됨으로써 반복하는 행동일 수 있다.

친구들을 꼬집는 발달장애 영유아를 위한 교육적 대응 방안

- 대체 행동을 알려 주는 것이 필요하다. 평소 안정적일 때 그림
  이나 사진 또는 동영상 등으로 불편할 수 있는 상황(예: 누군가
  의 재채기, 영유아의 우는 모습 등)에서 할 수 있는 행동(예: 귀를 막
  는다, 자리를 피한다 등)이 있다는 것을 알려 줄 수 있다. 또한 해
  당 상황에 대한 설명(예: 깜짝이야! 놀랐네!, 친구가 슬프다는 뜻이
  래, 에취! 재채기를 했어 등)을 성인이 대신 해 주는 것만으로도
  영유아들은 수용하는 것이 가능할 때가 있다.

- 원하는 것을 얻기 위해 꼬집기 행동을 하고 있다면, 일단 꼬집기
  행동이 발생했을 때에는 원하는 것을 얻을 수 없어야 한다. 그리
  고 그 전에 요구하는 사회적 방법에 대한 학습이 필요하다. 그림
  카드 등을 이용해 또래에게 건네기 방법(예: '주세요' '빌려 줄래?'
  등)을 교사와 함께 연습하거나(이때 초반에는 그림 카드를 건네자
  마자 즉각적으로 원하는 것을 얻을 수 있어야 한다. 이런 반복 경험을
  통해 영유아는 그림 카드의 의미를 학습할 수 있다.) 제스처로 표현
  (예: 손을 내밀기, 가리키기 등)하는 방법을 알려 줄 수 있다.

- 성인의 관심을 얻기 위해 친구를 꼬집고 있다면, 대상 영유아가
  친구를 꼬집자마자 꼬집힌 상대 영유아에게만 관심을 보이며
  성인은 해당 영유아를 데리고 이동하는 것이 효과적일 수 있다
  (그러나 이 방법을 만약 친구가 내는 특정 소리가 불편해서 꼬집었는
  데 해당 영유아를 데리고 이동한다면 이는 꼬집기 행동을 더욱 강화
  하는 결과가 되니 주의해야 한다. 다시 말해, "선생님이 내가 친구를
  꼬집었더니 싫어하는 소리를 내는 친구를 데려가 주었네"라며 효과적

인 방법으로 이해하게 되는 것이다).

그리고 평소 꼬집기 행동이 없는 안정적일 때 적극적인 관심을 주어야 한다. 바쁜 교실 운영 속에서 쉽지는 않겠지만 선생님 만의 관심 주기 시간(예: 등원 맞이 상황에서, 자유 놀이 상황에서 3 회, 식사지도 할 때, 하원지도 할 때 등)을 정할 수 있다. 해당 시간 에 적극적이고 긴밀한 관심을 제공하고 문제 행동이 발생했을 때는 관심을 제공하지 않음으로서 영유아에게는 좀 더 분명하 게 관심을 받기 위해 어떻게 해야 하는지를 전달할 수 있다. 또 한 관심끌기 기능 역시 선생님의 관심을 끌기 위한 사회적 방 법(예: 선생님을 부르기, 다가와서 가볍게 치기, 그림 카드 전달 하기 등)을 학습할 필요가 있다.

4) 쉽게 짜증을 내는 영유아

지호의 짜증은 이유가 없어 보일 때가 많다. 분명 조금 전까지도 잘 놀고 있었는데 갑자기 울음을 터트리며 짜증을 낸다. 한번 짜증이 나면 진정하 기까지 시간이 오래 걸리기도 한다. 이럴 때는 어떻게 도울 수 있을까?

발달지연 또는 장애가 있는 영유아들이 짜증을 내는 이유

• 조절 능력의 발달 과정: 두 돌 즈음 정상발달 과정 중에도 영유 아의 자아개념이 형성되면서 독립적으로 시도하고자 하는 욕 구가 커지고, 이때 아직 여러모로 미성숙한 자신의 역량을 상황 에 따라 조절하는 것이 어려워 떼쓰기 또는 짜증 행동들이 두드

러지기도 한다. 다시 말해, 발달과정 중 해당 모습은 일정 부분 자연스러운 현상이라고 짚어볼 수 있다. 다만, 발달지연 또는 장애가 있는 영유아들의 경우 시기상 늦게 보이기도 하고 생활환경 내 다른 요인들과 함께 이차적 행동 기능이 형성되어 공존할 수 있다.

- 주변 환경 자극의 변화: 예상하지 못한 다양한 자극들이 갑자기 노출되면 발달지연 또는 장애가 있는 영유아들은 크게 긴장하거나 불편감을 경험할 수 있다. 갑작스러운 소음 발생 또는 많은 사람들의 이동 등 환경 변화가 영유아 행동의 원인이 될 수 있다.

- 과제가 어렵거나 상황을 이해하지 못한 경우: 영유아의 입장에서 가장 효과적인 방법일 수 있다. 예를 들어, 놀잇감을 조작하다가 잘 안될 때 짜증을 내었더니 주변의 성인이 즉각적인 도움을 제공해 주었다면 영유아 입장에서는 도움이 필요할 때마다 짜증을 내는 방법으로 자신의 요구를 표현할 수 있다.

- 성인의 관심을 받기 위해: 마찬가지로 보통 영유아가 짜증을 내면 주변 성인들은 하던 일을 멈추고 영유아에게 관심을 보이기 마련이다. 짜증 강도가 세면 셀수록 즉각적이고 다양한 방법으로 영유아의 상황을 살필 것이다. 이런 경험을 통해 영유아는 주변의 관심을 받고 싶을 때 짜증을 내는 방법으로 신호를 보낼 수도 있다.

쉽게 짜증을 내는 발달장애 영유아를 위한 교육적 대응 방안

- 무엇보다 전제되어야 하는 것은 영유아가 짜증을 부리거나 심리적으로 불안정해 보일수록 교사나 주변 성인들은 안정감을 갖고 일관성 있는 태도를 취해야 한다는 것이다. 차분한 어조와 사전에 확인했던 행동 약속들을 안정적으로 이행하는 것이 영유아가 진정하고 상황을 파악하는 것에 도움이 될 수 있다.

- 예상되는 환경 변화를 미리 예고할 수 있다면 가장 좋겠지만, 미처 생각하지 못한 돌발 변화에 영유아가 쉽게 짜증을 낸다면 평소 '깜짝이야!'와 관련한 연습이 도움이 될 수 있다. 물음표가 있는 팝업 상자가 터지는 식의 그림자료와 함께 '깜짝 카드'라는 이름을 붙이고 해당 그림 카드를 제시하면서 '깜짝이야!'라는 표현과 함께 예고되지 않은 상황들을 경험하게 하는 것이다.
  시작은 영유아가 좋아하는 것들로 구성하는 것이 좋다. 예를 들어, '깜짝이야!'라고 한 후 영유아가 좋아하는 간식을 제공한다든가, 일정에 없던 바깥놀이를 실시하는 방법이 있다. 이런 평소 연습을 여러 번 경험한 후 이후 돌발 상황이 발생했을 때 연습했던 깜짝 카드를 보여 준다. 이와 같이 꾸준히 학습하면 영유아는 새로운 상황을 이해하고 받아들이는 것에 도움을 받을 수 있다.

- 작은 실수나 어려움에도 쉽게 짜증을 내고 있다면 우선은 난이도 조정을 신경 써야 한다. 현재 영유아가 할 수 있는 것들의 수준을 찾고 현행 수준을 반영한 과제부터 시작하면 도움이 된다. 특히 유독 실패에 대한 낮은 내성을 보이는 영유아들도 있는데,

이런 특성이 있는 영유아들의 경우에는 아예 과제를 제시할 때 초반 3회 정도는 적극적으로 힌트와 도움을 주어 실패 없이 수행하도록 하는 방법도 있다.

3번 정도 도움을 받아 수행한 후 동일한 과제를 스스로 해 보도록 기회를 준다면 대부분의 영유아들은 이전에 도움을 받았던 것을 기억해 수행하며 성취감을 맛볼 수 있다. 또한 비슷한 의미의 방법으로 빠르게 5번 정도 영유아가 익히 잘 할 수 있다고 확인된 과제를 하게 한 후 새로운 과제를 1개 정도 추가하는 방법도 있다. 5개의 과제를 성공적으로 수행한 영유아는 새로운 과제가 제시되어도 긴장하지 않고 시도할 수 있는 확률이 높아진다.

- 성인의 관심을 받기 위해 짜증을 내고 있다면 가장 중요한 것은 짜증을 내지 않을 때 평소 충분한 관심을 제공해야 한다는 것이다. 이를 위해 영유아교사는 평소 세심하게 영유아를 관찰하며 꼼꼼하게 개입하는 것이 필요하다. 기대하는 행동을 하고 있을 때(예: 적절한 놀잇감 놀이, 안정적인 식사 진행 등) 적극적으로 칭찬하며 관심을 보이기, 교사의 눈을 보았을 때 즉시 미소로 반응하며 영유아에게 주목하기, 영유아가 스스로 영유아교사를 불렀을 때 즉각적으로 반응하기 등 일상 전반에 걸쳐 영유아에게 먼저 관심을 충분히 주는 것이 필요하다.

그리고 평소 영유아가 짜증을 내는 방법으로는 영유아교사의 관심을 얻을 수 없다는 것과 관심을 받기 위해 할 수 있는 대체행동(예: 부르기, 손 잡기 등) 등을 그림 도식 등으로 확인한 후 교

실 곳곳에 잘 보이도록 게시하여 평소 인식할 수 있도록 돕는
것도 방법이 될 수 있다.

영유아에게 간단한 심부름 역할을 부여하는 것도 좋은 도구가
될 수 있다. 장애영유아가 친구들에게 간식 나눠 주기나 놀이
정리 시간을 알려주기 등의 역할을 수행하도록 하는 것은 영유
아교사뿐 아니라 친구들로부터도 긍정적인 관심을 얻을 수 있
는 방법이 된다.

5) 빈번하게 끼어들며 수업을 방해하는 영유아

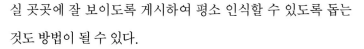

명지 선생님은 이야기나누기 시간을 준비하다가 승훈이를 떠올린다. 궁금
한 것도, 하고 싶은 말도 많은 승훈이는 적극적인 것은 좋지만 너무 빈번
하게 질문을 하거나 아니면 자신의 대답을 강요하다 수업 흐름을 방해할
때가 잦다. 기다렸다가 친구의 대답을 듣고 말하자고 여러 번 상기시키지
만 막상 이야기나누기 시간이 되면 소용이 없을 때가 많다. 어떻게 도와야
할까?

발달지연 또는 장애가 있는 영유아가 수업 시간에 빈번하게
끼어드는 이유

- 주의력이 부족한 경우: 주의력이 부족한 영유아는 상대의 말을
  듣지 않고 자기가 하고 싶은 말만 하는 것처럼 보일 때가 있다.
  이런 영유아들에게 상대가 전하는 구어 표현은 너무 순식간에
  지나가 버리는 정보들이다. 해당 정보를 기억해서 이해하고 자

신의 행동에까지 반영하기 위해서는 꾸준한 연습이 필요하다.

- 생활환경 내 자신의 행동 이후 경험되는 결과가 존재함: 자신이 끼어들어 말하면 상대가 하던 말을 멈추고 들어 주는 경험이 반복되면서 학습되고 있는 상황일 수 있다. 사실 교육 현장에서 영유아가 반복해서 말하는 것에 관심을 보이지 않기는 쉽지 않다. 자신이 말했을 때 선생님 또는 친구들의 반응이 수반되며 영유아의 행동은 강화되고 있을 수 있다.

- 자신의 행동에 대한 제지 경험이 별로 없음: 딱히 해당 행동이 잘못되었다는 것을 알지 못하고 제지당한 경험이 없어 유지되고 있을 수 있다.

빈번하게 끼어들며 수업을 방해하는 발달장애 영유아를 위한 교육적 대응 방안

- 이야기나누기 시간에 필요한 규칙을 시각 자료와 함께 분명하게 정리해서 잘 보이는 곳에 게시해 본다. 규칙을 영유아와 상의해 정하는 것도 좋다. 친구가 말할 때 나는 어떻게 해야 하는지(예: 바른 착석, 쉿 하는 아이콘, 시선은 말하는 상대에게 등), 내가 말하고 싶을 때 필요한 약속(예: 손을 들고 기다리기, 선생님을 바라보기 등)을 담은 그림 약속판을 사용하는 것이 규칙을 인식하고 수행하는 것에 도움이 될 수 있다.

- 말할 수 있는 시간과 듣는 시간을 구분해서 제시하는 것도 도움이 된다. 선생님이나 다른 또래가 말할 때는 '빨간 신호등'과 '귀' 그림을 보여 주며 지금은 '듣는 시간'임을 분명히 하고, 영

유아가 말할 수 있는 시간에는 '초록 신호등'과 '입' 그림을 보여
주며 원한다면 지금 말할 수 있다는 식으로 구분하여 제시하면
영유아가 상황을 이해하고 참여하는 것에 도움이 될 수 있다.
• 영유아가 기대하는 행동을 수행했을 때에는 즉각적이고 분명한
칭찬을 제공해 준다. '와! 친구가 말하는 것을 끝까지 잘 들었네!'
라는 식으로 구체적으로 칭찬하면 자신의 어떤 행동으로 인해
칭찬을 받는지를 인식하고 다시 비슷한 상황에서 잘 듣는 행동
을 반복할 수 있도록, 칭찬을 사회적 강화로 사용할 수 있다.

6) 교사의 지시에 불순응 행동이 뚜렷한 영유아

세희 선생님은 지연이를 보면 청개구리가 떠오른다. 도통 한번 말해서 듣
는 경우가 거의 없다. 매번 반복해서 말해야 하고 지연이 손을 직접 잡
아 끌어야 하는 경우가 대부분이다. 어떨 때는 청력에 문제가 있는 것은
아닐까. 혹시 정말 내 목소리가 들리지 않는 것일까라는 생각이 들기도
한다. 어떻게 도와야 할까?

발달지연 또는 장애가 있는 영유아들의 지시 불순응 이유

• 지시어를 이해하지 못하는 경우: 언어 발달에 어려움이 있는 발
달장애 영유아들은 생각보다 지시어 자체를 이해하지 못하는
경우가 많다. 지시어의 경우 대부분 동사(예: 이리 오세요, 앉으
세요, 일어나세요 등)로 구성되어 있는데 영유아들이 언어를 학
습하는 과정에서 동사는 상대적으로 학습이 어려운 품사이다

(사물 명사를 가장 쉽게 습득한다. 동사는 움직임을 동반한 변화 요인이 다양해서 발달장애 영유아들이 분명하게 인식하기에 어려움이 있다). 그래서 현장의 영유아들을 잘 살펴보면 적지 않은 수가 동사 자체를 이해한다기보다는 상황적 맥락에 따라 행동하거나 사물 명사를 단서로 어림짐작하여 참여할 때가 많이 있다는 것을 보게 된다(예: '신발 신어요.'의 경우 '신다.'를 이해하지 못하고 신발 명사를 단서로 신는 행동을 하거나 바깥 놀이를 나가는 주변 상황을 보고 신발을 신는 행동을 함).

또한 지시어 형태가 이중지시일 경우 장애영유아들에게는 더욱 어려운 지시어가 된다. 예를 들어, '이리 오세요.'가 아닌 '의자 정리하고 이리 오세요.'일 경우, 두 가지를 동시에 기억하고 처리하는 것에는 더 큰 노력이 요구된다.

- 지시 이후 예상되는 결과를 피하기 위해서: 발달지연 또는 장애가 있는 영유아들은 어렸을 때부터 강도 높은 치료나 학습 환경에 참여하는 경우가 많다. 영유아의 관심과 흥미를 바탕으로 한 자발적 탐색에 대한 적극적 지원이 영유아 교육의 근간을 이루지만, 개시 행동 자체가 적은 장애영유아들은 아무래도 정상발달 영유아에 비해 외부로부터의 지시를 듣고 따르는 경험이 훨씬 많을 수 있다. 이 때문에 일찍이 '회피' 행동이 형성될 수 있는데, 누군가의 지시에 반응했을 때 이후 즐거운 결과 보다는 무언가를 배우고 생각해야 하는 결과를 반복적으로 경험했다면 성인의 호명 또는 지시에 회피 반응으로서 지시 불순응 행동이 있을 수 있다.

- 주의력이 부족한 경우: 주의력이 부족한 경우 자신이 좋아하는 놀이에만 집중하다 주변 상황이나 주변인들의 말을 제대로 듣지 못하고 놓치는 경우가 있을 수 있다.

교사의 지시에 불순응 행동을 하는 발달장애 영유아를 위한 교육적 대응 방안

- 영유아가 지시어를 얼마나 이해하고 있는지 확인해 본다. 교실에서 흔히 사용하는 기본적인 지시어 리스트를 만들고(예: 이리 오세요, 앉아요, 정리해요, 일어나요, 가지고 오세요, 손뼉 쳐요 등) 성인의 포인팅이나 모델링 없이 지시어만 들려주었을 때 영유아가 수행하는 지시어에 표시를 해 본다.

이후 영유아가 아는 지시어와 모르는 지시어가 구분되었다면 모르는 지시어에 대한 학습 훈련이 필요하다. 시작은 잘 알고 있는 지시어로부터 해야 한다. '선생님이 내가 이미 잘 알고 있는 말을 하고, 그것에 따라 내가 행동을 했더니 선생님이 칭찬을 하거나 좋아하는 장난감을 주네.'라며 경험하고 선생님과의 지시 따르기 시간 자체를 받아들이는 것으로 시작한다.

이때 지시어는 너무 자주 말하지 말고, 3단계에 걸쳐 진행된다는 생각으로 사용한다. 첫 번째 단계로 구어로만 지시하고 영유아가 수행하면 즉시 크게 칭찬해 준다. 구어 지시에 반응이 모호하거나 없다면 그다음 단계로 넘어간다. 두 번째 단계는 포인팅 같은 제스처를 사용해 간단한 힌트를 주는 것이다. 예를 들어, '앉아요.'라고 지시했지만 반응이 없다면 2단계로서 의자를 가볍게 치거나 가리키면서 '앉아요.'라고 한 번 더 말하는 것이다. 이때 영유아가 앉았다면 즉시 칭찬한다. 두 번째 단계에도 반응이 없었다면 마지막 3단계에서는 직접 영유아의 신체를 부드럽게 잡고 직접 앉도록 지도하면서 '앉아요.'라고 말하는 것이다.

지시어를 너무 빈번하게 말하면 영유아들은 지시어 자체에 집중하기가 더욱 어려워지고, 단지 잔소리처럼 인식할 수 있으니 유의한다.

• 하지 않던 행동을 하기를 기대하거나, 적게 하는 행동을 자주 하게 하기 위해서는 모두 '강화'가 필요하다. 지시 이후 꼭 즉각적이고 긍정적인 칭찬을 제공한다는 것을 기억한다(영유아에 따라 한시적으로 좋아하는 간식물 등이 더 효과적인 강화물이 될 수도 있다. 하지만 지시 전 간식물을 흔들면서 '~하면 이거 줄게.'식으로 제시한다면 이는 강화 사용이 아닌 간식을 뇌물처럼 사용하고 있는 상황이다. 이는 궁극적으로 강화 없이 행동 자체가 유지되기를 기대하는 것에 방해가 되므로 주의해야 하는 방법이다).

• 지시를 하기 전 영유아가 지시어에 집중할 수 있는 상황인지를 확인한다. 영유아가 놀잇감에 집중하고 있지는 않은지, 주변 자극이 소란스럽거나 다양해서 정신이 다른 곳에 팔려 있지는 않은지를 확인한 후, 영유아 맞은편에서 눈을 보며 분명하게 전달하는 것이 도움이 될 수 있다.

7) 높은 곳에 올라가는 영유아

> 영훈이는 오늘도 교구장 위에 올라가 있다. 위험하니 안 된다 말렸는데 잠시 듣는 척 하더니 선생님이 다른 아이를 지도하는 잠깐 사이 어느새 올라간다. 어머니는 집에서도 수시로 높은 곳에 올라가려 해서 고민이 많다 한다. 어떻게 도와야 할까?

발달지연 또는 장애가 있는 영유아들이 높은 곳에 올라가는 이유

- 필요한 감각적 자극을 얻기 위해: 높은 곳에 올라가면 누구나 시야의 변화를 경험할 수 있다. 더 좋은 경치를 보기도 한다. 이 밖에도 높은 곳에 위치하면서 활성화되는 전정감각과 올라가면서 팔과 다리를 통해 입력되는 고유수용성 감각정보를 얻을 수도 있다. 다시 말해, 발달장애 영유아들은 자신에게 필요한 감각을 더욱 얻기 위해 높은 곳에 올라가는 행동을 반복하고 있을 수 있다.

- 놀이기술 또는 놀잇감 부족 환경으로 인해: '놀이'는 발달장애 영유아들에게 있어 매우 어려운 주제다. 놀이기술을 단계에 따라 학습하고 발달시키는 것이 필요한데, 아직 사물 조작이나 상징 개념 등이 불분명한 영유아의 경우 교실의 놀잇감들이 어렵거나 흥미를 유발하지 않을 수 있다. 비슷한 경우로 학부모에게 가정 환경을 물으면, 대부분 가정에 영유아가 놀이하며 시간을 보낼 수 있는 적절한 놀잇감이 부족한 것을 확인할 수 있다. 부모들은 하루빨리 장애영유아의 발달지연이 회복되고, 언어를

유창하게 구사하기를 바라는 마음에 장난감 대신 영유아에게
는 어려운 각종 인지학습 교구교재들을 채워 놓는 경우가 많다.
이런 환경이라면 영유아는 가정에서 자신의 역량을 바탕으로
할 수 있는 놀이가 제한되기 때문에, 다양한 자극추구 행동들이
빈번해질 수 있다.

- 관심 끌기 행동: 처음에는 자극추구 행동의 이유로 높은 곳에
  올라갔는데 자신이 올라가면 주변 성인들이 달려와서 관심을
  보이고 내려오라는 지시도 하는 반응들을 경험하게 되면, 영유
  아는 영유아교사와 부모의 관심을 끌기 위해 해당 행동을 반복
  할 수 있다.

높은 곳에 올라가는 발달장애 영유아를 위한 교육적 대응 방안

- 올라갈 수 없는 곳과 올라가도 되는 곳을 분명하게 구분해서 알
  려 준다. 무조건 안 된다는 것은 크게 도움이 되지 않는다. 어느
  정도는 발달장애 영유아들의 감각적 특이점과 필요를 존중해
  야 한다. 이를 위해 유아용 실내 클라이밍 구조물이나 정글짐은
  얼마든지 영유아가 올라갈 수 있는 곳임을 알려 주고, 교실 내
  교구장 등에는 '멈춤' 표시 등을 시각적으로 명시해 반복적으로
  알려 주는 것이 필요하다.
- 영유아에게 높이 들어 올리기, 비행기 놀이 등 움직임이 있는
  신체 놀이를 제공해서, 영유아의 필요를 만족시키는 방법도 있
  다. 이는 가정과 연계하여 병행하는 것이 바람직하다.
- 자극추구 행동이 빈번한 영유아의 경우 궁극적으로 일상 전반

에 걸쳐 적극적인 야외 활동이 중요하다. 자연 속에서 다양한 지형을 걷고 뛰고 오르고 내리며 필요한 자극들을 골고루 경험할 수 있는 활동이 유익하다. 교육기관에서라면 매일의 바깥 놀이, 그리고 정기적으로 진행되는 야외현장학습에 꾸준히 참여하는 것이 중요하고 가정에서는 주말 등을 이용해 좀 더 많은 시간을 야외 활동에 참여하는 것이 도움이 된다.

- 교실이나 가정에서 영유아의 놀이 수준에 맞는 놀잇감이 얼마나 마련되어 있는지 살펴본다. 사물을 조작하는 경우가 적고 대부분 몸을 움직이고 있다면 대상 영유아의 놀이는 대근육 놀이 및 감각놀이부터 시작해야 한다. 유아용 자동차 타기, 트램펄린 뜀뛰기, 그네 타기나 슬링키, 비눗방울 등의 감각 놀잇감을 제공해 준다. 영유아의 현재 수준의 놀이부터 시작해 조금씩 다음 상위 단계 놀이로 연계하는 것이 필요하다.

- 주변의 관심을 끌기 위해 높은 곳에 올라가고 있다면, 앞서 언급했듯이 올라가기 전 충분한 관심을 제공하는 것이 중요하다. 그리고 올라갔을 때에는 가급적 관심을 줄이고(위험한 상황에서는 최대한 관심을 주지 않고 위험 요인만 제거하기) 주변 환경에 변화가 없도록 해야 한다.

8) 소리를 지르는 영유아

채민이는 교실에서 별명이 공룡이다. 무언가 마음에 들지 않거나 또는 기분이 좋을 때에도 옆에 있는 친구들이 귀를 막을 정도로 큰 소리를 내고는 해서 친구들이 붙인 별명이다. 반면, 영훈이는 짧고 큰 소리를 반복해서 낸다. 소리 내는 모습을 보면 놀이 같기도 하고 어떨 때는 본인의 의사를 전달하려고 하는 것 같기도 하다. 어떻게 도와야 할까?

발달지연 또는 장애가 있는 영유아들이 소리를 지르는 이유

- 필요한 감각적 자극을 얻기 위해: 상황이나 장소가 달라져도 일관된 소리 지르기 행동이 관찰된다면 자신에게 필요한 감각자극을 얻기 위한 자극추구 행동일 수 있다. 특히 자극추구 행동은 활동에 참여하거나 과제에 집중하지 않고 혼자 있는 시간 동안 더 빈번해지는 경향이 있다.

- 자신의 의사를 전달하기 위해: 언어 발달에 어려움이 있는 발달장애 영유아들에게 소리 지르기는 상당히 효과적인 의사소통 수단이 될 수 있다. 어려운 어휘를 구사하지 않아도 발성만으로 즉각적인 상대의 관심 또는 도움을 얻을 수 있기 때문이다(하기 싫은 것을 멈출 수도 있다). 그러므로 영유아가 어떤 상황 혹은 누구랑 있을 때 소리 지르기 행동이 빈번해지는지 관찰하는 것이 중요하다.

- 행동 조절의 어려움으로 인한 과잉행동: ADHD 영유아처럼 행동 조절에 어려움이 있는 경우에도 소리 지르기 행동은 유의미

하게 관찰된다. 부정적인 정서뿐 아니라 긍정적인 정서 상황에서도 크게 소리를 지르는 영유아들이 있다. 이때 보통 주변 사람들은 깜짝 놀라거나 불쾌감을 표현하지만 사실 ADHD 영유아는 조금 전 자신이 무엇을 했는지 분명하게 인식하지 못하는 경우가 많다. 그래서 자신의 행동으로 인해 상대가 얼마나 불편한지는 알지 못하고 그저 혼이 났다는 생각에 억울함이 커질 수 있다.

소리를 지르는 발달장애 영유아를 위한 교육적 대응 방안

- 자극추구 행동으로서 소리 지르기가 발생하고 있다면 전문의 및 다양한 영역의 치료진들과 함께 적극적인 치료적 개입이 필요하지만 교실 상황에서는 해당 행동을 이용해 놀이로 연계할 수 있는 방법을 생각하는 것이 필요하다. 예를 들어, 입으로 불어 소리를 낼 수 있는 도구(예: 카쥬, 파티 피리, 유아용 나팔 등)를 제공하고 영유아가 이용할 때마다 적극적으로 칭찬하며 해당 놀잇감 사용 행동을 강화해 준다.
- 영유아가 자신의 의사를 전달하기 위해 소리를 지르고 있다면, 주로 어떤 의사를 표현하고 있는지를 먼저 관찰한다. 원하는 것을 얻기 위한 '요구'의 수단인지, 하기 싫은 과제를 미루기 위한 '회피' 이유인지, 아니면 누군가의 관심을 받기 위한 '관심 끌기' 기능인지를 살핀 후 해당 이유에 따라 적절하게 표현할 수 있는 방법을 평소 적극적으로 알려 준다(언어 표현에 어려움이 있는 영유아들의 경우에는 그림 카드 등을 떼어 와 전달하거나 특정 영유아만

의 종 흔들기 식의 방법으로 표현할 수 있다). 그리고 학습한 방법을 사용했다면 이때는 즉시 적극적으로 영유아의 요구를 반영해야 한다. 반면, 소리 지르기로 자신의 의사를 표현한다면 이때는 영유아가 원하는 대로 결과가 주어지는 것을 제한해야 한다.

- 행동 조절의 어려움으로 소리 지르기 행동이 발생하고 있다면, 우선 영유아가 행동을 인식할 수 있도록 돕는 접근 방법이 필요하다. 한 가지 방법으로 '음성 강도판'을 이용해 볼 수 있다. 소리의 강도를 단계로 나누어 각 단계에 해당하는 상황을 그림이나 사진으로 첨부해 제시하는 것이다. 1~3단계 혹은 1~5단계로 숫자 및 색깔을 이용해 강도를 표시하고 1단계에서는 침묵에 가까운 조용히 해야 하는 상황(예: 영화관) 그림을 첨부하고 5단계에서는 아주 큰 소리를 내야 하는 상황(예: 불이 났을 때, 강도를 만났을 때 등)을 넣어 평소 영유아가 안정적일 때 같이 확인한다.

  이후 교실 상황에서는 3단계 정도의 목소리가 적당하다는 것을 활동 전에 규칙적으로 확인한 후, 만약 행동이 발생했을 때에는 다시 음성 강도판을 통해 방금 목소리는 4만큼이었는데 다시 3만큼 줄여 보자라고 지도할 수 있다. 그리고 한동안은 영유아가 적당한 성량의 소리를 냈을 때에 놓치지 않고 적극적으로 칭찬하는 것이 필요하다.

- 이 밖에도 영유아가 정서를 소리 지르기로 표현하고 있다면 적절한 정서표현 방법에 대한 학습이 필요하다. 화가 났을 때 할 수 있는 행동(예: 심호흡하기, 숫자를 천천히 세기, 자신만의 특정 의

자에 가서 앉아서 생각하기 등) 또는 기분이 좋을 때 할 수 있는 행동(예: 웃으며 박수 치기, 노래하며 점프하기, 웃으며 감탄사 말하기 등)을 그림이나 사진과 함께 확인하고, 확인된 행동들을 잘 보이는 곳에 게시해서 평소 자주 언급하며 목표 행동이 발생했을 때에는 역시 즉각적으로 칭찬을 제공해야 한다.

9) 다른 사람의 말을 자꾸 기계적으로 따라 하는 영유아

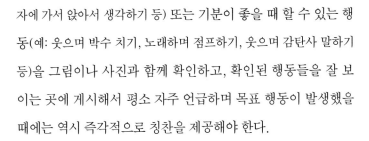

시연이는 평소 말이 별로 없다. 혼자 있는 것을 좋아하는 것처럼 보이고 누군가 다가가면 자리를 피하는 경우가 잦다. 그런데 가끔 사람들의 말을 따라 하는 모습을 보인다. 내 말에 관심을 보인 건가 반가운 마음에 이후 말을 더 걸면 다시 자리를 피해 이동한다. 시연이의 앵무새 같은 따라 말하기를 몇몇 친구들은 우습다며 놀리기도 한다. 어떻게 도와야 할까?

발달지연 또는 장애가 있는 영유아들이 다른 사람을 따라 말하는 이유

• 반향어 특성: 다른 사람의 말을 그대로 따라 말하는 것을 '반향어'라고 하며 이는 자폐성장애의 특징 중 하나다(모든 자폐성장애인들이 반향어를 사용하지는 않는다). 말을 들은 즉시 따라 말하기도 하고 예전에 들었던 내용(때로는 매체 등을 통해 접한 말소리도)을 기억해 흉내 내는 지연 반향어도 있다. 영유아 시절 언어가 발달하며 아이들이 주변의 말소리를 듣고 즉각적으로 그대

로 흉내 내는 모습은 자연스러운 발달과정 중 하나다. 장애영유 아들 역시 비슷한 과정을 거쳐 언어가 발달하는 과정으로 해석 할 수도 있지만, 영유아에 따라 빈도가 잦다거나 정상발달 과정 중에는 잠깐 보이고 사라지는 현상이 오랜 시간 지속되어 나타 난다면 단지 발달과정으로 보기 어려울 수 있다.

• 비슷한 상황에서 의사 전달의 목적: 예를 들어, 목이 말라 무 언가를 마시고 싶을 때, 예전 비슷한 상황에서 엄마가 '물 마실 래?'라는 표현과 함께 물을 주었던 경험이 있다면 아이는 '물 주 세요.'라는 표현 대신 '물 마실래?'라며 자신이 들었던 표현대로 의사를 전달할 수 있다. 이는 아직 언어 개념이 숙달 단계만큼 형성되지 않은 상태에서 자신의 필요를 전달하고자 시도하는 영유아 나름의 노력으로 볼 수 있다.

• 스스로 언어를 학습하는 말놀이의 일부: 성인들도 외국어를 학 습하면서 필수 회화 문장 몇 개를 외워 중얼거려 본 적이 있을 것이다. 이와 같이 발달장애 영유아들도 자신이 들었던 내용을 반복해서 말하면서 스스로 학습을 정교화하는 말놀이를 하고 있는 경우일 수 있다.

• 기타: 불안정한 상황에서 자신이 익히 알고 있는 표현들을 반복 하며 스스로를 진정시키거나 또는 불편감을 표현하는 시도일 수 있다.

- 영유아의 표현을 기록하며 관찰한다. 어떤 상황에서 어떤 표현들이 등장하고 있는지 혹은 최근 자주 사용하는 표현들에는 무엇이 있는지를 살펴보면 영유아의 현재 관심사나 필요에 대한 좋은 정보를 얻을 수 있다. 영유아가 좋아하는 것일 수도 있고 때로는 피하고 싶은 부정적인 것들을 반복해서 말하고 있을 수도 있다. 영유아의 관심사가 어느 정도 파악되었다면 해당 주제에 맞는 다양한 그림과 간단한 문장들을 알려 주며 영유아가 표현할 수 있는 문장 레퍼토리를 늘려 가는 것이 유익할 수 있다.

- 유사한 상황을 짐작해서 비슷한 표현으로 의사를 전달하고 있다면, 정정된 표현과 함께 요구를 반영해 준다. 예를 들어, 목이 마른데 '물 마실래?'라고 표현하고 있다면 물이 담긴 컵을 보여 주며 교사의 모델링과 함께 '물 주세요.'를 연습하게 한다. 그리고 영유아가 언어 표현을 한 즉시 물이 담긴 컵을 준다. 필요한 것을 표현하는 방법을 배우는 좋은 학습 기회가 될 수 있다.

10) 친구들을 깨무는 영유아

'또래들이나 성인까지 구분 없이 물기도 해요. 멍이 시퍼렇게 들 정도로 물면 정말 어떻게 해야 할지 모르겠어요.' 어떻게 도와야 할까?

물기 행동은 강도가 강한 편에 속하는 행동이라 한번 시작되면 소거가 어려운 행동 유형 중 하나다(발생했을 때 상대가 바로 소리를 지르거나 울기, 주위 사람들이 달려오는 등 주변 변화가 즉각적이라 강화력이 크다는 것을 의미한다).

발달지연 또는 장애가 있는 영유아들이 물기 행동을 보이는 이유

- 새로운 영구치가 나는 중일 수도 있다: 영유아들이 영구치가 나는 이갈이를 할 때 한시적으로 보이기도 한다.
- 탐색의 한 방법: 드물게 마치 영아들이 발달 초기 구강 탐색을 통해 주변을 파악하듯 일단 입에 넣고 물어보면서, 살펴보는 영유아들이 있다.
- 어렵거나 이해되지 않은 상황을 피하기 위해: 자신이 하고 싶지 않은 또는 어려운 과제나 상황을 피하고 싶어 발생하는 행동이다. 영유아가 힘들어하거나 어려워하는 상황이 어떤 것인지에 관한 관찰이 필요하다.
- 원하는 상황이나 사물을 얻기 위해: 원하는 것을 얻기 위해 물기 행동을 보일 수 있다. 물기 행동의 경우에는 요구 기능이 담겨 있는 경우가 많다. 언어발달에 어려움이 있는 영유아들이 자신의 요구를 언어로 표현하는 방법을 잘 몰라 강력하게 원하는 것이 있을 경우 물기 행동이 나타날 수 있다.

친구들을 깨무는 발달장애 영유아를 위한 교육적 대응 방안

- 영구치가 나는 과정이거나 자극추구의 이유로 무언가를 무는

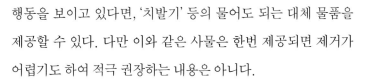

행동을 보이고 있다면, '치발기' 등의 물어도 되는 대체 물품을 제공할 수 있다. 다만 이와 같은 사물은 한번 제공되면 제거가 어렵기도 하여 적극 권장하는 내용은 아니다.

- 탐색의 목적으로 무언가를 물고 있다면, 기본적으로 대상 영유아에게는 다양한 자극을 동반한 활동이 충분하게 제공되어야 한다. 그리고 일단 물어도 되는 놀잇감들을 잘 세척해서 제공한 후 물기 이외의 놀이 방법(예: 굴리기, 던지기, 흔들기 등)이 있음을 알려 주고 경험하며 조금씩 다른 놀이에도 관심을 갖도록 유도하는 것이 필요하다.

- '물기' 행동과 관련한 영유아 수준에 적합한 규칙 시각 자료를 만들어 본다. 예를 들어, 물어도 되는 것들(예: 다양한 음식물)과 물면 안되는 것(예: 사람, 동물 등)을 그림으로 명시한 후 일과 시작 전 규칙적으로 상기시키는 것이 도움이 된다(바람직한 행동에 대한 비디오 촬영 후 보여 주는 것도 효과적일 수 있다).

- 회피 기능인 경우, 영유아가 힘들어하거나 어려워하는 상황이 어떤 것인지 관찰이 필요하다. 물기가 발생했을 때 직전에 어떤 지시가 있었는지 혹은 무엇을 하고 있었는지를 지속적으로 관찰한다. 파악된 과제나 상황을 미연에 방지하거나 없애는 방법이 있고 조금씩 예고하며 예상하고 참여할 수 있도록 돕는 방법도 있다. 그리고 만약 영유아교사를 대상으로 한 물기 행동이 발생했다면, 하던 것을 멈추지 않고 차분하고 일관성 있게 계속 진행하는 것이 필요하다(잠시 동안 팔 등에 보호 팔토시를 착용한다든가 보호 장구가 필요할 수 있다).

> ☞ 물렸을 때 반사적으로 물린 곳을 힘을 주어 그냥 빼내려고 한다면 물린 사람과 문 영유아 모두 다칠 수 있다. 물기를 시도한 영유아의 양 볼을 성인의 같은 손의 엄지와 검지로 지그시 눌러 주면 자연스럽게 입을 벌리게 할 수 있다. 이때 영유아교사의 접근이 위협적으로 보이지 않도록 영유아의 턱 아래로 손을 이동해 준다.

- 만약 요구 기능이라면 사전에 영유아가 사회적으로 용인될 수 있는 요구 방법을 알려 주는 것이 중요하다. 예를 들어, 주로 영유아가 찾는 물건이나 간식, 대상, 놀이 등을 그림이나 사진 카드 등을 이용해 잘 보이는 곳에 부착해 놓고 영유아가 필요할 때마다 그중의 것을 골라 떼어 와 요구하는 방법이다.

> ☞ Picture Exchange Communication System: PECS
> 행동치료사와 언어치료사(현재 우리나라에서는 '언어재활사'의 명칭이 사용되고 있다)가 함께 개발한 그림교환의사소통 시스템이다. 영유아의 요구를 바탕으로 자발적인 개시 행동과 함께 의사소통 본연의 교환 개념을 배우는 것을 시작으로 문장을 구사하며 질문에 대답하기까지 총 6단계에 걸친 방법으로 구성되어 있다.

11) 함께 놀지 않는 영유아

> 오늘도 신우는 혼자 있다. 제 또래 남자아이들은 블록을 쌓고 자신들의 이야기로 놀이가 한참인데 어쩌다 친구들이 근처에 오면 신우는 자리를

피해 다른 곳으로 이동한다. 가끔 친구들이 큰 소리를 내면 귀를 막고 불편해한다. 어떻게 도와야 할까?

발달지연 또는 장애가 있는 영유아들이 또래와 같이 놀지 않는 이유

- 사회성 발달의 어려움: 사회적으로 적절한 관심을 표현하고 즐거움을 공유하며 이해한 규칙을 바탕으로 같이 놀이를 진행한다는 것은 발달장애 영유아들에게 매우 어려운 일이다. 따라서 '같이 놀지 않는다.' 또는 '같이 놀기 싫어한다.'라기보다는 '같이 노는 방법을 알지 못한다.'나 '같이 노는 것을 통해 경험한 즐거움이 적다.'라는 표현이 더 적합하다. 발달장애가 있는 영유아들도 사회기술을 학습하고 점차 발달하는 사회성에 따라 또래에 보이지 않던 관심을 보이고 함께 놀이하기를 선호할 수 있다(5장의 또래 놀이행동 평가 척도를 참고할 수 있다).

- 자극에 대한 민감 정도가 큰 경우: 영유아에 따라서는 주변 자극에 민감하게 반응해서 어느 영유아들에 비해 일상적인 것에도 불편감을 보일 수 있다. 예를 들어, 친구가 스치는 것, 놀잇감 부딪히는 소리, 친구들의 돌발적인 목소리, 눈앞에서 왔다 갔다 하는 모습들이 영유아에게는 모두 신경이 쓰이는, 본인 놀이를 방해하는 요소들처럼 느껴질 수 있다. 이런 경우 다른 영유아들이 가까이 오면 자리를 피해 다른 곳으로 이동하게 된다.

- 과거 또래와의 상호작용 과정에서 부정적인 경험을 한 경우: 발달장애 영유아들의 경우 외모적으로는 장애와 관련한 특이점이 뚜렷하지 않아 일상 속 다른 사람들과의 상호작용에 있어 오히

려 부정적인 경험이 누적될 수 있다. 상대는 무심코 접근했다가 영유아의 반응을 보고 되레 놀란다거나 채근하듯 재촉할 수도 있다. 이런 경험들이 누군가와 상호작용 하는 것에 있어 동일한 경험을 하고 싶지 않게 하는 걸림돌로 작용할 수 있다.

함께 놀지 않는 발달장애 영유아를 위한 교육적 대응 방안

• 영유아 한 명 한명을 주인공으로 소개해 준다. 시청각 자료를 겸해 이용하면 더 효과적일 수 있다. 먼저 학급 내 장애영유아를 주인공으로 한 PPT 자료를 구성해 대그룹 이야기나누기 시간 중 소개해 본다. 영유아의 관심사를 중심으로 좋아하는 것, 잘하는 것 등을 보여 준다. 장애영유아에게는 자신을 중심으로 친구들이 이야기를 나누는 과정을 통해 소속감을 경험하게 할 수 있다. 또한 비장애또래들에게는 장애영유아에게 집중하며 자신과의 공감대를 형성하는 효과를 기대할 수 있다(어린 영유아들은 스스로의 경험을 바탕으로 타인에게 공감하고 이해할 수 있다). 이런 방식으로 일정 기간 학급 내 모든 영유아들을 한 명씩 소개하는 시간을 갖는다면 서로가 서로에게 관심을 갖는 것의 좋은 시작이 될 수 있다.

• 또래와의 놀이 형태를 관찰한다. 가장 먼저는 또래와 근접거리를 유지하고 있는지를 살펴본다. 자리를 피하지 않고 근처에 친구들이 다가와도 머물러 놀이를 유지한다면, 혹은 친구가 있는 곳으로 이동해서 자신만의 놀이를 진행한다면 이는 또래에 대한 관심이 시작되는 긍정적인 모습으로 해석할 수 있다. 이후

친구가 하는 놀이에 관심을 보이고 자신도 비슷한 놀이를 흉내
내는 병행 놀이가 진행되는지, 놀잇감을 주고 받을 수 있는지,
하나의 놀잇감을 공유할 수 있는지 등을 단계별로 살펴보고 현
재 영유아에게 도움이 될 만한 활동을 교사의 도움을 받아 진행
해 볼 수 있도록 해 준다.

• 우리 반 만의 상호작용을 위한 루틴을 만들어 본다. 예를 들어,
여러 가지 형태의 재미있는 인사 방법을 그림이나 사진을 이용
해 표로 만들어 교실에서 잘 보이는 곳에 게시한 후 영유아교사
의 도움을 받아 장애영유아와 특정 또래가 인사를 할 수 있도록
'인사 선택판'을 활용한다. 인사로 진행하는 활동이지만 매일
반복하는 내용을 통해 장애영유아는 비장애또래들에 대해 관
심을 갖기 시작할 수 있다. 이 밖에 또래 이름을 부르며 물건 전
달하기 놀이나 친구에게 간식 나눠 주기 등의 간단한 역할을 꾸
준히 장애영유아에게 부여한다.

• 기본적인 사회기술을 순차적으로 학습할 수 있다. 영유아기에
필요한 필수 사회기술들을 정리해 보고 우리반의 영유아에게
적합한 목록을 선정(예: 인사하기, 인사에 반응하기, 경청하기 등)
한 후 해당 기술을 학습하기 위한 세부 목록을 단계별로 나눠
행동 강화 원리를 바탕으로 학습을 진행해 본다.

👉🏻 Skillstreaming

교육현장에서 참고할 수 있는 사회성 기술 학습 관련 내용으로 현재 국내 번역본도 출간되어 있는 '스킬스트리밍'이 있다. 유아부터 청소년기의 다양한 상황에서 활용할 수 있는 증거 기반의 '사회성 기술 훈련 프로그램'이다. 유아용으로는 6가지 영역(초급 사회성 기술, 교육기관 관련 기술, 우정 만들기, 감정 다루기, 공격에 대처하기, 스트레스 다루기 등)에서 40개 기술 관련 내용이 정리되어 있다.

12) 자리에서 빙글빙글 돌거나, 제자리 뜀뛰기를 하는 영유아

희재는 오늘도 교실에서 빙글빙글 돌기 시작한다. 때로는 놀이 중이거나 지나가던 또래들과 부딪힐 때도 있어서 교실에서는 안 된다고 알려 주지만 그때뿐이다. 이내 희재는 빙글빙글 돌거나 제자리에서 반복해서 점프를 한다. 어떻게 도와야 할까?

발달지연 또는 장애가 있는 영유아들이 빙빙 돌거나
제자리 뜀뛰는 이유

• 홍미로운 자극을 더욱 경험하기 위해: 이를 다른 말로 '자극 추구' 행동이라고 할 수 있다. 누구나 어릴 적 제자리에서 빙빙 돌고 난 후 멈췄을 때 주변 사물이 계속 돌아가는 것 같은 경험을 한 적이 있을 것이다. 상당히 홍미롭고 재미있는 자극이라 한동안 영유아가 열중할 때가 있다. 실제로 회전, 미끄러지기, 흔들

리기 등의 움직임은 사람으로 하여금 즐거움을 경험하게 한다. 그래서 대부분의 놀이기구들이 이런 움직임을 반영해 구성되어 있다. 발달하는 과정에서 영유아는 특히 다양한 움직임과 자극들을 찾고 경험하게 되는데, 특히 감각 조절에 특이점이 있는 발달장애 영유아 중에는 특정 자극에 대한 몰입도가 크게 관찰될 수 있다.

• 무엇을 하고 놀아야 하는지 알지 못해서: 감각적 필요에 의해 자극 추구 행동을 하기는 하지만 딱히 무엇을 해야 하는지 알지 못할 때에도 동일한 행동이 빈번해질 수 있다. 이는 앞에서도 언급했던 놀이기술 부족과도 연결되는데, 이러한 경우에는 놀이기술 학습 병행이 필요하다.

• 사람들의 관심을 받기 위해: 처음에는 무엇을 하고 놀아야 하는지 몰라 그저 자극 추구 행동을 했는데 하다 보니 사람들이 와서 제지하면서 말을 걸기도 하고 친구들이 쳐다보기도 하는 등 이후 관심을 받으며 강화되고 있는 행동일 수 있다.

자리에서 빙빙 돌거나 제자리 뜀뛰기를 하는 발달장애 영유아를 위한 교육적 대응 방안

• 영유아가 선호하는 활동과 유사한 형태의 놀이를 진행하며 영유아와의 상호작용 시간을 늘릴 수 있다. 또한 영유아가 자주 하고 분명한 선호를 보이는 활동이 있다는 것은 교육 상황에서 '강화 활동'으로 사용하기 좋은 도구가 있다는 것을 의미하기도 한다. 빙빙 돌기나 점프를 자주 하는 영유아에게 교육적으로 기

대하는 과제를 수행하게 한 후 즉각적으로 영유아를 들고 돌리거나 트램펄린 등에서 함께 손을 잡고 뜀뛰기 시간을 제공해 준다. 이를 통해 과제 수행 후 내가 좋아하는 활동을 할 수 있다는 믿음이 형성되면, 과제 또한 즐겁게 참여할 수 있게 하는 원동력이 될 수 있다.

• 선호 활동에 대한 몰입도가 커서 교실 내 다른 이차적 결과가 염려된다면(예: 또래들과 부딪히는 안전사고 발생) 해당 활동을 할 수 있는 시간과 장소를 시각 자료와 함께 분명하게 알려 준다. 하루 일과 시간표 중 할 수 있는 시간을 그림 카드를 이용해 제시한 후 일과 시작 전, 그리고 진행 중간중간 짚어 가며 확인해 준다.

• 교실에서 할 수 있는 놀이기술 학습이 필요하다(높은 곳에 올라가는 영유아 사례 참고). 주로 몸으로 놀이하고 있는 영유아에게 소근육 조작이 빈번하거나 인지적 필요가 큰 블록이나 보드게임은 흥미를 갖기 어렵다. 실내에서 할 수 있는 대근육 놀이나 감각놀이를 개발해 제공한다면 영유아도 교실에서 놀이하는 시간을 늘리며 참여할 수 있다.

• 주변의 관심을 얻기 위해 활동을 하고 있다면 앞서 몇 번 언급했듯이 행동 전에 충분한 관심을 미리 주는 것이 필요하다. 그리고 행동이 발생했을 때에는 다른 영유아들에게 관심을 보이며, 장애영유아 스스로 내 행동 뒤에 달라지는 환경 변화에 따라 자신이 어떤 행동을 해야 하는지 인식할 수 있도록 도와야 한다.

13) 곁눈질이 빈번하거나 돌아가는 물체를 보며
    몸을 흔드는 영유아

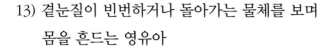

어느새 지훈이는 화장실 환풍기를 올려다보고 있다. 지난번 야외현장학습을 나갔을 때는 빌딩 벽면에 부착된 실외기들을 하염없이 바라보겠다며 이동을 거부하는 지훈이를 달래느라 선생님들이 한참 애를 먹기도 했다. 어떻게 도와야 할까?

발달지연 또는 장애영유아들이 곁눈질을 하거나 돌아가는 물체를
선호하는 이유

- 자극 추구 행동: 제자리에서 빙빙 돌기, 높은 곳에 올라가기, 뜀뛰기, 그네 세게 타기 등은 모두 방향에 따른 몸의 움직임을 입력하는 전정감각과 관련한 활동들이다. 특히 발달장애 영유아들은 이런 감각을 좋아하는데, 부족한 자극을 채우는 것처럼 스스로 움직임을 만들어 내는 이들의 행동을 '자극 추구' 행동이라 부르기도 한다. 환풍기나 선풍기 등 일정한 속도로 돌아가는 회전 자극은 발달장애 영유아 중에서 자신의 몸을 직접 움직여서 자극을 만들어 내기가 원활하지 않을 때, 바라보는 것으로 대신 만족감을 경험한다고도 알려져 있다.

- 일상 환경 속에서 경험한 결과에 따라 형성된 행동: 앞서 몇 번 언급하였듯이 처음에는 단순한 호기심 혹은 감각적 필요에 의해 했던 행동이지만 이 행동을 하다 보니 과제 상황에서 제외되는 결과를 경험했거나, 누군가가 와서 개별적으로 말을 걸었다

거나 등의 영유아 입장에서 의미 있는 결과가 주어졌다면 해당 행동에는 회피나 관심 끌기 등의 다른 기능이 추가될 수 있다.

곁눈질이 빈번하거나 돌아가는 물체를 보며 몸을 흔드는 발달장애 영유아를 위한 교육적 대응 방안

- 과제 상황이나 일상생활에 크게 지장을 주지 않는다면 어느 정도는 영유아 특성에 대한 이해로 허용과 존중이 필요하다. 그러나 해당 자극을 쳐다보느라 다른 과제나 지시 수행에 분명한 영향이 있다면 과제를 완료할 때까지 잠시 가리는 방법을 고려한다. 그리고 과제를 완료한 후 보상의 개념으로 회전자극을 보고 오는 시간을 허용하는 것도 한 가지 방법이 될 수 있다.
- 외부에서 이동을 하거나 새로운 곳을 방문하는 등 변수를 통제하기 어려운 상황에서 영유아가 해당 자극에 몰입하여 이동을 거부한다면, 사전에 분명한 시각 자료를 통해 일정 흐름을 알려 준다.

  예를 들어, '우리는 내일 '동물원'에 간다(동물원 사진). 제일 먼저 버스를 타고(버스 그림), 정문에서 내린다(정문 사진). 연못까지 이동해서(연못 사진), 점심을 먹는다(도시락 사진)' 식으로 예고하며 영유아가 선호하는 자극(예: 환풍기 등) 그림을 넣고 '환풍기는 3을 셀 동안만 보고 빠르게 지나간다.' 미리 설명을 하는 것이 도움이 된다.

  현장에서 해당 자극을 만났을 때 다시 시각 자료를 보여 주며 영유아와의 약속을 상기시키거나(3을 셀 동안만 보고 가자), 다음 일정을 가리키며 '우리는 이제 도시락을 먹을 거야.'라고 설명한다면 영유아는 이해하고 이동할 수 있다(외부 낯선 환경에서 자신이 좋아하는 자극을 유독 찾는 영유아도 있는데, 이는 이해되지 않은 상황에 대한 불안감을 낮추기 위한 자신만의 대처 행동일 수 있다).

• 자신의 행동 이후 경험한 주변 결과를 통해 회피 또는 관심 끌기 기능이 생겼다면, 이 행동을 통해서는 원하는 것을 얻을 수 없어야 한다. 앞에서 여러 번 언급했던 것과 마찬가지로 사회적으로 용인될 수 있는 방법으로 표현하는 것을 알려 줘야 하는데, '하기 싫어요.' '주세요.' '같이 놀아요.' 등 영유아의 필요에 맞는 언어 표현 또는 그림 카드 사용 등을 알려 주어야 한다.

14) 눈 맞춤이 적은 영유아

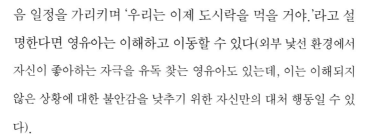

시우는 아무리 불러도 눈을 보지 않는다. 가끔은 소리가 잘 안 들리는 것은 아닐까, 혼자 생각에 깊게 잠긴 것일까라는 궁금증이 들기도 한다. 친구가 무엇을 건네주면 곧잘 받기는 하지만 그때도 친구를 보지 않고 친구가 건네주는 물건만 쳐다볼 뿐이다. 어떻게 도와야 할까?

발달지연 또는 장애영유아가 눈 맞춤을 하지 않는 이유

• 발달장애 특성: 원인은 분명하지 않지만 눈 맞춤 행동의 결여는 발달장애 특히 자폐성 장애 특성 중 하나로 언급되고 있다. 눈 맞춤 행동은 '하지 않는다.' 또는 '하기 싫어한다.'의 관점보다는

'해야 하는 이유와 방법을 모른다.'가 더 적당할지도 모른다. 다시 말해, 눈 맞춤을 통한 상대와의 사회적 상호작용의 의미를 아직 모른다고 할 수 있다. 무언가를 요구하거나 나의 상황을 전달하기 위해서, 또는 상대의 상황과 정서를 이해하기 위해서 비장애인들은 자연스럽게 눈 맞춤을 사용하지만 발달장애 영유아들은 눈 맞춤이 현저하게 적다(그래서 눈 맞춤을 통해 이후 학습할 수 있는 행동들: 입모양 모방, 양순음 발음 등의 행동 형성이 어렵기도 하다).

- 사회문화적 환경 및 교육적 결함: 드물게 사회문화적 환경에 따라 학습된 문화적 특성이 달라 다문화가정 영유아들 중 한시적으로 눈 맞춤 행동이 적게 관찰될 수 있다.

- 눈 맞춤 이후 경험한 부정적 경험으로 인한 소거 과정: 누군가의 호명 또는 지시로 눈을 맞췄더니 이후 어려운 질문이 주어지거나 하기 싫은 과제를 하게 하는 과정이 반복적으로 경험되었다면 영유아 입장에서는 눈 맞춤 뒤 예상되는 결과를 피하기 위해 눈 맞춤 행동 자체를 꺼려 할 수도 있다(학생 시절에 어려운 교과목 선생님께서 '이거 누가 대답해 볼래?'라고 물었을 때 많은 학생들이 고개를 숙이고 눈을 피하는 것과 비슷한 상황일 수 있다).

눈 맞춤이 적은 발달장애 영유아를 위한 교육적 대응 방안

- 눈 맞춤도 일상생활 속에서 꾸준한 연습과 경험을 통해 형성할 수 있다. 예를 들어, 영유아가 좋아하는 놀잇감을 자주 요구한다고 할 때, 그런데 상대를 보지 않고 손을 잡아 끈다거나 아니

면 눈을 보지 않고 그저 구어로만 표현한다고 할 때, 교사는 해당 놀잇감을 교사의 얼굴 근처에 놓고 영유아와 눈높이를 맞춰 정면에서 잠깐 기다려 본다. 이때 영유아가 잠시 얼굴을 돌려 교사의 눈을 봤다면 즉시 '아! 이거? 여기!'라고 제공하는 것이다. 이는 영유아에게 눈을 보면 원하는 것을 얻을 수 있다는 의미의 학습을 도울 수 있다.

기본적으로 영유아와의 눈 맞춤 자체의 빈도를 늘리기 위해 성인은 영유아 맞은편에서 눈높이를 맞춰 유지하는 것이 도움이 된다. 영아기의 경우 기저귀를 갈아 줄 때의 자세, 영유아의 경우에는 앉아서 놀이할 때 그 맞은편에 위치하는 것처럼 구도 자체가 눈 맞춤이 발생할 수 있도록 의도하여 우연이라도 눈이 마주쳤을 때 즉각적으로 웃으며 도움을 주거나 언급하는 것이 눈 맞춤 행동 이후 수반되는 강화의 결과로 작용할 수 있다.

- 현장에서 만나는 많은 영유아교사와 부모는 영유아에게 '눈 보고 말해야지.' '선생님(엄마) 눈 봐야지.' 하고 언어로 지시하는 경우가 많은데, 이는 조심해야 하는 방법 중 하나다. 누군가의 언어 지시를 통해 눈 맞춤을 하다 보면 결국 영유아 스스로 필요에 의해 눈을 보기보다는 지시에 의한 수행으로 자리 잡을 수 있다. 기본적으로 눈을 본 후 즐거운 결과를 경험(예: 미소, 칭찬, 좋아하는 놀잇감 획득 등)함으로써 자발적으로 상대의 눈을 볼 수 있도록 도와주는 것이 매우 중요하다.

15) 편식이 심해 음식을 거부하는 영유아

오늘도 영현이는 식판 대부분의 음식을 먹지 않겠다고 한다. 어떻게든 맛이라도 봤음 좋겠는데 책상 아래로 들어가 버리거나 심하게 거부할 때는 식판을 던져 버리기도 한다. 한참 발달해야 하는 시기에 편식이 심한 영현이를 보며 고민이 깊다. 어떻게 도와야 할까?

발달지연 또는 장애 영유아들이 편식하는 이유

- 새로운 자극에 대한 왜곡된 인식: 낯선 식감과 맛 등에 대해 이질감을 경험하고 거부하기도 하는 것은 대부분의 영유아들에게도 자연스러운 모습이다. 다만 신경학적 어려움이 있는 영유아들의 경우 해당 자극을 훨씬 크고 강하게 인식하는 경향이 있다. 시도조차 거부하며 자신이 익숙하게 알고 있는 음식만 요구할 수 있다.

- 생활환경 내 대체 음식의 존재: 현장에서 만나는 대부분의 부모들은 자녀의 공복을 매우 걱정하고 불안해한다. 당연한 마음이기는 하지만 이로 인해 영유아가 음식을 거부하면 어떻게든 뭐라도 먹었으면 하는 마음에 아이가 원하는 대로 주기도 한다. 하지만 이런 반복되는 경험이 영유아의 편식을 강화시키는 결과로 이어지기도 한다.

편식이 심해 음식을 거부하는 발달장애 영유아를 위한
교육적 대응 방안

- 지금 영유아에게 의심 또는 보고되는 영양 균형과 관련해 특별한 이슈가 없다면, 조금은 느긋한 마음으로 장기적 접근이 필요하다. 평소 놀이 형식으로 음식 재료들을 다양하게 탐색하고 경험할 수 있도록 도와준다. 채소 도장 찍기, 과일 으깨어 문지르기식의 저지레 활동 등 꼭 섭취의 목적이 아닌 질감과 냄새를 충분히 탐색할 수 있는 활동들이 꾸준하게 제시된다면 영유아의 거부감을 낮출 수 있다.

- 편식이 분명한 목표 음식(예: 채소, 김치 등)을 아주 조금만 제시한 후 이걸 먹고 영유아가 좋아하는 음식을 먹을 수 있다고 알려 준다. 그리고 정말 아주 소량이라도 먹었다면 즉시 적극적으로 칭찬하며 영유아가 좋아하는 음식을 바로 제공해 준다. 이 방법에 영유아가 익숙해 졌다면 목표 음식을 조금씩 늘릴 수 있다.

- 영유아가 직접 선택하게 해 준다. 당일 제시된 음식물 중 무엇을 먹을지 선택하게 하며 일단 전부를 거부하는 행동에 접근할 수 있다. 대부분의 영유아들은 자신에게 선택권이 주어졌을 경우 생각보다 무언가를 선택하고 일단 선택한 것에 대해서는 시도하는 모습을 보인다.

16) 한 가지 놀이방법만을 고집하는 영유아

오늘도 기훈이는 교실 매트에 엎드려 놀잇감들을 일렬로 세우고 있다. 선생님이 다른 놀이를 제안해 보고자 놀잇감 중 하나를 만지려 하면 기훈이는 즉각적으로 선생님 손을 잡고 놀잇감에 가까이 가지 못하도록 막는다. 한 학기가 다 지나가도록 놀잇감을 줄만 세우는 기훈이가 선생님은 걱정이다. 어떻게 도와야 할까?

발달지연 또는 장애 영유아들이 한 가지 놀이방법을 고집하는 이유

- 자극 추구 행동: 놀잇감을 일렬로 세우는 것은 자폐성장애영유아들에게서 흔히 관찰되는 놀이 형태 중 하나다. 놀잇감들을 한 줄로 세워 놓고 이리저리 살피며 상당히 즐거워하는 모습을 어렵지 않게 볼 수 있다. 장애영유아의 생각을 분명하게 짐작한다는 것은 어려운 일이지만 쭉 늘어선 대형이 영유아에게 특별한 자극으로 입력되고 있는 것은 분명한 것 같다.

  특히 자폐 특성이 있는 영유아들의 경우 사물의 부분과 전체를 통합해서 살피는 시지각 발달 영역에서 지연 소견을 보인다. 다시 말해, 놀잇감 하나에도 극히 일부의 작은 부분에 몰입하며 그 부분만을 반복해서 살펴보는 행동이 관찰된다.

- 놀이기술의 부족: 영유아들의 놀이에는 현재 영유아가 할 수 있는 다방면의 발달 정도가 그대로 들어 있다. 인지, 언어표현 정도, 사회성, 운동 기능 발달 등 이들이 할 수 있는 것이 종합적으로 드러나는 것이 아이들의 놀이이다.

놀이기술 발달에도 다른 영역의 발달과 마찬가지로 대략의 단계가 있다. 먼저는 대근육을 주로 사용하는 몸 놀이나 탐색 위주의 감각놀이, 그리고 소근육을 조작하는 간단한 조작 놀이, 이후 인지 및 언어 발달과 함께 상징과 역할 놀이 식으로 확장되어 간다. 발달의 불균형이 있는 장애영유아들에게 원활한 놀이 표현은 어려운 주제다. 설령 구조화된 상황에서 특정 놀이 방법을 학습하였다 하더라도 이를 유연하게 바꾸거나 풀어 내는 것은 장애영유아들에게 매우 어려울 수 있다(이를 발달장애 영유아들에게서 흔히 관찰되는 '일반화'의 어려움이라고 표현할 수 있다).

한 가지 놀이방법만을 고집하는 발달장애 영유아를 위한 교육적 대응 방안

- 영유아와 함께 놀이를 시작하기 전 먼저 전제되어야 하는 것은 영유아가 영유아교사를 받아들이는 것이다. 이를 준비하기 위해 일정 기간 동안 영유아 맞은편에서(맞은편에 위치한다는 것은 우연이라도 영유아가 고개를 들어 교사를 보고 눈을 맞추며 서로 인식하는 경우의 수를 늘리기 위함이다.) 영유아가 하는 놀이를 한 단어 정도로만 언급(예: 우와! 돌렸네! 굴렸구나! 데굴데굴 등)해 준다.
  이때 영유아가 불편감을 보인다면 즉시 뒤로 물러나 준다. 일단 영유아교사에 대한 경계를 낮추고 교사의 존재를 받아들이기 시작하는 것만으로도 영유아와의 놀이의 상당 부분이 준비된다. 관찰하다 도움이 필요한 순간 즉각적으로 도움을 제공해 준다(어느 정도 진전이 있다면 도움이 필요한 상황을, 예를 들어 영유아가 좋아하는 놀잇감을 투명한 상자에 넣고 열리지 않게 한 후 영유아의 도움 요청을 기다리는 식으로 의도해 볼 수도 있다). 이런 시간을 조금씩 늘려 가면서 영유아교사의 개입을 시도해 본다.

- 영유아가 현재 선호하는 놀잇감에 비슷한 놀잇감을 조금씩 추가하며 확장을 유도해 볼 수도 있다.
- 글자를 읽을 줄 아는 영유아라면 시각 자료와 함께 간단한 스크립트(대사)를 적어 주고받는 놀이를 구조화하여 학습한 후 놀이 시간에 적용해 볼 수 있도록 지원할 수 있다.
- 글자를 아직 읽지 못하는 영유아라면 놀잇감 하나를 선정(영유아 발달 수준에 적합한)한 후 사진을 이용해 영유아만의 놀이 순서도를 만들어 준다. 자유 놀이 시간 전 교사와의 학습 시간을 통해 먼저 단계별로 학습한 후 자유 놀이 시간 스스로 조작해 볼 수 있도록 지원한다면, 일반화에 어려움이 있는 발달장애 영유아가 학습한 놀이 방법을 직접 적용해 보는 것에 도움이 될 수 있다.

17) 자위행동을 보이는 영유아

어느새 성훈이 손은 바지 안에 들어가 있다. 바깥 놀이 할 때를 제외하고 성훈이는 대부분의 시간 동안 바지 안에 손을 넣고 꼼지락거린다. 미현이는 의자에 앉을 때 모서리 부분에 걸터앉아 몸에 힘을 주며 몰입하는 모습을 보인다. 선생님이 주의를 환기시키고자 의자에서 일으켜 세우면 어느새 바닥에 앉은 채로 다리를 모으고 힘을 준다. 성훈이와 미현이의 부모도 교실에서 이런 행동을 하지 않도록 지도해 달라고 부탁하지만 변화가 쉽지 않다. 어떻게 도와야 할까?

발달지연 또는 장애 영유아들이 성기를 자꾸 만지는 이유

- 발달 과정 중 자연스러운 탐색 활동: 성별에 따른 몸의 차이에 대한 관심, 자신의 신체에 대한 탐색 활동 과정 중 관찰되는 영유아들의 자위행동은 자연스러운 모습이다. 특히 만 3세에서 4세 사이 어렵지 않게 관찰되는 행동으로서 만지며 놀다가 즐거움이나 기분 좋은 감정을 경험하고 이로 인해 반복하게 되는 경우가 흔하다. 발달장애가 있다 하여도 자위행동의 시작은 여느 정상발달 영유아들과 다르지 않다. 한때는 자위행동이 영유아의 성장을 저해한다는 견해도 있었지만 관련해 분명하게 밝혀진 바는 없다. 다시 말해 자위행동 자체가 영유아의 발달에 부정적인 영향을 미치지는 않는다.

  다만 오염물이 묻어 있는 손으로 자극할 경우 2차 감염의 가능성이 있거나, 자신의 행동에 대한 이해가 낮은 영유아들에게 혼내듯 개입하는 성인들의 반응으로 인해, 필요 이상의 죄책감 같은 부정적인 감정을 경험하고 부적절한 장소 또는 숨어서 하는 것에 대한 지도가 필요한 경우를 야기할 수 있다.

- 대체할 수 있는 즐거운 활동에의 전이의 어려움: 자위행동으로 얻어지는 기분 좋은 느낌을 대체할 수 있는 다른 즐거움으로의 전이가 필요한데, 놀이기술의 부족, 또래 관심 결여, 새로운 환경에 적응의 어려움, 변화에의 저항 등 발달장애 영유아들에게서 보이는 제한점들은 이를 대체할 수 있는 활동으로의 전이가 쉬운 일은 아니다.

- 지루하거나 어려운 과제에 대한 회피 기능: 교육기관에서 영유

아들의 일반적인 자위행동이 쉽게 관찰되는 상황은 주로 낮잠
시간이다. 누워 있지만 쉽게 잠들지 못하는 경우 영유아는 무료
하거나 심심하다 여기게 되며 자신의 성기를 자극하며 지루함
을 달래기도 한다. 마찬가지로 발달지연 또는 장애가 있는 영유
아들 역시 이유는 비슷하다. 다만 언어 및 인지발달의 지연으로
인해 무료하거나 회피하고 싶은 상황이 여느 영유아들에 비해
더 많이 발생할 수 있다.

자위행동을 보이는 발달장애 영유아를 위한 교육적 대응 방안

- 장애영유아 부모 중에서는 자녀의 자위행동에 대해 크게 놀라
  며 강도 높게 혼내는 경우가 있다. 발달과정 중 자연스러운 행
  동으로 인식하기보다는 장애의 연장선상에서 '더 나빠지고 있
  는 것인가?'라는 염려로 받아들이는 불안을 보이기도 한다. 영
  유아의 행동 하나하나에 마음을 쏠어내리는 부모의 감정에 대
  한 공감도 필요하지만, 전문가로서 너무 염려할 행동이 아님을
  설명하는 것도 중요하다.
  자신의 행동에 대한 이해가 낮은 영유아들을 무섭게 훈계할 경
  우 필요 이상의 죄책감을 갖고, 어른들의 눈을 피해 숨어서 하
  는 상황을 만들 수 있다(또는 오히려 혼을 내는 성인의 적극적인 관
  심을 경험하며, 이후 어른의 관심을 끌기 위해 부적절한 장소 또는 상
  황에서 자위행동을 보일 수도 있다).
- 영유아가 유독 자위행동을 자주 하는 상황 또는 시간대가 있는
  지 관찰한다. 예를 들어, 낮잠시간 전후 누워 있는 시간이 길어

질 때 행동이 빈번하다면 최대한 누워 있는 시간을 줄이려는 노력이 필요하다. 반면, 자위행동이 잘 관찰되지 않는 상황 또는 시간대는 언제인지 비교해 본다. 자위행동을 잊을 정도로 더 좋아하고 즐거워하는 것을 발견하며 이에 대한 전이로 접근하는 것이 효과적일 수 있다.

• 영유아의 손이 옷 속에 들어가 있다면 부드럽고 조용히 영유아의 손을 빼 다른 놀잇감을 쥐어 주거나 영유아교사가 직접 손을 잡아 준다. 의자나 사물에 자극하고 있다면 또한 자연스럽게 영유아의 어깨를 잡고 일으켜 세우며 자세를 고쳐 주거나 다른 활동에 참여할 수 있도록 독려해 준다. 한두 번의 개입으로 바로 사라지거나 줄어들지는 않겠지만, 꾸준한 개입은 도움이 될 수 있다. 그리고 결국에는 지나갈 자연스러운 과정임을 기억할 필요가 있다.

• 일반적인 방법과 마찬가지로 혹시 피부 건강의 문제는 아닌지 혹은 옷이 너무 조이거나 작아져서 불편감을 느끼고 있는 것은 아닌지 살펴보는 것도 필요하다.

제 5장

영유아 문제행동 관련
평가 척도와 기록지

1. 교사(또는 부모) 자기 평가 척도

1) 유아 문제행동 지도 교수효능감

(1) 10점 리커트 척도

전혀 그렇지 않다				보통이다				매우 그렇다	
①	②	③	④	⑤	⑥	⑦	⑧	⑨	⑩

(2) 총점이 높을수록 교수효능감이 높음을 의미한다.

번호	문항	점수 1~10
1	나는 유아를 관찰하여 신체 및 정서적 문제, 학대 등의 특이사항을 파악할 수 있다.	
2	나는 유아 관찰을 통해 유아의 부정적인 정서상태를 파악할 수 있다.	
3	나는 유아의 놀이와 활동, 대화를 통해 유아의 지적능력 및 인지 발달의 정상 여부를 구별할 수 있다.	
4	나는 유아의 말하기, 듣기와 같은 언어수행과 문법 규칙, 어휘와 같은 언어능력을 기초로 유아의 의사소통 능력을 파악하고 평가할 수 있다.	
5	나는 유아의 대근육, 소근육 운동 협응 관찰을 통해 유아가 신체적으로 위축되었는지의 여부를 평가할 수 있다.	
6	나는 유아의 놀이관찰을 통해 전반적인 발달 상태를 파악할 수 있다.	
7	나는 유아와 안정적인 유아-교사 관계를 형성할 수 있으며, 이를 기반으로 유아의 기본정서(예: 기쁨, 화남, 슬픔, 즐거움)와 사회적 기술 정도를 파악할 수 있다.	
8	나는 유아의 행동과 태도, 대화속도, 목소리 톤, 눈맞춤 정도 등의 비언어적 메시지를 파악할 수 있다.	

9	나는 유아가 하고자하는 말 혹은 표현을 경청하고 있음을 알 수 있도록 적절히 반응할 수 있다.(예: 고개 끄덕이기, '아하' '음' '알겠어' '네가 하는 말을 이해하겠어' 등과 같은 언어적 표현)	
10	나는 판단하는 반응(예: 잘했어, 왜그랬니 등)이 아닌 수용적 반응을 통해 유아가 지속적으로 자신의 생각과 정서적 상태를 말로 표현할 수 있도록 격려할 수 있다.	
11	나는 유아가 말한 내용을 정리하여 재진술할 수 있다.	
12	나는 유아의 표현 이면에 담긴 의미를 파악하여 유아에게 반영적으로 전달할 수 있다(예: 떨떠름하게 좋다고 할 때 내키지 않음을 알아채고 적절히 대응한다.)	
13	나는 유아가 이야기한 내용을 요약하여 유아가 이해할 수 있는 수준으로 재진술할 수 있다.	
14	나는 다양한 기술(예: 매체, 관찰, 경청, 적절한 질문사용, 피드백)을 통합적으로 사용하여 유아가 이야기를 계속 이어나가도록 함으로써 자신의 부정적 감정을 순화하도록 도울 수 있다.	
15	나는 유아가 자신의 부정적 정서를 한 단어로 응답을 할 수 있도록 수렴적 질문을 할 수 있다.	
16	나는 개방 및 확산적인 질문을 통해 유아가 자신의 부정적 정서를 자유롭고 상세히 말하고 표현하도록 촉진할 수 있다.	
17	나는 유아의 문제에 피드백을 제공하여 자신의 생각과 정서를 인식하도록 격려 할 수 있다.(예: '어떤 일이 일어날 때 너의 몸은 어떠니?' '너의 호흡이 아주 빠르구나. 무슨 기분인지 말해줄 수 있니?')	
18	나는 다양한 매체(예: 피규어, 인형, 블록 등)를 통한 활동 과정에서 유아가 흥미를 가지고 자신의 이야기를 직간접적으로 표현하도록 도울 수 있다.	
19	나는 충동적인 유아가 자기통제능력을 증진할 수 있도록 도울 수 있다.	
20	나는 유아가 기대되어지는 행동을 할 수 있도록 가정과 연계할 수 있다.	
21	나는 유아가 문제행동을 대체할 수 있는 새로운 행동을 반복하여 연습하고 조정할 수 있도록 도울 수 있다.	
22	나는 부모에게 유아의 문제를 적절하고 명확하게 전달할 수 있다.	
23	나는 유아의 발달 단계적 특징과 평소 생활습관을 폭넓게 고려하여 부모와 면담할 수 있다.	

24	나는 행동지도 과정 동안 계속해서 행동지도의 목표가 성취되었는지를 점검할 수 있다.
25	나는 유아의 현재 능력을 고려하여 성공경험을 할 수 있도록 지원하고 성취감을 증진할 수 있는 과제를 단계별로 제시할 수 있다.
26	나는 유아에게 장기적인 문제행동 지도가 필요한 경우, 유아의 행동에 따라 목표를 수정하여 체계적인 문제행동지도를 진행시킬 수 있다.
27	나는 유아의 문제행동 지도 후, 바람직한 행동이 유지될 수 있도록 도울 수 있다.
28	나는 교사들(예: 담임교사, 부담임교사, 보조교사 등) 간 팀워크를 통해 문제행동을 보이는 유아가 집단활동에 원활히 참여할 수 있도록 지도할 수 있다.
29	나는 문제행동을 보이는 유아가 다른 유아들과 함께 할 수 있는 적절한 방법을 알고 적용할 수 있다.
30	나는 집단 활동 중에도 개별적으로 유아가 필요로 하는 요구를 파악할 수 있으며 적합한 도움을 줄 수 있다.
31	나는 관찰, 요약, 피드백 제공, 질문사용, 지시 등의 기술을 통해 개별 유아가 집단 활동에 적응하는 것을 촉진할 수 있다.
32	나는 집단활동 과정에서 유아의 정서, 사고, 생각, 신념에 대한 인식을 높일 수 있는 적절한 지도를 할 수 있다.

출처: 정재은, 임해진, 백성은, 신그린(2024). 유아 문제행동 지도 교수효능감 척도 개발 및 타당화. 유아교육학논집, 28(2), 29-52.

2) 유아교사 놀이 교수효능감

(1) 5점 리커트 척도

(2) 총점이 높을수록 놀이 교수효능감이 높음을 의미한다.

번호	문항	전혀 그렇지 않다	그렇지 않다	보통 이다	그렇다	매우 그렇다
		1	2	3	4	5
1	나는 유아가 놀이를 잘 할 수 있도록 도와주는 효과적인 교수전략을 알고 있다.					
2	만일 유아의 놀이수준이 높아졌다면, 그것은 교사가 더욱 효과적인 방법으로 놀이에 개입했기 때문이다.					
3	나는 유아가 놀이에 흥미와 관심을 갖도록 하기 위해 많은 시도와 노력을 하고 있으며, 대부분 성공한다.					
4	만일 유아가 평소보다 놀이를 더 잘 한다면, 그것은 교사가 유아의 놀이에 관심(노력)을 더 많이 기울였기 때문이다.					
5	나는 놀이를 지도할 때, 유아의 관심과 호기심에 대한 질문을 언제든지 환영하고, 적절하게 반응한다.					
6	나는 놀이상황에 적절하게 참여하지 못하는 유아가 놀이에 잘 참여할 수 있도록 지도한다.					
7	나는 놀이가 효과적으로 잘 일어날 수 있는 놀이의 동기나 특성을 잘 이해하고 있다.					
8	나는 놀이 주제 선정과 환경 구성 등의 활동에 유아의 참여를 적극적으로 권하며 수용한다.					

9	만일 교사가 놀이에 대한 적절한 교수전략을 사용한다면 목적 없이 배회하는 유아가 줄어들 것이다.					
10	나는 놀이를 지도할 때 문제에 부딪히는 경우 좌절하기보다 도약의 기회로 이용한다.					
11	나는 놀이지도 시, 유아가 놀이 확장을 하지 못할 경우, 특별한 교수전략을 제공하며 대부분 성공한다.					
12	유아가 놀잇감을 단순히 가지고만 있고, 놀이구성을 잘못 하더라도 교사가 잘 도와주면 확장된 놀이로 발전 할 수 있다.					
13	나는 놀이를 지도할 때, 유아의 놀이가 적절하게 잘 일어나도록 하는데 유능한 편이다.					
14	나는 유아의 놀이가 확장되도록 적절한 장소와 자료를 제공하거나 개입하는 데 유능한 편이다.					
15	만일 어떤 유아의 놀이가 확장되었다면 그것은 대개의 경우 교사가 적절히 개입했기 때문이다.					
16	나는 놀이상황에서 유아의 지식을 구성하도록 놀이를 지도하는 능력이 우수하다.					
17	교사가 유아의 다양한 측면을 고려하여 지도하려고 한다면, 유아의 놀이수준은 향상될 것이다.					
18	교사는 유아의 놀이에 대한 태도와 놀이 발달수준, 놀이에 대한 흥미유지에 책임이 있다.					
19	나는 놀이상황에서 유아의 관심과 호기심에 적절하게 대답할 수 있다.					

20	유아의 놀이선호도와 놀이수준은 놀이를 지도하는 교사의 능력과 직접적인 관련이 있다.				
21	만일 유아가 놀이에 매우 흥미 있어 한다면, 그것은 교사가 잘 지도했기 때문이다.				

출처: 신은수, 유영의, 박현경(2004). 유아 교사의 놀이에 대한 교수효능감과 놀이 운영실제 신념에 관한 도구 개발 연구. 유아교육연구, 24(1), 49-69.

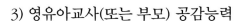

3) 영유아교사(또는 부모) 공감능력

(1) 5점 리커트 척도

(2) 총점이 높을수록 공감능력이 높음을 의미한다.

번호	문항	전혀 아니다	아니다	보통 이다	그렇다	매우 그렇다
		1	2	3	4	5
1	나는 타인과 함께 할 때 분위기에 따라 적절한 말로 표현한다.					
2	나는 타인의 고민에 공감하여 언어적 비언어적으로 표현한다.					
3	나는 타인의 어려움을 이야기하면 따뜻한 관심과 지지의 말로 표현한다.					
4	나는 타인이 행복할 때, 함께 웃으며 행동으로 행복감을 표현한다.					
5	나는 영유아의 다양한 표현(언어, 행동, 노래 등)에 감동하여 이를 언어적 비언어적으로 표현한다.					
6	나는 영유아가 느끼는 감정에 따라 적절한 말로 표현한다.					
7	나는 영유아에게 필요한 부분이 있으면 적절하게 표현한다.					
8	나는 타인에게 문제가 발생했을 때 그들의 현재 상황을 고려하여 생각해 본다.					
9	나는 타인과 생각이 다를 때, 그의 입장에서 생각해 본다.					
10	나는 타인으로부터 수용하기 어려운 요구를 부탁받을 경우, 그의 입장에서 생각해 본다.					

11	나는 타인을 이해하기 힘들 때, 내가 그에 대해 모르는 부분이 있는지 생각해 본다.					
12	나는 타인과 대화할 때, 상대방이 어떠한 감정을 느끼고 있을지 생각해 본다.					
13	나는 영유아의 언어적 비언어적 표현을 통해 감정을 이해한다.					
14	나는 영유아를 관찰할 때 영유아의 기분이나 상태를 이해한다.					
15	나는 특정 상황에서 영유아가 어떻게 행동할 것인지를 생각해 본다.					
16	나는 영유아가 내 말에 흥미로워하는지 아닌지 유아의 입장에서 생각해 본다.					
17	나는 영유아의 감정을 이해하고자 유아의 관점에서 생각해 본다.					
18	나는 영유아에게 문제가 있을 때 마음이 아프다.					
19	나는 영유아가 웃으면 함께 웃는다.					
20	나는 흥이 많은 영유아들과 함께 있으면 나 또한 흥이 난다.					
21	나의 감정은 타인의 영향을 받는다.					
22	나는 부당한 대우를 받는 타인을 보면 마음이 좋지 않다.					
23	나는 타인의 힘든 사정을 접할 때, 마음이 무거워진다.					
24	나는 타인과의 대화에서 그의 마음을 같이 느낀다.					

원개발자: 오희정, 황해익(2020). 유아교사 공감척도 개발 연구. 유아교육연구, 40(6), 317-344.
수정보완: 김은경(2022). 보육교사의 교직윤리의식과 공감능력이 영유아 권리존중 보육실행에 미치는 영향. 남서울대학교 대학원 석사학위논문.

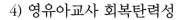

4) 영유아교사 회복탄력성

(1) 5점 리커트 척도

(2) 총점이 높을수록 회복탄력성이 높음을 의미한다.

(3) 역 채점 문항: 9, 10, 12, 19, 20, 21. (5 → 1/ 4→ 2/3 → 3/2 → 4/1 → 5점으로 채점함)

번호	문항	전혀 그렇지 않다 1	그렇지 않다 2	보통 이다 3	그렇다 4	매우 그렇다 5
1	나는 문제가 생기면 여러 가지 가능한 해결방안에 대해 먼저 생각한 후에 해결하려고 노력한다.					
2	나는 어려운 일이 생기면 그 원인이 무엇인지 신중하게 생각한 후에 해결하려고 노력한다.					
3	나는 대부분의 상황에서 문제의 원인을 잘 알고 있다고 믿는다.					
4	나는 어려운 일이 닥쳤을 때 감정을 통제할 수 있다.					
5	나는 내가 무슨 생각을 하면, 그 생각이 내 기분에 어떤 영향을 미칠지 잘 알아챈다.					
6	나는 이슈가 되는 문제를 가족이나 친구들과 토론할 때 감정을 잘 통제할 수 있다.					
7	나는 당장 해야 할 일이 있으면 어떠한 유혹이나 방해도 잘 이겨낼 수 있다.					

8	아무리 당황스럽고 어려운 상황이 닥쳐도, 나는 내가 어떤 생각을 하고 있는지 스스로 잘 안다.				
9	나는 일이 생각대로 잘 안 풀리면 쉽게 포기하는 편이다.				
10	나는 감사해야 할 것이 별로 없다.				
11	내가 고맙게 여기는 것들을 모두 적는다면, 아주 긴 목록이 될 것이다.				
12	나는 세상을 둘러볼 때, 고마워 할 것이 별로 없다.				
13	내 인생의 여러 가지 조건들은 만족스럽다.				
14	나는 내 삶에 만족한다.				
15	나는 내 삶에서 중요하다고 생각한 것들은 다 갖고 있다.				
16	나는 열심히 일하면 언제나 보답이 있으리라고 생각한다.				
17	나는 맞든 아니든 '아무리 어려운 문제라도 나는 해결할 수 있다'고 믿는 것이 좋다고 생각한다.				
18	나는 어려운 상황이 닥쳐도 모든 일이 다 잘 해결될 거라고 확신한다.				
19	나와 정기적으로 만나는 사람들은 대부분 나를 싫어하게 된다.				
20	나는 서로 마음을 터놓고 얘기할 수 있는 친구가 거의 없다.				
21	나는 서로 도움을 주고받는 친구가 별로 없는 편이다.				
22	나는 재치 있는 농담을 잘한다.				
23	나는 내가 표현하고자 하는 바에 대한 적절한 문구나 단어를 잘 찾아낸다.				

24	나는 분위기나 대화 상대에 따라 대화를 잘 이끌어 갈 수 있다.				
25	나는 사람들의 얼굴표정을 보면 어떤 감정인지 알 수 있다.				
26	나는 슬퍼하거나 화를 내거나 당황하는 사람을 보면 그들이 어떤 생각을 하는지 잘 알 수 있다.				
27	나는 동료가 화를 낼 경우 그 이유를 꽤 잘 아는 편이다.				

원개발자: 신우열, 김민규, 김주환(2009). 회복탄력성 검사 지수의 개발 및 타당도 검증. 한국청소년연구, 20(4), 105-131.

수정보완: 박지은(2020). 유아교사의 직무스트레스와 정서노동 및 회복탄력성이 교사-유아상호작용에 미치는 영향. 인천대학교 일반대학원 석사학위논문.

5) 영유아교사 민감성(Teacher's sensitivity)

(1) 5점 리커트 척도

(2) 총점이 높을수록 민감성이 높음을 의미한다.

(3) 역 채점 문항: 13, 14, 15, 16, 17, 18, 19, 20, 21, 22

번호	문항	전혀 그렇지 않다	그렇지 않다	보통 이다	그렇다	매우 그렇다
		1	2	3	4	5
1	영유아들에게 따뜻하고 친절하게 말한다.					
2	영유아들이 말할 때 주의 깊게 경청한다.					
3	영유아들을 편안하고 즐겁게 한다.					
4	영유아들이 잘못된 행동을 할 때 그들이 어기고 있는 규칙에 관한 근거를 설명해 준다.					
5	영유아들이 새로운 경험을 시도할 수 있도록 격려한다.					
6	영유아들의 활동과 노력에 대해 지지해 준다.					
7	개개인의 영유아들에게 적극적으로 주의를 기울인다.					
8	영유아들이 이해할 수 있는 수준에서 친숙한 언어를 사용하여 대화한다.					
9	친사회적인 행동을 보이도록 영유아들을 격려한다.					

10	영유아들과 이야기할 때 영아의 눈높이를 맞추어 자세를 낮춘다.				
11	영유아들의 느낌이나 생각을 존중하고 자유롭게 표현할 수 있도록 격려한다.				
12	영유아들에게 안아주기 등 긍정적인 신체 표현을 자주한다.				
13	영유아들에게 잔소리가 심한 편이다.				
14	영유아들에게 순종하도록 강요한다.				
15	영유아들에게 짜증내거나 적대적으로 말한다.				
16	영유아들을 통제하려고 위협한다.				
17	영유아들에게 어떠한 설명도 없이 처벌한다.				
18	영유아들에게서 결점을 쉽게 발견하려고 한다.				
19	영유아들에게 하고 싶어 하는 일을 못하게 한다.				
20	영유아들에게 자기조절을 연습하도록 기대한다.				
21	영유아들에게 꾸짖거나 금지시킬 때 불필요하게 엄격한 편이다.				
22	영유아의 요청이나 관심사에 무관심하거나 감정적 반응을 보이지 않는다.				

원개발자: Gerber, E. B. (2003). Predictors of teacher sensitive care giving in center-basedchild care. Doctoral dissertation, University of California, Berkeley.

수정보완: 홍은숙(2013). 영아-교사 간 상호작용에서 교사의 민감성과 민감성 인식 및 영아의 적응행동. 경기대학교 일반대학원 박사학위논문.

6) 영유아교사 문제행동 지도전략(Teacher Strategy Questionnaire: TSQ)

(1) 5점 리커트 척도

(2) 긍정적 예방전략 1: 환경 재배치 및 긍정적 행동유도(4, 5, 8, 9, 11, 12, 13, 14, 15, 17, 18)

(3) 긍정적 예방전략 2: 명확한 일과계획 및 기대수준 안내(1, 2, 3, 6, 7, 10, 16)

(4) 긍정적 반응전략: 개별적 대화, 긍정적 행동 시범보이기 및 칭찬(19, 22, 24, 26, 28, 30, 32, 33, 34)

(5) 부정적 반응전략: 꾸짖음, 타임아웃, 벌(20, 21, 23, 25, 27, 29, 31)

번호	문항	전혀 그렇지 않다	그렇지 않다	보통 이다	그렇다	매우 그렇다
		1	2	3	4	5
1	교육활동을 바꿀 때에는 영유아들에게 미리 알려주고, 어떤 행동이 새 활동에 적합한 행동인지 말해준다.(예: 점심을 먹고 나면 바깥놀이를 할 거예요. 놀이터로 갈 때는 차례차례 줄을 서요.)					
2	교육활동을 바꿀 때 쓰는 명확한 규칙이 있다.(예: 선생님이 이름을 부르는 순서대로 다음 활동 시작하기, 자기 자리를 정리하고 다음 활동 시작하기 등)					
3	항상 예측 가능하고 일관된 일과 계획을 사용한다.					

4	여러 가지 교육활동을 동시에 제공하여 영유아들에게 다양한 선택의 기회를 제공한다.				
5	교육활동을 세울 때 활동과 활동 사이에 영유아들이 기다리는 시간을 고려하여 그것이 영유아들에게 적절한지 평가한다.				
6	교육활동에 대한 규칙과 절차들에 대하여(예: 식사시간에 지켜야 할 약속 등) 영유아들과 함께 이야기하며 상기시킨다.				
7	영유아들의 행동에 대해 일관성 있는 기대치를 갖고 있다.				
8	영유아가 규칙을 어길 때에 사용하는 명확한 지침이 세워져있다.				
9	어떤 행동이 좋은 행동인지 보여 주는 시각적 자극들을 사용한다.(예: 포스터, 그림, 사진 등)				
10	적합한 행동에 대하여 말로 알려준다.				
11	여러 명의 영유아들이 문제행동을 일으킬 경우 교실 환경을 점검해 본다.				
12	문제행동의 원인이 될 수 있는 교실 환경을 바꾼다.				
13	문제행동이 일어나기 전에 적절한 행동을 사용하도록 자극을 준다.				
14	영유아의 기본적인 욕구가 충족되었는지 자주 점검한다.				
15	영유아들에게 갈등 해결 방법을 가르치기 위한 교육활동이 프로그램에 포함되어 있다.				
16	말로써 문제를 해결하는 방법을 가르친다.				

17	문제행동을 일으키는 영유아의 행동을 계속 관찰하고 자료를 모아둔다.				
18	문제행동을 일으키는 영유아를 위하여 간단한 행동 수정계획을 세운다.				
19	영유아가 문제행동을 보일 때에는 적절한 행동이 무엇인지 다시 알려준다.				
20	영유아가 문제행동을 보일 때에는 영유아를 교실의 한쪽으로 보낸다.				
21	영유아가 문제행동을 보일 때에는 훈육으로써 해야 할 일을 더 준다.				
22	적절한 행동을 가르치거나 지속시키기 위해 필요한 경우 스티커나 보상을 준다.				
23	영유아가 문제행동을 보일 때 말로 주의를 준다.				
24	영유아가 문제행동을 보일 때 침착하고 차분한 목소리로 이야기한다.				
25	영유아가 문제행동을 보일 때 영유아를 다른 선생님의 교실로 보낸다.				
26	영유아가 문제행동을 보일 때 영유아와 단둘이 시간을 내어 이야기한다.				
27	영유아가 문제행동을 보일 때 그 영유아가 좋아하는 것(놀이 또는 활동)을 못하게 한다.				
28	교실에 갈등이 생기면 그 갈등에 관련된 사람들이 어떻게 느끼는가에 대해 영유아들과 이야기한다.				
29	영유아가 문제행동을 보일 때는 영유아가 그 행동을 못하게 한다.				

30	영유아가 문제행동을 보일 때는 어떤 행동이 적절한 것인지 직접 시범을 보인다.				
31	영유아가 문제행동을 일으키면 영유아를 꼭 잡아준다.				
32	문제행동을 일으키던 영유아가 긍정적인 행동을 하면 즉시 관심을 기울인다.				
33	문제행동을 일으키던 영유아가 긍정적인 행동을 하면 그 행동을 칭찬해 준다.				
34	문제행동을 일으키던 영유아가 적절한 행동을 하면 적절한 보상을 해 준다.(예: 안아주기, 하이파이브 등)				

원출처: 김연하(2007). 유아 문제행동 지도전략 척도-교사용(TSQ)의 개발과 타당화 연구. 아동학회지, 28(5), 73-89.

2. 영유아 문제행동 관찰 평가 척도와 기록지

1) 주의력결핍 과잉행동장애(ADHD) 평가 척도(K-ARS)

(1) 영유아가 지난 1주일 동안 보인 행동을 가장 잘 기술한 번호에 표시한다.

(2) 총점 19점 이상인 경우, ADHD 의심

문항	전혀 그렇지 않다 (매우 드물다)	약간 혹은 가끔 그렇다	상당히 혹은 자주 그렇다	매우 자주 그렇다
1. 학교 수업이나 일, 혹은 다른 활동을 할 때, 주의집중을 하지 않고 부주의해서 실수를 많이 한다.	0	1	2	3
2. 가만히 앉아 있지를 못하고 손발을 계속 움직이거나 몸을 꿈틀거린다.	0	1	2	3
3. 과제나 놀이를 할 때 지속적으로 주의 집중 하는 데 어려움이 있다.	0	1	2	3
4. 수업시간이나 가만히 앉아 있어야 하는 상황에서 자리에서 일어나 돌아다닌다.	0	1	2	3
5. 다른 사람의 이야기를 잘 귀 기울여 듣지 않는 것처럼 보인다.	0	1	2	3
6. 상황에 맞지 않게 과도하게 뛰어다니거나 기어오른다.	0	1	2	3
7. 지시에 따라서 학업이나 집안일이나 자신이 해야 할 일을 끝마치지 못한다.	0	1	2	3
8. 조용히 하는 놀이나 오락 활동에 참여하는 데 어려움이 있다.	0	1	2	3
9. 과제나 활동을 체계적으로 하는 데 어려움이 있다.	0	1	2	3

2. 영유아 문제행동 관찰 평가 척도와 기록지   271

10. 항상 끊임없이 움직이거나 마치 모터가 달려서 움직이는 것처럼 행동한다.	0	1	2	3
11. 공부나 숙제 등 지속적으로 정신적 노력이 필요한 일이나 활동을 피하거나 싫어하고 하기를 꺼려 한다.	0	1	2	3
12. 말을 너무 많이 한다.	0	1	2	3
13. 과제나 활동을 하는 데 필요한 것들(장난감, 숙제, 연필 등)을 잃어버린다.	0	1	2	3
14. 질문을 끝까지 듣지 않고 대답한다.	0	1	2	3
15. 외부자극에 의해 쉽게 산만해진다.	0	1	2	3
16. 자기 순서를 기다리지 못한다.	0	1	2	3
17. 일상적인 활동을 잊어버린다. (예: 숙제를 잊어버리거나 도시락을 두고 학교에 간다.)	0	1	2	3
18. 다른 사람을 방해하고 간섭한다.	0	1	2	3

출처: 고윤주, 소유경, 노선주, 김영신, 고선주(2002). 한국어판 부모, 교사 ADHD 평가척도의 신뢰도와 타당도 연구. 신경정신의학, 41, 283-289.

2) 선호 및 비선호 자극 기록지

선호 및 비선호 자극 기록지

영유아 이름		기록일		기록지	

(1) 선호 자극 평가하기

* **아래의 척도를 사용하여 영유아가 어떤 자극에 대해 어느 정도의 선호도를 보이는지 표시하세요.**

3: 매우 선호: 선호자극이 주어질 때마다 항상 취한다. 또는 항상 요구하거나 찾는다. 또는 선호자극을 획득 후 일정시간 이상 지속적으로 반복한다. 또는 선호자극을 중단시킬 때 더 요구한다.

2: 선호: 선호자극이 주어질 때 대부분 취한다. 또는 선호자극을 종종 요구하거나 찾는다.

1: 보통: 선호자극이 주어질 때 취할 때도 있고 거절할 때도 있다. 또는 특별히 요구하거나 찾지는 않는다.

0: 비선호: 선호자극이 주어질 때 대부분 거절한다.

음식물	구체적 정보	선호도				
		0	1	2	3	경험 없음
□ 캔디/젤리/초콜릿/견과류						
□ 과자/스낵						
□ 음료/유제품						
□ 떡/베이커리류						
□ 과일/야채류						
□ 식사류						
□ 기타						

□ 선호하는 맛(짠맛/신맛/단맛/쓴맛), 질감(씹히는/부드러운/죽처럼 묽은), 온도(뜨거운/차가운):

감각자극	구체적 정보	0	1	2	3	경험 없음
☐ 운동감각(트램펄린/빙빙돌기/점프)						
☐ 압박감각(좁은 공간에 끼어 있기, 신체 누르기, 포옹하기)						
☐ 청각(노래, 사운드북, 박수소리)						
☐ 시각(야광팽이, 반짝이, 굴리기, 거울)						
☐ 미각(커피가루, 녹차가루, 치약)						
☐ 후각(커피향, 양말/옷냄새, 신체냄새)						
☐ 촉각(로션, 물, 옷감, 점토, 슬라임, 물감)						
☐ 기타						

감각자극	구체적 정보	0	1	2	3	경험 없음
☐ TV 시청						
☐ iPad, 폰(인터넷 검색, 유튜브 시청, SNS, 게임플레이, 기타 앱)						
☐ 노래 듣기						
☐ 그리기/색칠하기/쓰기						
☐ 책 보기/읽기/ 듣기						

활동	구체적 정보	0	1	2	3	경험 없음
☐ 장난감 놀이(퍼즐, 레고, 탈것 종류, 악기, 클레이, 공, 인형, 소꿉놀이)						
☐ 게임 놀이(보드게임, 앱게임, 게임기)						
☐ 물놀이, 목욕						
☐ 실외 활동(산책, 마트, 체육관, 도서관, 교무실, 자전거, 퀵보드, 그네, 미끄럼틀)						

□ 타기(자동차, 대중교통, 통학버스, 엘리베이터, 에스컬레이터)						
□ 기타						

관심영역	구체적 정보	0	1	2	3	경험 없음
□ 교과 과목(국어, 사회, 체육 등)						
□ 동물/공룡						
□ 로봇/전자기기						
□ 글자(한글, 알파벳 등)						
□ 탈 것(자동차, 기차, 버스 등)						
□ 숫자/달력/기호						
□ 캐릭터/연예인						
□ 기업 로고, 전단지						
□ 기타						

사회적 강화	구체적 정보	0	1	2	3	경험 없음
□ 엄지 척/박수(칭찬)						
□ 하이파이브(응원, 격려)						
□ 언어적 칭찬						
□ 눈 맞춤, 미소						
□ 신체적 접촉(포옹, 쓰다듬기, 뽀뽀)						
□ 역할 부여하기						
□ 혼자 시간 보내기, 휴식 취하기						
□ 또래와 시간 보내기						
□ 기타						

영유아가 선호하는 기타 물건이나 활동 또는 감각자극에는 무엇이 있는지 좀 더 생각해 보고, 생각나는 것이 있다면 작성해 주세요.

(2) 선호 자극 요구 형태

영유아가 선호 자극을 얻고 싶을 때 어떻게 요구하나요? (해당되는 것을 모두 표시해 주세요.)				
요구 형태	항상	보통 (50%)	가끔 (20%)	관찰되지 않음
스스로 선호 자극이 있는 곳으로 접근하거나 꺼내거나 잡아서 취하려고 한다.				
교사의 손을 잡고 선호 자극이 있는 곳으로 이끌거나, 선호 자극을 가져와서 제시한다.				
손가락으로 선호 자극을 가리킨다.				
옹알이 수준의 알아들을 수 없는 소리로 표현한다.				
교사가 언어적 촉구를 주면 따라 말하며 요구한다.(예: "사과 먹고 싶어?" "'사과 주세요.'라고 해야지."라고 말했을 때 영유아가 "사과."라고 말함.)				
스스로 단어 수준으로 요구한다.(예: 사과가 먹고 싶을 때 "사과."라고 말함.)				
스스로 문장 수준으로 요구한다.(예: 화장실 가고 싶을 때 "화장실 가고 싶어요."라고 말함.)				

기타(위에 해당하는 사항이 없음/잘 모르겠다/PECS/AAC/사진 또는 그림카드/수화/제스처 등):

출처: 서울시교육청 서울PBS, 「자료기반의 체계적인 행동중재를 위한 긍정적 행동지원 실행자료 (https://seoulpbs.sen.go.kr/home/kor/board)」.
　　　해당 사이트에서 원본을 비롯한 더욱 자세한 지침 및 해석, 활용 방법에 대해 확인할 수 있다.

3) 초기언어 발달 체크리스트

	수용언어	표현언어	비고 (언어 관찰 기록)
만 2세~ 2세 반	□ 위치를 나타내는 말을 이해할 수 있다.(예: 침대 위에, 식탁 밑에, 시장으로) □ 자기가 알고 있는 어휘, 사람, 경험에 관한 이야기 듣기를 좋아한다. □ 여러 가지 신체 부분 명칭을 안다. □ 그림을 보고 사물의 용도를 판별할 수 있다. □ 그림책의 짧은 이야기를 좋아하고 반복하여 듣는 것을 즐긴다. □ 위, 안, 아래, 뒤, 앞 중 2가지 위치어를 이해한다. □ 사물의 용도를 이해한다.(예: 머리는 무엇으로 빗어?) □ '예/아니오' 질문에 반응한다.	□ 배설 욕구를 말로 표현한다. □ 이름을 물어보면 '성+이름'으로 대답한다. □ 물건의 이름을 명명하여 요구한다. □ 간단한 리듬의 몇 가지 동요를 부른다. □ 사물의 용도를 말한다. □ 의문사를 사용하여 몇 가지 형태의 질문을 한다.(무엇, 어디, 왜, 어떻게, 언제) □ 부정형을 사용한다.(예: 아니야, 못 먹어, 안 가) □ 일부 문장 어미나 시제, 조사가 말에 출현한다.	
만 2세 반~ 3세	□ 세밀한 부분까지 신체 부분을 듣고 가리킬 수 있다. □ '하나'와 '전부'를 이해한다. □ 혼자 책 보기를 좋아한다. □ 의문문 '왜'를 이해한다. □ 친근한 노래, 동시, 이야기를 즐겨 듣는다. □ 낱말을 듣고 그에 해당하는 그림을 가리킬 수 있다.	□ 단순한 질문에 대답을 한다. (예: 이름이 뭐야?) □ 자발적으로 질문을 한다. □ 3~4개의 낱말로 된 구를 사용한다. □ 일부 문장 어미나 시제, 조사 등의 문법적 요소를 사용하여 말한다. □ 부정문을 사용한다.(예: 아무것도 없어, 아무도)	

만 2세 반~ 3세	□ 남자와 여자의 개념을 이해한다. □ 500~900개 이상의 수용어휘 　를 습득한다. □ 말하는 대부분을 듣고 이해한다.	□ 발음이 명료하지는 않지만 알 　아들을 수 있는 표현어휘를 　50~250개 이상 사용한다. □ 대명사를 사용한다. □ 발음 중 /ㅁ/, /ㄴ/, /ㅎ/, /ㅃ/을 　정확하게 발성한다. □ 간단한 복문을 사용한다.(예: 　"넘어져서 아야 하니까 약 발라 　야 돼.") □ 창의적으로 말을 만들기 어려 　울 때에는 반향어를 사용한다. □ 다양한 문법적 오류를 범한다.
만 3세~ 3세 반	□ 일상적인 물건의 기능과 이름 　을 이해한다. □ 상대적인 의미를 이해한다.(예: 　선다–간다, 안에–위에, 큰–작 　은) □ 과거와 현재에 대해 어느 정도 　이해한다. □ '둘'의 개념을 이해한다. □ 둘 중 어느 것이 더 긴지를 이 　해한다. □ 둘 중 어느 것이 더 큰지를 이 　해한다. □ 둘 중 어느 것이 더 작은지를 　이해한다. □ 기본 색의 단어를 인식한다.	□ 단순한 질문에 대답하고, 단순 　한 질문을 한다.(예: 누가, 무엇, 　어디, 왜) □ 질문을 자주 하고, 그에 대한 　구체적인 반응을 요구한다. □ 문장 어미나 시제, 조사 등의 　문법적 요소를 사용하여 말하 　는 경우가 증가한다. □ 5~7음절 문장을 따라 말한다. □ 4~5개의 단어 문장을 사용한다. □ 적절한 억양패턴을 사용한다. □ 언어로 감정을 표현한다. □ 약 6개 단어로 이루어진 문장 　을 말한다. □ /ㄱ/, /ㅋ/, /ㅌ/, /ㅊ/를 발음한다. □ 의문사를 사용한다.(예: 누구의, 　누구, 무엇, 언제, 왜, 어떻게) □ 단순한 구어적 유추를 한다.(예: 　형아가 먹었나?)

만 3세 반~ 4세	□ 좀 더 복잡한 문장구조의 말을 이해한다.(예: 왜냐하면 ~이기 때문이야. 만약 ~라면 ~일 거야) □ 알고 있는 낱말을 통해 새로운 낱말을 습득한다.(예: 빨리 뛰어, 날쌔게) □ 그림을 보고 상황을 이해한다. □ 기본 모양의 단어를 이해한다. □ 기본 크기와 무게 어휘를 이해한다.(예: 크다/작다, 무겁다/가볍다) □ 2~5단계의 지시를 수행한다. □ 경험과 관련된 과거, 현재, 미래를 어느 정도 알고 '언제' 질문을 이해한다. □ 1,200~2,000개 이상의 수용어휘를 습득한다.	□ 명사와 동사를 가장 많이 사용한다. □ 6~15개의 음절 문장을 정확하게 따라 할 수 있다. □ '왜냐하면' 접속사를 사용한다. □ 성인과 친구들을 조종하려고 한다. □ 800~1,500개 이상 표현어휘를 습득한다. □ 연결된 상황의 4단계 지시 따르기가 가능하다. □ 명료하게 말하지만 발음을 다른 발음으로 하는 음소대치 오류가 많다. □ 대명사로 자신을 지칭한다. □ 동시를 암송하고 노래를 부른다. □ 그림을 보고 내용을 이야기한다. □ 일어난 순서에 따라서 두 가지의 사건을 이야기할 수 있다. □ 긴 대화에 참여할 수 있다. □ '언제' 의문사를 사용한다.
만 4세~ 4세 반	□ 계속하여 공간적 개념을 이해해 나간다. □ 하나, 둘, 셋까지 개념을 이해한다. □ 3가지 그림을 비교할 수 있다.(어떤 게 제일 예뻐?) □ 4가지 위치어(위, 안, 아래, 뒤, 앞)를 사용한 지시를 이해한다. □ 9~10개 낱말로 된 문장을 듣고 기억할 수 있다.	□ 12~13음절로 된 문장을 바르게 따라 말한다. □ 5까지 바르게 센다. □ '어떻게' 질문에 답하고 사용한다. □ 일상에서 겪었던 경험을 이야기한다.(예: 놀이터, 친구 집에서 있었던 일) □ 900~2,000개 이상 표현어휘를 습득한다.

만 4세~ 4세 반	□ 4가지 숫자를 듣고 기억할 수 있다.(예: 4659) □ 3가지 지시를 순서대로 따를 수 있다. □ 사물의 재료를 이해한다. □ 짧고 단순한 이야기를 경청한다. □ 2,800개 이상의 수용어휘를 습 득한다.	
만 4세 반~ 5세	□ 긴 이야기를 귀 기울여 들으며, 때로 사실과 환상을 혼동한다. □ 5개 이내에서 '몇 개' 질문을 이 해한다. □ 유추를 이해한다.(예: 여름은 덥 다. 겨울은?) □ 11개 낱말로 된 문장을 듣고 기 억할 수 있다. □ 기능에 대한 질문에 대답한다. □ 두 부분으로 된 복문의 질문에 대답한다. □ 이야기를 주의 깊게 듣고, 그에 대해 간단한 질문도 한다.	□ 10까지 외워서 센다. □ 문법적으로 정확한 문장을 사 용한다. □ 4~8개 정도의 낱말로 이루어 진 문장을 사용한다. □ 낱말의 정의에 대하여 질문한다. □ '만약에'와 같은 가정문을 사용 한다. □ 문장을 연결하여 긴 이야기를 표현한다.
만 5세~ 6세	□ 여섯 가지 이상의 기본 색깔과 세 가지 이상의 기본 모양을 말 한다. □ 집단에게 주어진 지시를 수행 한다. □ 5단계의 지시를 수행한다. □ 주제가 있는 간단한 대화에 참 여한다. □ 대부분의 시간적 개념을 이해 한다.	□ 과거 및 미래 시제를 적절하게 사용한다. □ 요일을 순서대로 말할 수 있다. □ 다양한 접속사를 사용한다. □ 반의어를 말할 수 있다. □ 계속해서 빠르게 어휘를 증가 시킨다. □ 정보를 교환하거나 질문을 한다. □ 상세한 문장을 사용한다. □ 이야기를 만든다.

만 5세~ 6세		☐ 성인, 다른 아동들과 쉽게 의사 소통한다. ☐ 대부분 적절한 문법을 사용한다. ☐ 철자, 숫자, 돈의 단위를 명명할 수 있다.

출처: 서울시교육청 서울PBS, 「자료기반의 체계적인 행동중재를 위한 긍정적 행동지원 실행자료(https://seoulpbs.sen.go.kr/home/kor/board)」.

해당 사이트에서 원본을 비롯한 더욱 자세한 지침 및 해석, 활용 방법에 대해 확인할 수 있다.

4) 문제행동 선별 평가지

문제행동 선별 평가지

영유아 이름		기록일		기록지	

(1) 문제행동 선별하기(아래 행동 목록 중 1회 이상 관찰되었을 경우 모두 표시한다. 중복으로 표시하는 것이 가능하다.)

공격 및 파괴행동	자해행동	상동행동	기타 행동

신체를 사용하는 행동
□ 때리기
□ 치기
□ 꼬집기
□ 할퀴기
□ 찍기
□ 밀기
□ 부딪히기
□ 움켜쥐고 당기기
□ 힘을 주어 누르기
  (예: 목 조르기, 손/
  팔 꽉 잡기)
□ 깨물기
□ 침 뱉기
□ 멱살 잡기
□ 발로 차기
□ 기타:_____
 	
사물을 사용하는 행동
□ 때리기
□ 치기
□ 찍기
□ 던지기
□ 기타: _____
	* 행동을 통해서 이미 신체가 심각한 손상이 되었거나 손상이 예상되는 행동
	
	신체를 통해 자신의 신체를 해하기
	□ 신체 깨물기
	□ 신체 때리기
	□ 신체 부분 긁거나 파기(예: 피부각질, 상처, 신체개구부-귓구멍, 콧구멍, 항문, 성기, 눈)
	□ 신체 꼬집기
	□ 신체 부위 뽑기(예: 손톱, 발톱, 머리카락, 털)
	□ 신체 부위에 넣기(예: 입에 반복적이고 지속적으로 손가락 넣기, 손가락으로 귓구멍 반복적으로 파기)
		신체를 사용하여 반복적으로 하는 행동
		□ 앞뒤로 몸 흔들기/손 또는 팔, 발 또는 다리 흔들기
		□ 손뼉치기
		□ 손가락 튕기기
		□ 관절 꺾기
		□ 건반이나 키보드를 치듯이 여러 손가락을 동시에 움직이기
		□ 눈/귀 가리기
		□ 얼굴 찡그리기
		□ 실눈 뜨기
		□ 째려보기
		□ 특정 자극(예: 불빛, 틈새, 활자)을 지속적으로 주시하기
		□ 고개/턱을 끄덕거리기
		□ 특정 자세 취하고 힘주기
		□ 숨 들이쉬고 배 불룩하게 만들기
			식사 상황 관련 행동
			□ 전반적 식사 거부
			□ 특정 음식에 대한 강한 거부
			□ 특정 음식에 대한 강한 집착
			□ 손으로 집어 먹기(의도적 수저 사용 거부)
			□ 먹던 음식 뱉기/뱉은 음식 다시 섭취
			□ 기타: _____
			
			배변 상황 관련 행동
			□ 화장실 진입 거부
			□ 변기 착석 거부
			□ 뒤처리 거부
			□ 의도적 배변/배뇨 거부(참기)
			□ 기저귀 착용 또는 제거 거부
			□ 특정 변기 또는 화장실만 이용
			□ 기타: _____

기물파손

□ 던지기

□ 치기

□ 찢기/구기기

□ 뜯기/뽑기(예: 화분 뽑기, 장난감 부속 탈거)

□ 발로 차기

□ 발로 밟기

□ 구멍 뚫기

□ 기타: _____

상대방이 불쾌함을 가지도록 의도를 가진 행동

□ 뺏기

□ 놀리기

□ 약올리기

□ 폭언 또는 욕설

□ 의도적 신체 배설(예: 배변, 구역질, 구토, 콧물, 침뱉기)

□ 기타: _____

□ 신체 부위 꺾기/돌리기(발목, 손목, 손가락 등)

□ 기타: _____

사물을 통해 자신의 신체를 해하기

□ 사물로 때리기/긁기/찍기/찌르기(예: 펜으로 신체부위를 찌르기)

□ 사물에 박기/부딪히기(예: 벽이나 바닥에 머리 받기, 몸통 부딪히기, 바닥에 슬라이딩)

□ 사물을 신체 부위에 넣기(예: 펜으로 눈 찌르기, 귀에 펜 집어 넣기)

□ 기타: _____

* 동일한 형태로 여러 차례 또는 일정시간 지속적이며 반복적으로 나타나는 자발적인 행동, 그러나 심각한 신체적 손상은 없는 행동

신체를 사용하여 반복적으로 하는 행동

□ 원을 그리듯 돌기

□ 공간을 배회하기

□ 돌진하기/바닥으로 미끄러지기

□ 침/혀와 관련된 행동하기(예: 침 뱉기, 침을 손으로 문지르기, 침을 얼굴에 바르기, 침으로 거품 만들기, 혓바닥에 침 모으기, 혀 낼름거리기, 혀 튕기기)

□ 몸 문지르기

□ 특정 말, 노래 또는 소리를 반복해서 내기

□ 기타 _____

사물을 사용하여 반복적으로 하는 행동

□ 사물을 치기/두드리기

□ 사물을 돌리기/굴리기

□ 사물을 흔들기

□ 휘두르기

□ 문지르기/만지기(예: 특정 재질, 물건, 바닥, 벽면)

□ 떨어트리기

□ 던지기

□ 찢기/구기기

□ 틈새에 빠트리기

□ 비틀기

□ 냄새 맡기

□ 혀로 핥기

□ 열기/닫기/누르기

□ 기타: _____

기타 행동

□ 의식적 행동, 자신만의 순서나 규칙에 따른 특정 행동을 고집함(예: 특정 사물, 광고판, 표지판, 출차 표시 등을 보거나 만지고 이동)

□ 같은 것을 고집하고, 자신이 선호하거나 정해 놓은 위치, 외모, 방향, 순서 등의 변화에 강하게 저항함

□ 의도적은 지시불이행

□ 타인이 말을 건네도 주의를 기울이지 않고 반응을 하지 않으며 허공을 주시함

□ 부적절한 착석 자세

□ 자리이탈, 도망

□ 교실이탈

□ 타인의 물건 만지기

□ 다른 사람의 활동, 대화에 끼어들기, 방해, 잔소리

□ 의도적인 부적절한 소음야기(예: 웃기, 혼잣말, 노래 부르기, 소리 지르기, 말 걸기, 특정 소리 반복)

□ 부적절한 신체접촉(예: 만지기, 잡기, 비비기, 문지르기)

□ 제자리 점프하기	□ 부적절한 신체노출
□ 까치발/종종걸음으로 걷기	□ 이식증
	□ 구토 후 음식물 되씹기
	□ 기타: _____

(2) 표적행동 선정 및 우선순위 작성

위 평가지에서 표시한 문제행동 중 감소를 목표로 중재가 필요하다고 여겨지는 행동들을 작성한다. 이후 중재 필요성 알아보기에 제시된 표에서 점수를 산출한 후 오른쪽 우선순위 칸에 순위를 작성한다.

표적행동 선정	점수	우선순위
1.		
2.		
3.		
4.		
5.		

출처: 서울시교육청 서울PBS, 「자료기반의 체계적인 행동중재를 위한 긍정적 행동지원 실행자료 (https://seoulpbs.sen.go.kr/home/kor/board)」.
　　해당 사이트에서 원본을 비롯한 더욱 자세한 지침 및 해석, 활용 방법에 대해 확인할 수 있다.

5) 유아행동평가 척도(Preschool and Kindergarten Behavior Scales: PKBS)- 문제행동 척도

(1) 4점 리커트 척도

문항	전혀 그렇지 않음	거의 그렇지 않음	가끔 그러함	자주 그러함
1. 별 생각 없이 충동적으로 행동한다.	1	2	3	4
2. 불안해하거나 두려우면 병이 난다.	1	2	3	4
3. 다른 아이들을 놀린다.	1	2	3	4
4. 다른 사람의 애정 표현에 반응을 보이지 않는다.	1	2	3	4
5. 부모나 교사에게 매달린다.	1	2	3	4
6. 다른 아이들이 싫어해도 시끄럽게 떠든다.	1	2	3	4
7. 화를 벌컥 낸다.	1	2	3	4
8. 모든 사람의 관심을 받기를 원한다.	1	2	3	4
9. 걱정이 많고 긴장해 있다.	1	2	3	4
10. 물건을 나누어 쓰려고 하지 않는다.	1	2	3	4
11. 신체에 공격성을 보인다(차고, 때리고, 민다).	1	2	3	4
12. 다른 아이들과 노는 것을 피한다.	1	2	3	4
13. 화가 나면 고함을 지른다.	1	2	3	4
14. 다른 아이들의 물건을 뺏는다.	1	2	3	4
15. 한 가지 일에 오래 집중하지 못한다.	1	2	3	4
16. 규칙을 지키지 않는다.	1	2	3	4
17. 친구를 잘 사귀지 못한다.	1	2	3	4
18. 낯선 상황을 겁내거나 두려워한다.	1	2	3	4
19. 자기 맘대로 해야만 한다.	1	2	3	4
20. 차분히 앉아 있지 못하고 부산하다.	1	2	3	4

21. 다른 사람에게 보복하려고 한다.	1	2	3	4
22. 교사의 말을 잘 듣지 않는다.	1	2	3	4
23. 자주 아프다고 불평한다.	1	2	3	4
24. 영유아교육기관에 오지 않으려고 한다.	1	2	3	4
25. 침착하지 못하고 안절부절 한다.	1	2	3	4
26. 다른 아이들에게 욕설을 한다.	1	2	3	4
27. 화를 내면 달래기 어렵다.	1	2	3	4
28. 여러 사람들이 있으면 위축된다.	1	2	3	4
29. 다른 아이들을 괴롭히거나 위협한다.	1	2	3	4
30. 행동하지(활발하지) 못하고 우울한 것 같다.	1	2	3	4
31. 예측할 수 없는 행동을 한다.	1	2	3	4
32. 다른 아이들을 시기한다.	1	2	3	4
33. 자기보다 어리게 행동한다.	1	2	3	4
34. 다른 아이의 물건을 부순다.	1	2	3	4
35. 기분이 자주 변한다.	1	2	3	4
36. 꾸지람이나 비판에 대해 지나치게 민감하다.	1	2	3	4
37. 늘 우는 표시를 하거나 불평한다.	1	2	3	4
38. 다른 아이들에게 잘 속고 이용당한다.	1	2	3	4
39. 진행되고 있는 활동을 방해한다.	1	2	3	4
40. 거짓말을 한다.	1	2	3	4
41. 쉽게 화를 낸다.	1	2	3	4
42. 다른 아이들을 귀찮게 한다.	1	2	3	4

원개발자: Merrell, K. W. (1994). Preschool and Kindergarten Behavior Scales. Brandon, VT: Clinical Psychology Publishing Company.

번안자: 이진숙(2001). 유아의 애착 표상과 교사-유아 관계 및 사회적 능력간의 관계. 경희대학교 대학원 박사학위논문.

6) 또래 놀이행동 척도(Penn Interactive Peer Play Scale: PIPPS)

(1) 5점 리커트 척도

영유아 이름: _____   생년월일: _____
성별: 남_____   여_____

문항	내용	관찰되지 않음	가끔	자주	매우 자주	거의 항상
		1	2	3	4	5
1	다른 유아를 돕는다.					
2	싸움을 먼저 건다.					
3	다른 유아들에 의해 거부당한다.					
4	차례를 지키지 않는다.					
5	놀이집단 밖에서 배회한다.					
6	다른 유아와 장난감을 같이 가지고 논다.					
7	위축 행동을 보인다.					
8	자신의 실수를 남의 탓으로 돌린다.					
9	목표 없이 어슬렁거린다.					
10	다른 사람의 의견을 거부한다.					
11	하나의 놀이에 집중하지 못하고 놀이 유형을 계속 바꾸며 지속하지 못한다.					
12	고자질 한다.					
13	또래 갈등 시 중재한다.					
14	다른 유아의 물건을 파괴한다.					
15	싸움으로 문제를 해결하고자 한다.					
16	또래의 놀이참여 권유를 거절한다.					
17	놀이를 시작할 때 도움이 필요하다.					

18	욕을 한다.					
19	다른 유아에게 특정 행동을 친절하게 지시한다.					
20	울거나, 징징거리거나, 화를 낸다.					
21	다른 유아에게 놀이 참여를 권유한다.					
22	다른 유아의 물건을 빼앗는다.					
23	다치거나 기분이 좋지 않은 유아를 위로한다.					
24	놀이를 어려워한다.					
25	놀이를 할 때 언어적 상호작용이 이루어진다.					
26	놀이하는 동안에 교사의 지도가 필요하다.					
27	다른 유아의 놀이를 방해한다.					
28	놀이를 즐거워하지 않는다.					
29	놀이하는 동안 긍정적인 정서를 보인다(예: 미소, 웃음).					
30	공격적인 행동을 한다.					
31	놀이의 내용을 이해하고, 놀이를 창의적으로 이끌어 간다.					
32	다른 활동으로 전환할 때 다른 유아의 활동을 방해한다.					

원개발자: Fantuzzo, J., C., Coolahan, K., Mendez, J., McDermontt, & Sutton-Smith, B. (1998). Contextually-relevant validation of peer play construct with African head start children: Penn Interactive Play Scale. *Early Childhood Quarterly*, *13*(3), 411-431.

국내표준화: 정대현(2006). 유아의 또래상호작용, 유아-교사관계, 다중지능과 초등학교 적응 간의 관계. 전남대학교 대학원 박사학위논문.

7) ABC 행동 관찰 기록지

* 영유아 이름: * 문제행동: * 기록자:

날짜	발생시간 장소/ 상황	사전 상황(A)	문제행동(B)	결과(C)	결과를 통해 영유아는 무엇을 배웠는가?
(예시)	가정의 부엌/ 엄마가 식사를 준비 중임	싱크대 위의 식재료 중 좋아하는 과일을 향해 손을 뻗었지만 엄마가 곧 밥 먹을 시간이니 기다리라고 함	자신의 머리를 때림	엄마가 조금만 먹으라고 이야기하며 과일을 건네 줌	자신의 머리를 때리면 원하는 것을 얻을 수 있다는 것을 알게 됨

8) ESDM 덴버모델 발달 체크리스트

—소개: 자폐 의심 영유아의 발달영역별 행동 수
행 정도를 파악하고 조기 개입에 필요한 목표
를 설정하는 것에 활용할 수 있다.

—저자: Sally J. Rogers and Geraldine Dawson

—국내 표준화: 정경미

—출처: 학지사 인싸이트

(https://inpsyt.co.kr/psy/item/view/PITM000082)

참고문헌 🌱

고윤주, 소유경, 노선주, 김영신, 고선주(2002). 한국어판 부모, 교사 ADHD 평가 척도의 신뢰도와 타당도 연구. 신경정신의학, 41, 283-289.

국가법령정보센터(1997). https://www.law.go.kr/

권슬기, 이승하(2023). 영유아교사가 인식한 조직문화와 심리적 소진이 문제행동지도 효능감에 미치는 영향. 유아교육학논집, 27(6), 5-28.

권연희(2023). 유아교사의 인권감수성과 문제행동지도전략의 관계에서 우울의 조절효과. 인지발달중재학회, 14(2), 1-18.

권혜진(2013). 교사의 놀이성과 놀이신념, 놀이교수효능감이 문제행동지도전략에 미치는 영향. 한국보육지원학회지, 9(1), 175-200.

권혜진(2021). 유아교사가 영유아 문제행동지도에서 경험하는 감정노동의 맥락. 한국케어매니지먼트연구, 41, 93-118.

김갑순, 박윤조(2018). 유아교사의 정서지능, 전문성 인식이 유아의 문제행동 지도전략에 미치는 영향. 한국보육학회지, 18(4), 187-197.

김경미, 김정미, 노종수, 박수현, 유은영, 장문영, 최은희, 최정실(2006). 감각통합과 아동. 경기: 군자출판사.

김계순(2022). 보육교사의 공감능력과 코칭역량이 유아의 문제행동 지도전략에 미치는 영향. 남서울대학교 대학원 석사학위논문.

김민정, 김은혜, 이현숙(2020). 보육교사의 민감성이 영유아 문제행동지
도전략에 미치는 영향 정서조절능력을 매개로. 한국가족복지학, 25(4),
511-531.

김별희, 이경화(2018). 유아교사의 교사효능감, 유아문제행동 인식 및 지
도전략 간의 관계. Global Creative Leader, 8(3), 1-23.

김성현, 이종향(2019). 유아교사의 문제행동 지도 효능감 척도 개발 및 타
당화. 열린교육연구, 27(3), 219-240.

김수진, 권정윤(2018). 유아교사의 회복탄력성, 정서조절 어려움, 유아 문
제행동 지도전략 간의 관계. 한국보육지원학회지, 14(3), 59-76.

김연하(2007). 유아 문제행동 지도전략 척도-교사용(TSQ)의 개발과 타당
화 연구. 아동학회지, 28(5), 73-89.

김윤희(2020). 유아교사의 전문성 발달수준이 유아의 문제행동 지도전략
에 미치는 영향에서 교사효능감의 매개 효과. 영유아교육: 이론과 실천,
5(1), 27-56.

김은경(2022). 보육교사의 교직윤리의식과 공감능력이 영유아 권리 존중
보육실행에 미치는 영향. 남서울대학교 대학원 석사학위논문.

김지영(2002). 교사가 인식한 유아의 문제행동과 문제유형별 지도에 관한
조사연구. 성균관대학교 교육대학원 석사학위논문.

김태영(2018). 유아교사의 문제행동 인식 및 지도에 대한 심층면담. 유아특
수교육연구, 18(4), 21-49.

노진아, 홍은숙, 이미숙, 박현숙, 정길순, 김정민, 강미애, 이나래(2011). 장
애영유아 가족지원. 서울: 학지사.

박윤조, 이정원(2023). 보육교사의 사회적 지지와 회복탄력성이 영유아 문
제행동 지도전략에 미치는 영향. 통일인문학, 8(4), 71-90.

박재진(2021). 영유아 문제행동에 대한 교사 집단별 인식 비교 및 분석. 영
유아교육: 이론과 실천, 6(3), 77-95.

박지연, 강하늘, 김나경, 김소연, 박인선, 위한영, 정혜림, 최미진(2022). 정
서행동장애 학생을 위한 증거기반의 실제 가이드북. 서울: 학지사.

박지은(2020). 유아교사의 직무스트레스와 정서노동 및 회복탄력성이 교사-유아 상호작용에 미치는 영향. 인천대학교 일반대학원 석사학위논문.

박찬옥, 허미애, 김선미, 조유진, 정성은(2011). 유치원 다닐 때 꼭 알아야 할 65. 서울: 애플비.

박효경(2019). 영유아교사의 교육신념이 영유아 문제행동지도전략에 미치는 영향. 한국방송통신대학교 대학원 석사학위논문.

보건복지부(2010). 2018 보건복지통계연보. https://www.mohw.go.kr/board

서울특별시교육청(2022). 자료기반의 체계적인 행동중재를 위한 긍정적 행동지원 실행 자료. https://seoulpbs.sen.go.kr/home/kor/board

성은지, 송숙진(2021). 유아문제행동지도를 위한 교사와 부모의 협력 과정 및 어려움과 요구: 고경력 공립유치원 교사의 인식을 중심으로. 유아교육학논집, 25(4), 51-74.

송진영, 김규수(2012). 유아의 문제행동에 영향을 미치는 어머니, 유아, 교사 관련 변인에 대한 탐색적 연구. 열린유아교육연구, 17(6), 345-365.

신수경, 신리행(2018). 교사의 사회 인구학적 변인에 따른 교사의 인간애와 유아 문제행동 지도전략 차이분석. 학습자중심교과교육연구, 18(22), 1063-1092.

신우열, 김민규, 김주환(2009). 회복탄력성 검사지수의 개발 및 타당화검증. 한국청소년연구, 20(4), 105-131.

신은수, 유영의, 박현경(2004). 유아교사의 놀이에 대한 교수효능감과 놀이 운영 실제 신념에 관한 도구 개발 연구. 유아교육연구, 24(1), 49-69.

신희경(2011). 부모의 생태학적 변인에 따른 유아문제행동 인식. 총신대학교 교육대학원 석사학위논문.

안양선, 김정은(2023). 보육교사의 민감성과 영유아 문제행동 지도전략 간의 관계: 직장 내 사회적 지지의 조절효과. 가정과삶의질학회 학술발표대회 자료집, 175-175.

안주희(2021). 교사의 전문성 인식과 자아탄력성이 유아 문제행동 지도전략에 미치는 영향. 성신여자대학교 교육대학원 석사학위논문.

양수영(2014). 유아교사의 문제행동지도 자신감에 영향을 미치는 문제행동 관리능력. 열린유아교육연구, 19(2), 295-314.

염수진, 이희영, 최태진(2022). 유아교사의 문제행동지도 효능감에 따른 유아의 문제행동 및 사회적 능력. 인문사회과학연구, 23(3), 167-200.

오희정, 황해익(2020). 유아교사 공감척도 개발 연구. 유아교육연구, 40(6), 317-344.

유충한, 김낙흥(2020). 부모-유아 관계와 유아 문제행동의 관계에서 교사-유아 관계의 조절 효과. 유아교육학논집, 24(5), 199-228.

육아정책연구소, 보건복지부(2013). 영유아 문제행동 지도를 위한 어린이집 보육교사 지침서 2.

이경숙, 정석진(2016). 보육교사가 보고하는 영유아의 정신건강 문제행동 및 지도방법: 창원, 인천 국공립어린이집 보육교사를 중심으로. 영유아 아동정신건강연구, 9(2), 1-32.

이경숙, 정석진, 박진아(2016). 2-3세 발달지연 영유아의 발달양상, 양육환경 및 임상적 특징. 한국심리학회지: 발달, 29(2), 63-85.

이미화, 권연정, 송나리(2023). 유아 문제행동지도를 위한 유치원-전문 아동상담기관의 협력과정과 요구. 유아교육연구, 43(6), 135-161.

이보람(2019). 보육교사의 대인관계능력이 문제행동지도 전략과 문제행동지도 효능감에 미치는 영향. 중앙대학교 교육대학원 석사학위논문.

이선영, 우민정(2019). 유아교사를 위한 문제행동의 이해 및 지도. 경기: 지식공동체.

이소현(2003). 유아특수교육연구. 서울: 학지사.

이연정, 조윤경(2014). 국공립 어린이집 재원 유아의 문제행동과 교사의 현재 교수 실태 및 지원요구에 대한 탐색. 한국보육지원학회지, 10(3), 5-29.

이진숙(2001). 유아의 애착표상과 교사-유아 관계 및 사회적 능력 간의 관계. 경희대학교 대학원 박사학위논문.

이현숙, 김민정(2020). 보육교사의 교사효능감이 영유아 문제행동 대처전략에 미치는 영향: 교사의 민감성을 매개로. 한국웰니스학회지, 15(2),

303-315.

임보람(2020). 유아교사의 공감능력과 교사·유아 상호작용이 문제행동 지도전략에 미치는 영향. 인천대학교 교육대학원 석사학위논문.

임하라(2018). 영아교사의 전문성 발달 수준과 영아 문제행동 대처전략 관계에서 교사 행복감의 매개 효과. 건국대학교 교육대학원 석사학위 논문.

정대현(2006). 유아의 또래 상호작용, 유아-교사 관계, 다중지능과 초등학 교 적응 간의 관계. 전남대학교 대학원 박사학위논문.

정서형, 박지연. (2016). 특수교육 관련서비스에 대한 부모교육 프로그램 이 발달지체 유아 부모의 양육효능감, 가족역량강화, 가족 삶의 질에 미치는 영향. 유아특수 교육연구, 16(1), 89-108.

정선아, 이영애(2019). 유아교사의 전문성 발달수준이 문제행동지도전략 에 미치는 영향: 교사-유아 상호작용의 매개효과를 중심으로. 유아교 육연구, 39(6), 247-268.

정재은(2020). 유아의 문제행동 지도 시 겪게 되는 유아교사의 어려움과 요구. Global Creative Leader: Education & Learning, 10(4), 301-326.

정재은, 임해진, 백성은, 신그린(2024). 유아 문제행동 지도 교수효능감 척 도 개발 및 타당화. 유아교육학논집, 28(2), 29-52.

최미숙, 류미지(2022). 유아교사의 회복탄력성과 교수창의성이 유아 문제 행동지도전략에 미치는 영향. 열린유아교육연구, 27(3), 55-76.

최윤진, 이희영(2022). 직장 내 사회적 지지와 유아교사의 탄력성이 문제 행동지도 효능감에 미치는 영향. 인문사회과학연구, 23(1), 562-587.

최형성(2021). 유아교사의 문제행동지도 효능감이 다문화 유아의 사회적 능력에 미치는 영향: 문제행동지도전략의 매개효과를 중심으로. 학습 자중심교과교육연구, 21(7), 13-26.

하지민, 고은경, 견주연(2022). 예비유아교사의 영유아 부적응행동 지도에 대한 표상 변화. 학습자중심교과교육연구, 22(21), 527-544.

허미애(2007). 유아교사를 위한 이야기나누기의 이론과 실제. 경기: 공동체.

허미애(2020). 영유아의 고자질에 대한 보육교사의 인식과 개입행동. 유아교육학논집, 24(5), 175-198.

허미애(2021). 유아의 고자질에 대한 경력교사의 인식이 개입행동에 미치는 영향. 열린유아교육연구, 26(1), 189-208.

허미애(2022). 유아교사 현장교육의 이론과 실제(개정판). 경기: 공동체.

허미애, 맹선미(2021). 보육교사의 비판적 사고가 문제해결력에 미치는 영향-회복탄력성의 병렬다중매개효과. 열린유아교육연구, 26(6), 29-50.

홍은숙(2013). 영아-교사 간 상호작용에서 교사의 민감성과 민감성 인식 및 영아의 적응행동. 경기대학교 일반대학원 박사학위논문.

홍준표(2009). 응용행동분석. 서울: 학지사.

APA (2015). DSM-5. (권준수 외 역). 서울: 학지사.

Browder, D. M., Spooner, F., & Courtade, G. R. (2020). *Teaching students with moderate and severe disabilities (2nd eds.)*. The Guildford Press. Ch14. promoting social skills and positive behavior support. (pp. 301-320)

Cooper, J. O., Heron, T. E., & Heward, W. L. (2010). 응용행동분석(상). (정경미, 신나영, 김혜진, 양유진, 양소정, 장현숙 역). 서울: 시그마프레스.

Daunic, A. P., Corbett, N. L., Smith, S. W., Algina, J., Poling, D., Worth, M., Boss, D., Crews, E., & Vezzoli, J. (2021). Efficacy of the social-emotional learning foundations curriculum for kindergarten and first grade students at risk for emotional and behavioral disorders. *Journal of School Psychology, 86*, 78-99.

Fantuzzo, J., C., Coolahan, K., Mendez, J., McDermontt, & Sutton-Smith, B. (1998). Contextually-relevant validation of peer play construct with African head start children: Penn Interactive Play Scale. *Early Childhood Quarterly, 13*(3), 411-431.

Sasaki, M. (2019). TEACCH, 지금 행복하고 건강하게 자폐와 더불어 사는 법. (이윤정 역). 서울: 마고북스. (원저는 2008년에 출간).

Sidman, M. (1971). Reading and auditory-visual equivalences. *Journal of speech and Hearing Research*, *14*(1), 5-13.

Riffel, L. A. (2018). 개별 학생을 위한 긍정적 행동지원. (박지연, 김지수 역). 서울: 학지사. (원저는 2011년에 출간).

Rogers, S. J., & Dawson, G. (2018). 어린 자폐증 아동을 위한 ESDM. (정경미, 신나영, 김민희, 김주희 역). 서울: 학지사. (원저는 2010년에 출간)

McGinnis, E., & Simpson, R. L. (2021). 자폐 아동과 청소년을 위한 스킬스트리밍 프로그램. 에이스북. (원저는 2017년에 출간).

Merrell, K. W. (1994). Preschool and Kindergarten Behavior Scales. Brandon, VT: Clinical Psychology Publishing Company.

허미애(Hur Mi Ae)

〈학력〉

중앙대학교 사범대학 유아교육학과 졸업(문학사)

중앙대학교 교육대학원 유아교육 전공(교육학석사)

중앙대학교 일반대학원 유아교육 전공(문학박사)

〈주요 경력〉

전) 중앙대학교 사범대학 부속유치원 교사－원감

　　　학교법인 염광학원 염광유치원 원장

　　　교육부 유치원 교육활동지도자료집 집필위원

　　　교육부 1·2·3주기 유치원 평가위원

　　　교육부 교육과정 심의회 유치원 위원

　　　교육부 만 5세 누리과정 지도서(국정교과서) 집필위원, 원격연수 교수위원

　　　교육부·보건복지부 2019개정누리과정 현장자문위원

현) 총신대학교 유아교육과 교수

〈주요 저서〉

활동중심통합교육과정(공저, 양서원, 1989)

기본생활습관지도를 위한 부모교육자료(공저, 교육부, 1992)

교육활동과 연계된 유치원 행사운영 자료(공저, 서울시교육청, 1994)

유치원교육활동지도서(3권, 1995, 2000), 누리과정 지도서(1권, 2012)(공저, 교육부)

유아를 위한 세계시민교육: 달라서 더 아름다운 우리(공저, 유네스코 한국위원회, 2005)

유아교사를 위한 이야기나누기의 이론과 실제(공동체, 2007)

활동중심통합교육과정 교육활동자료집 1~6권(공저, 공동체, 2008, 2009)

유아매체교육을 위한 부모교육자료－미디어와 함께 건강하게 살아가요(공저, 보
　　건복지가족부, 2010)

학령 전 아동청소년을 위한 매체역량교육: 미디어와 함께 건강하게 살아가요(공

저, 국가청소년위원회, 2010)

유치원 다닐 때 꼭 알아야 할 65(공저, 애플비, 2011)

표준보육과정에 기초한 생활주제별 이야기나누기 교수자료 1~10권(공저, 국민
서관, 2014)

오늘도 우리 신나게 놀자!-부모와 아이를 위한 행복한 놀이 75가지(공저, 서울시
교육청, 2019)

유아교사 현장교육의 이론과 실제(공동체, 2022)

창의 · 비판적 사고와 영유아교육(지식처, 2023)

〈주요 논문〉

비판적 사고에 기초한 교사-유아 간 언어적 상호작용이 유아의 창의성과 대인문
제해결사고에 미치는 영향(1999)

유아교사의 이야기나누기에 대한 실천적 지식 탐구(2007)

우리나라 유치원에서의 이야기나누기에 대한 역사적 고찰(2007)

유아교사의 사고성향 수준과 질문의 관련성에 관한 연구(2008)

주제 관련 이야기나누기에 대한 유치원 교사의 인식과 교수현황 조사 연구(2016)

기독교 세계관에 기초한 생활주제 '비움과 채움' 실천사례에 대한 탐색적 연구(2018)

유아교사의 이야기나누기 수업평가척도 개발 및 타당화 연구(2019)

영유아의 고자질에 대한 보육교사의 인식과 개입행동(2020)

유아의 고자질에 대한 경력교사의 인식이 개입행동에 미치는 영향(2021)

'유아논리논술' 수업과정에서 예비유아교사가 경험한 비판적 사고의 교육적 의미
(2021)

보육교사의 비판적 사고가 문제해결력에 미치는 영향-회복탄력성의 병렬다중매
개효과(2021)

부모공동양육과 유아 사회성 간의 관계에서 부부 의사소통과 부모-자녀 의사소
통의 직렬다중매개효과(2022)

'과보호 양육행동 학부모'와 함께 살아가는 영아교사의 삶 이야기(2023)

유아사회정서발달지원교육에 참여한 아버지의 경험과 변화(2024)

국공립어린이집 보육교사와 원장의 육아휴직 이야기(2024)

정서형(Jung Seo Hyung)

〈학력〉

중앙대학교 문과대학 아동복지학과 졸업(문학사)

이화여자대학교 교육대학원 특수교육학 전공(교육학석사)

이화여자대학교 일반대학원 박사과정 재학 중(특수교육학: 정서 및 행동장애 전공)

〈주요 경력〉

전) 서울고등검찰청 직장어린이집 교사

　　서울특별시 은평병원 전문경력관

현) 미국행동분석전문가(BCBA)

　　ESDM Certified Therapist

　　PCM Instructor(V)(위기행동관리 전문가)

　　이화여자대학교 일반대학원 박사과정 연구원

영유아교사와 부모를 위한

영유아 문제행동 이해와 지도
Understanding and Guiding Problem Behaviors in Young Children

2024년 9월 20일 1판 1쇄 인쇄
2024년 9월 25일 1판 1쇄 발행

지은이 • 허미애 · 정서형
펴낸이 • 김진환
펴낸곳 • (주) **학지사**
　　　　04031 서울특별시 마포구 양화로 15길 20 마인드월드빌딩
대표전화 • 02-330-5114　　팩스 • 02-324-2345
등록번호 • 제313-2006-000265호

홈페이지 • http://www.hakjisa.co.kr
인스타그램 • https://www.instagram.com/hakjisabook

ISBN 978-89-997-3229-4　93370

정가　16,000원

출판미디어기업 **학지사**

간호보건의학출판 **학지사메디컬** www.hakjisamd.co.kr
심리검사연구소 **인싸이트** www.inpsyt.co.kr
학술논문서비스 **뉴논문** www.newnonmun.com
교육연수원 **카운피아** www.counpia.com
대학교재전자책플랫폼 **캠퍼스북** www.campusbook.co.kr